歷史選書 9

祕密德國

史陶芬堡與反希特勒之神祕十字軍

SECRET GERMANY

Claus von Stauffenberg and the Mystical Crusade Against Hitler

著◎麥克・培金(Michael Baigent)
理查・雷伊(Richard Leigh)
譯◎劉世安

歷史選書 9

祕密德國：史陶芬堡與反希特勒之神祕十字軍

SECRET GERMANY: Claus von Stauffenberg and the Mystical Crusade Against Hitler

◉著者……………………………麥克・培金（Michael Baigent）
理查・雷伊（Richard Leigh）
◉譯者……………………………劉世安
◉編輯委員………………………詹宏志　盧建榮　陳雨航　吳莉君
◉責任編輯………………………吳莉君

◉發行人…………………………蘇拾平
◉出版……………………………麥田出版有限公司
■台北市新生南路二段 82 號 6 樓之 5
■電話：396-5698　傳眞：341-0054
◉郵撥帳號………………………1600884-9 麥田出版有限公司

◉印刷……………………………凌晨企業有限公司
◉登記證…………………………行政院新聞局局版臺業字第 5369 號
◉初版一刷　1996（民 85）年 2 月 1 日

ISBN：957-708-363-3　售價：340 元

克勞斯・封・史陶芬堡，一九四〇年第六裝甲師任上尉戎裝照。

貝克上將：一九三五年至三八年德軍參謀總長，德意志反抗希特勒運動領袖人物之一。

哈爾德上將：早年反希特勒中堅人物，繼貝克出任參謀總長。

希特勒及其將領：由左至右，希特勒、凱特爾元帥、哈爾德上將、布勞齊區元帥。

海夫騰中尉：曾隨同史陶芬堡前往行刺希特勒。

掃除希特勒活動。

奧布萊赫特將軍：反希特勒人物之一。

弗洛姆上將：逮捕並下令處決貝克、奧布萊赫特、史陶芬堡、昆罕、海夫騰。

崔斯考少將(中)：中央集團軍參謀長(東線)，曾建立積極反抗小組。照片中所有軍官均參與

艾卡特：希特勒崇拜的菁英分子。

戈林、鮑曼等攝於東普魯士狼穴總部簡報室外，史陶芬堡即於此地行刺希特勒。

戈林、鮑曼與其他人巡視一九四四年七月二十日史陶芬堡炸毀之簡報室。

爆炸案後，官方公布希特勒遭損毀之長褲。

希特勒赴醫院探視因爆炸受傷之謝夫少將。

巴伐利亞貝希特斯加登上方之伯格霍夫，希特勒總部屋舍殘部。

班堡騎士：十三世紀雕像，立於班堡主座堂，常被用來和史陶芬堡相貌作對比。

格奈森瑙元帥與下屬：解放戰爭時代英雄，史陶芬堡先世之一。

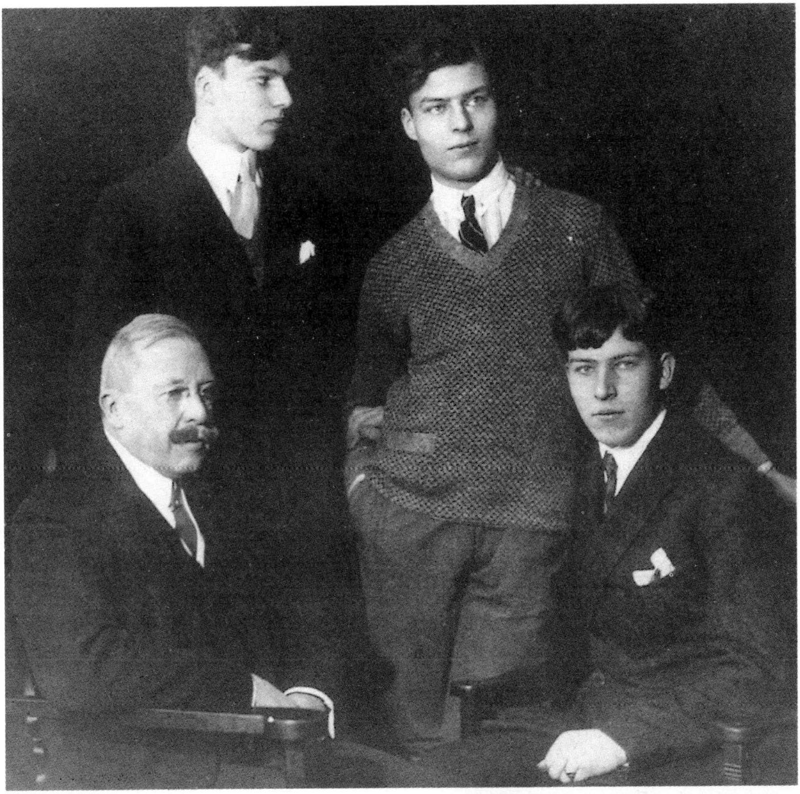

亞弗烈・封・史陶芬堡伯爵與其三子：貝索德、克勞斯、亞歷山大，攝於一九二四年。

一九三三年九月二十六日，史陶芬堡與其妻妮娜在班堡婚禮照。

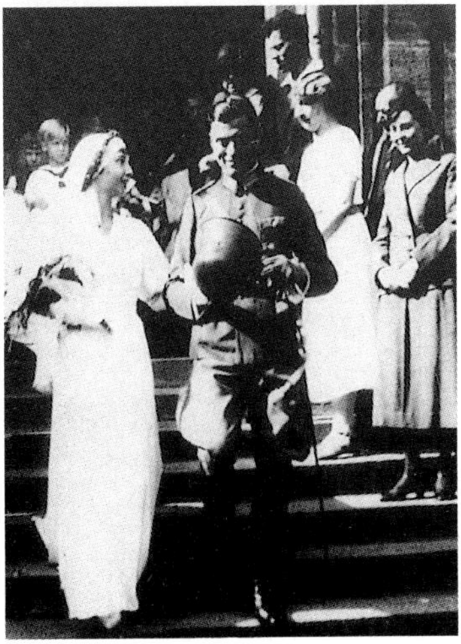

一九三四年班堡騎兵團最後一次校閱時，史陶芬堡與座騎「史瓦賓公爵」。

攝於一九三五年五月騎術競賽，左側者即史陶芬堡。

史陶芬堡(右側)與易契維齊(Zitzewitz)中校、格倫上校(東線情報處長，背對鏡頭)閒談照。

史陶芬堡與昆罕攝於一九四二年烏克蘭溫尼查陸軍總部。

史陶芬堡療傷復元後於勞特林根家中之家庭照。

史陶芬堡(左側)陪同希特勒出席軍事會議，
一九四二年溫尼查。

史陶芬堡會見希特勒：東普魯士總部狼穴，時爲一九四四年七月十五日，史氏此行攜有炸彈，但未引爆。

貝索德·封·史陶芬堡，
攝於一九四四年八月十日
人民法庭審判庭上，當日
即被處決。

魏茲萊本元帥攝於一九四四年八月八日人民法庭，當日即遭處決。

托費森：勞特林根附近高地，史陶芬堡最喜好去處之一。

勞特林根村，位於史瓦賓阿爾卑斯山，斯圖加之南。史陶芬堡宅院即在村落中央。

史陶芬堡宅院，爲家族住宅三百年以上，目前則闢爲音樂博物館。

位於斯圖加之舊宮，史陶芬堡兒時住地，其父爲符騰堡末代國王麾下資深元帥，在此保有一間公寓，直至一九一八年。

一八九九年時史蒂芬・格奧爾格。

格奧爾格與宇宙學院成員攝於一九〇〇年七月。自左起爲費維(Alfred Verwey)、格氏、克拉格(Ludwig Klages)、舒勒(Alfred Schuler)、沃夫斯凱爾(Karl Wolfskehl)。

格奧爾格與格氏學圈分子攝於一九一九年海德堡花園。

一九二八年時格奧爾格。

格奧爾格與貝索德、克勞斯，攝於一九二四年柏林。

格奧爾格、貝索德、卡霍・巴奇(Cajo Partsch)，攝於一九三三年。

柏林史陶芬堡大道前陸軍署之中庭，目前爲德意志反抗運動博物館。左首即爲史陶芬堡當年辦公室入口，中間即爲史氏與共謀者於一九四四年七月二十日夜遭槍決之處。

柏林普羅增西監獄行刑室，密謀者即藉由掛肉鈎上的繩索吊死。

導讀

從反抗運動到定位危機

劉世安

本書以「祕密德國」爲名，該詞涵義，管見有三：一爲二戰期間德國軍政人士反抗希特勒的一項行動代號；二爲文化大師格奧爾格面對德意志民族定位問題時，出自深層省思後的一項理性吶喊；三則是作者們檢視二十世紀這個充滿疏離、失落、徬徨、虛浮時代，於感嘆英雄主義全然沒落下，提出一項足爲式表的文明里程碑。而三者均坐落於一人之身——克勞斯·封·史陶芬堡伯爵。他是德國反抗運動的樞紐，是格奧爾格理性吶喊的執行人，更是英雄主義展現的里程碑。譯者（編註：即本書導讀者）僅就此並副以若干其它發人深省問題，提出個人心得，與本書讀者共相切磋。

炸彈密謀

作者們在〈序言〉開端即曾表明：「無意寫成一本傳統式傳記。同時也無意僅止於一份記錄。」因而在安排上也就跳出了時序的窠臼。

先於〈引言〉，藉一九四三年北非戰場，導出本書主角史陶芬堡。作者就他同僚觀感，介紹史氏處世才華與英雄魅力。進而由其身負重傷到康復，強調史氏超人般意志力量。大難不死的史陶芬堡，不因傷殘而自憐，反而感覺此乃天命，必須更爲積極，於是他選擇後備軍陸軍署(反抗運動大本營)參謀長一職。此後他即全力投入籌劃、聯絡工作，不僅爲反抗運動注入活力，奪權計畫也更形完備。

〈引言〉之後，德國反抗運動登場。第一篇的三章，即以德國軍方反希特勒活動爲主軸。一方面敍述反抗運動的主要活動，另一方面則以德國反希特勒人士的角度，審視了戰前西方國家對德綏靖政策，和戰時盟國提出無條件投降原則對反抗運動的打擊。一九四四年七月，英美聯軍已經瓦解德國大西洋長城防線，進而在法國境內向德國本土推進。而東線蘇聯軍隊業已抵達維斯杜拉河，南方俄軍則繼續深入羅馬尼亞，處於此情勢下，反抗運動若再不抓緊時機奮力一搏，日後恐怕就難有作爲了。而史陶芬堡這位反抗運動樞紐已升任後備軍參謀長，不時有機會參與希特勒大本營軍事會報，而他又是獨臂單目傷殘之軀，予人感覺危險性低，深入狼穴獵狼人選非他莫屬。驚心動魄狼穴之行就此展開。

這段敍述之中，有數個問題頗值一提。首先是刺殺元首與奪取政權並非完全等同。一九四三年以前，反抗活動主要計畫僅止於刺殺希特勒，並期望同時能除掉若干納粹大員。至於刺殺事成之後，是否能順利取得政權，似乎仍屬未定之數。大戰爆發之前，尚可藉護衛祖國免於戰禍爲由，說服德國人民接受事實，其最佳時機即在德國侵佔捷克以及波蘭戰火初燃之際，然而前者之時，英、法，甚至大西洋彼岸美國，一意綏靖姑息，縱有嚴厲譴責及警告，但是主政者基於國內政治考量，或一心想將德國納入自由貿易經濟體系，乃至促使英、法在慕尼黑會議上對希特勒讓步，進而又坐視捷克淪亡。此舉不僅助長了希特勒個人聲望，鼓舞了德國人民擴張雄心，更使反抗人士一籌莫展。固然一九三九年德軍攻入波蘭之初，英、法隨即對德宣戰，然而兩國皆按兵不動，眼看著德軍一步一步深入波境，而德國心懷戒懼的蘇俄，竟與德國密約瓜分東歐，成爲德國侵略波蘭的得力助手。德國人民一方面沉醉於勝利滋味，一雪前次大戰慘遭敗績之恥辱，另一方面則以爲東鄰蘇俄爲友，無懼兩線作戰危機，可全力對付英、法，難免慶幸領袖得人，大批青年對希特勒崇景有加，對納粹教條更是奉行不渝。史陶芬堡等亦以爲此時不宜對付希特勒。

一九四一年，德俄大戰爆發，半年後美國加入戰火，德國前景不甚樂觀。然而此時刺殺希特勒，不見得能將納粹政要一舉成擒，順利取得政權，一旦引發內戰，前線德軍勢必遭殃。反抗人士心志爲之消沉。

即於此刻，在軍情局長卡拉里斯等人努力之下，完成一套女武神行動計畫。該計畫主角即爲後備軍，原意一旦德國本土有暴亂滋生，則立即動員後備軍，由軍方接掌大權，不論黨、政，均置於軍方管制之下。表面上是防範外籍勞工暴動，但隱約中總予人感覺這是希特勒兩面手法，平時以黨控軍，一旦黨中有人生變則立即以軍控黨。希特勒能批准此計畫，顯然自覺軍心在握。

傷癒復出的史陶芬堡，或許是在養傷期間悉知女武神計畫，故選擇陸軍署供職。迄至一九四四年，親衛隊暴動說法，一般人心咸信可能。此際祇需刺殺希特勒，立即實施女武神行動，將可順利取得政權，瓦解納粹勢力，軍心不致動搖，也無內戰顧慮。然而盟國在無條件投降原則之下，西方國家不願顯示任何謀和意向，德國軍方及人民深懼俄軍來臨後的嚴厲報復，不得不奮力頑抗。有關無條件投降原則的確立，甚爲有趣。根據邱吉爾回憶錄，和前蘇聯出版大戰期間羅、邱、史三人戰時電文，無條件投降原則係出於一九四三年卡薩布蘭加英美高峯會議後的記者會上，羅斯福首先提出此一說法，記者詢問邱翁此係何指，邱翁無言以對，記者回問羅斯福，羅表示所謂無條件投降者，即如美國內戰之時，南軍統帥李將軍向北軍投降，將南方命運完全無條件置於北軍之手。而李將軍投降之際，南方幾乎已無繼續作戰能力，同時林肯又公布南方將以平等地位重新納入聯邦，羅斯福以美國內戰經驗主導國際政治，令人啼笑皆非。事後史達林曾去電訊問，但未表反對。無條件投降原則於是成爲盟國政策。

迄至一九四四年，德軍雖能繼續一戰，而戰火亦在德國境外進行。但是德國覆滅命運已不可挽回。此時刺殺希特勒，奪得政權，或可爲德國謀得若干有利條件，即使不能，至少放棄西線戰鬥，全國防禦俄國東進，德國或許可免遭俄國佔領悲劇，狼穴炸彈行動也就如火如荼開展。

讀者閱完此三章時，註解部分切勿錯過。參與炸彈密謀若干次要人士的悲慘遭遇和僥倖逃過刼難，皆載於註解。其驚心動魄之處，不下於正文。當時譯者譯至註解時，即因此一部分動人心弦至極，無法擱筆，漏夜一氣譯成。

鐵與血

德意志並非普魯士，然世人每一論及德意志，腦中浮現者又多爲普魯士。事實上，古老德意志核心地區係以萊茵河流域及其附近爲主。中古時期盛極一時的霍亨史陶芬王朝即坐落於此，曾孕育出燦爛的文化花朵。成就最大者則爲腓特烈二世。而史陶芬堡家族即繁衍於斯土，成爲帝國自由武士。著名文學大師席勒和拿破崙戰爭之後主導歐洲國際政治的奧相梅特涅，均爲該家族後裔。即在史陶芬堡家族步入歷史舞台之際，條頓武士團應波蘭馬佐維亞公康拉德之邀，北上普魯士進行武力傳教，逐步征服土著，建立政權。普魯士非一般世俗政權，而是修會團體，初各武士生活一如教會修士，守貞、安貧與服從。爲鞏固政權，廣泛招徠歐洲基督教世界尋求冒險與戰鬥的貴遊子弟和農民。有關普魯士發展，可參閱李邁先著《東歐諸國史》波蘭部分。

宗教改革運動興起後，普魯士亦改宗新教，修會隨之世俗化，十七世紀普魯士與布蘭登堡結合，登上德意志政治舞台，卻仍然被視爲外國，是半開化的鄉下佬。十八世紀，普魯士升等爲王國，在第三位國君腓特烈大帝時代更成爲歐洲列強之一。

史陶芬堡的母親卡洛琳則出自普魯士貴族。耶納之役後，普魯士軍事改革名將，瓦登堡和格奈森瑙，均爲卡洛琳先人，也是史陶芬堡兄弟自幼即引以爲心中偶像的英雄人物。作者們似乎有意暗示，克勞斯得自兩系遺傳，一方面精明幹練、充滿蓬勃生氣；另一方則又富於文化氣息和浪漫詩意。

兩種不同傳統在他身上匯流，不但未見矛盾，反而凝合塑造出一位充滿領袖魅力，才華橫溢的英雄。

然而德意志的命運卻不似這般幸運。拿破崙戰爭之後，角逐德意志心臟與靈魂地位的鬥爭登場。競爭對手則爲奧地利與普魯士。前者擁有「傳統的分量、合法性、近千年的悠久文化、知識涵養、世界性的都會和外交歷練，以及教宗的支持。」而後者則擁有「國家主義帶來的活力、重要的工業基礎、不斷增強的軍事能力，以及路德教會的支持。」尤其是路德教會，常被視爲作戰署的得力助手，它的新教工作倫理所帶來的動力，鼓勵了工商發展和物質成就。

以梅特涅的幹練，雖能在維也納會議上不惜與英、法協手阻礙普魯士在德意志的擴張，然終究不能擺平對手。半個世紀以後，普魯士在俾斯麥領導之下，一方面利用新興的德意志民族主義，一方面自美國內戰吸取戰爭經驗，積極發展工業，建造鐵路。十年之間連續擊敗丹麥、奧地利、法蘭西，不僅贏得德意志心臟與靈魂地位，也使德意志躋身世界列強行列。對於德意志而言，是幸運？抑或是悲劇？或許應留待讀者自行評判。

調赴北非之前的史陶芬堡

第三篇，作者們探討史陶芬堡的成長歷程。但焦點並非置於生活瑣事，而凝聚於人格塑造與時代變遷。史氏生於一九〇七年，適逢德意志第二帝國繁榮強盛頂峯，迄至一九四三年調赴北非，其間三十餘年，史氏經歷了瘋狂的第一次世界大戰、失落屈辱的威瑪共和、納粹的崛興、第三帝國的締建、二戰初期德軍的輝煌勝利，以及戰事逆轉初露時茫然的德意志前途。處於這樣詭譎多變時代中，史陶芬堡培育出何樣人格，秉持何樣生命理念。史氏對納粹政權又持何種態度。而納粹先是政治勝利、繼而又有外交勝利和軍事勝利。然而這個不可一世新帝國何以步入衰運，作者們也藉機表達他們的觀點。

充滿領袖魅力和理事才華的史陶芬堡，處於如此多變的時代，不似當時多數青年，或沉溺於威瑪時代柏林酒店文化的頹廢荒逸，抑或滿懷熱情理想擁抱納粹揭櫫的虛浮民族大義。依譯者之見，其乃得力於家庭教養、對格奧爾格的崇拜，和投身軍旅。家族傳統，孕育了史陶芬堡的貴族意識，帶頭服務換取社會認同，簡而言之，即是務實的領袖氣質而異於希特勒的虛浮。復以其母愛好文藝的影響，乃致身處史瓦賓高度人文傳統環境中的史陶芬堡嚮往高層次的文化活動，甚且一度有意成爲專業的音樂家或建築師。十七歲時，加入格氏學圈，幼年素養不僅得到高度發揮，同時在格氏的調教之下，更增添了強烈的文化使命感。他違背父親心願，決心投身軍旅，所持理由即是藉以學習治人之道和遂行服務理念。史陶芬堡雖曾於一段短時間對希特勒和納粹予以肯定批評，一旦納粹醜陋面貌逐漸展現之際，他與納粹距離即愈發背道而馳。其終究未被納粹狂流淹沒，應與威瑪時代德國軍人嚴禁干政以及格氏反納粹態度不無關係。至於史氏超人般意志力，固然出於天生，而後經環境培育而成的責任感和使命感，顯然使其天生稟賦更爲強化。至於史氏生命成長過程，則留待讀者閱讀本書時，細細品味。

本書雖以德國反抗運動爲本，然而卻以相當篇幅介紹文化大師格奧爾格，並且引述不少格氏詩篇，尤其〈祕密德國〉一篇更是全盤引錄。「祕密德國」一詞，不僅是書名，也是最具規模反抗運動的行動代號，而其中反抗分子，尤其是年輕一代的活躍分子，更有多人出自格氏門下。格氏去世於一九三四年，距納粹掌權不過二年，生前婉拒納粹禮聘，推卻國家詩人殊榮，自我放逐於瑞士，臨終前更交待史氏等入室弟子，務必不使屍體運返德國，遭納粹利用。納粹雖然邪惡，猶知尊重眞正學術文化大師，固然其心在於利用，但亦屬高招。

有關格氏諸事，本書記載甚豐，譯者僅就其最有特色之處，略舉數端以饗讀者。

首先是格氏學圈活動。格氏藉感性詩歌與文學爲媒介，以莊嚴神祕儀式和矯揉做作姿態爲手段，吸引青年學子至其門下。個人並無政治野心，僅有滿懷文化使命感，不僅本人與社會絕少接觸，甚至可謂刻意迴避。其行爲或許詭異，其心意卻正大光明。經其培育門人，雖未能力挽狂瀾，毀納粹於一旦，終究爲德意志點燃了一座文明指標，爲世間留下了一項英雄典範。

關於格氏終身未婚，門下又多男弟子，處於威瑪時代開放之風，格氏是否爲同性戀者，甚至戀童癖者，學界多有意見。作者們有意爲格氏辨明。以爲格氏具有古典情懷，追求英雄美，並以《威尼斯之死》一書中主角奧芬巴赫行爲遭人曲解，於衆口爍金之下，沉冤莫白爲例，說明格氏情懷。同性戀和追求古典英雄美，其間差距甚大，而格氏身處一男性中心時代，又肩負文化使命感，爲不使理想隨己身而終，四處尋覓傳承衣鉢的秉賦少年，予以調教，或許足以說明格氏行爲。

一九三八年以降，德國兼併蘇台德區，閃擊波蘭，痛擊英法聯軍，佔領法國，進攻俄國，史陶芬堡幾乎無役不與。兼併蘇台德區後的人道援助，閃擊波蘭時，強烈痛恨親衛隊的殘暴不仁，佔領法國後的憂心惚惚、進攻俄國後的公然批評政策失當，一步又一步，促成史陶芬堡步入命運安排的道路。陸軍當局爲避免此一才華橫溢軍官僅因言語不愼而遭納粹淸算，於是將史氏調往北非，遠離納粹鐵爪。

第三篇第八章，作者們探討史陶芬堡調離東線背景，難免有心進一步對整個東線問題予以檢視。一九四一年，希特勒放棄征英海獅計畫，將侵略矛頭對準另一侵略者蘇聯，顯然是二次大戰歐戰史一大轉折。在西歐，納粹多少還能對當地人民予以相當程度的人道待遇。而東歐斯拉夫人卻無此幸運，納粹的生存空間理論充分展示，殘酷暴行下，東歐人民固然遭逢慘痛命運，而德國也爲本身傾覆埋下種子。德軍初時的順利到後期節節敗退不能扭轉頹勢，原因又何在。這些都是耐人尋味的問題。本書在這方面亦曾提出若干解釋。

⑴納粹對東歐的政策

納粹在東歐，基本上奉行希特勒在《我的奮鬥》一書中所揭示的種族理論和生存空間說。如此殘酷、非理性的觀念何以能在衆多德國人心中生根。除了一次大戰後不公平待遇外，本書作者們在第九章、第十章、第十一章中提供了另外兩項解釋。一是集體定位和個體定位危機，另一項則是歷史傳統和近代帝國主義的結合。

以後者而言，作者們提出的見解很有意思。普魯士原出於中古時期武裝修道團體在東歐波羅的海沿岸血腥傳教之結果。此即所謂條頓武士團。而「最近似條頓武士活動的翻版，即是美國騎兵隊和移民在西部的活動」，「美國祇是將過去條頓武士的作為搬到當地舞台上」。而十九世紀、二十世紀交替時代，一位暢銷書作家卡爾·梅、一位歷史學者特賴奇克，將條頓武士精神重新注入了青年與知識分子心中。梅氏把條頓觀念中的正義、法律和秩序搬到美國西部大地，滿足了德國學子對於浪漫式光榮的幻想。賴氏則以華麗詞藻將大亞利安主義、民俗、民族主義、種族主義與條頓武士活動結合在一起。當北美白人新教徒為追求宿命，「滅絕了阻道的土著居民……那麼新一代的條頓武士又何以不能踏著前輩的路子前進。因此特賴奇克筆下的浪漫描述纔能與大衆訴求和梅氏所給予的類似刺激融為一體，深深嵌入民衆腦海之中，這也就是日後納粹『東進』的重大推動力量。」

史陶芬堡和陸軍人士都不以納粹東歐政策為是，甚至連納粹宣傳長戈培爾在日記中亦批判了希特勒的愚昧。有關納粹東歐政策，坊間所見，最好的參考書籍當是安德爾斯(W. Anders)的《希特勒征俄之役》(麥田出版)。該書不僅詳細解析德軍東線失利的原因，同時也對服役德國的東歐志願軍始末作了翔實而生動的解說。

安德爾斯將軍為波蘭人，一九三九年德蘇瓜分波蘭時淪為蘇聯俘虜。德國進攻蘇聯後，因波蘭流亡政府與英、美努力得以獲釋，旋即奉命在俄境招撫被俘波蘭人民，組織波蘭軍團，協同紅軍對德作戰。後因政治因素，率部衆及家屬十餘萬人，由俄境轉赴伊朗、伊拉克、埃及，經整訓後，番號波蘭第二集團師。義大利卡西諾(Cassino)戰役中，首先攻抵山頂即為該師。安德爾斯亦曾將自身經歷及轉戰過程寫成《孤軍流亡記》(*An Army in Exile*)一書。身為波蘭人，對於德、蘇、納粹與共黨、希特勒與史達林在東歐的措施，體會尤深，故《希特勒征俄之役》一書自然珍貴。

(2)德國在東線的逆轉

本書作者們對於德軍在東線失利歸因於下列數端。一爲初期勝利未能及時擴張戰果，反而爲次一階段行動爭議不休，坐失良機。二爲未能有效利用蘇境人民仇視史達林統治，反而以歧視心理及殘酷屠殺對待。三爲蘇聯人力充沛，超出德軍預估。四爲希特勒愚昧頑固心理，不允德軍後撤，建立有利防禦戰線。而詳情應參照《希特勒征俄之役》一書。

此處，譯者有意討論者，是第三點，蘇聯人力充沛。事實上一九三〇年代俄國人口曾因饑饉與清算鬥爭，人口損失頗巨。而人口集中的歐俄部分，大部又爲德軍佔領，不能做最有效應用。而德國方面則有義大利、匈牙利、羅馬尼亞軍助戰，按理人力資源上不應遜於蘇聯。兵額多寡似乎不單是人口數量問題。

譯者所見，德軍分布三線，西歐、北非、俄羅斯，且需相當兵力維持佔領所需，故不能全力對俄。反觀俄國，自德俄決裂之後，英國喜出望外，以優勢海上力量，全力補給俄國，美國雖以芬蘭及波羅的海三小國問題，素來不滿俄國，但亦大力支援，尤以珍珠港事變之後，更見積極。在英美大援之下，原本俄國必須用來從事軍需和糧食生產所需人力，大部可投入戰鬥。故德軍兵額愈見捉襟見肘之時，俄國則不斷有新單位投入戰場。

近代德意志文化取向與格奧爾格

第四篇，作者們看似偏離主題，轉而敘述近代德意志文化取向，實則是本書關鍵。唯有經由近代德意志文化取向，始能明白納粹現象絕非偶然，自有其歷史背景。而格奧爾格與納粹疏離，影響所及，爲德國反抗運動孕育了青年中堅，格氏理念何在，亦是本篇重心。

首先作者們指出民族自我定位危機乃是納粹得以生根茁壯的主因。以希特勒而言，一位奧地利人，拒絕服役奧軍，以德意志民族大義，轉而投效德軍，戰地英勇表現，固然獲得鐵十字勳章，卻無由挽回一次世界大戰頽勢。戰後應邀加入國社黨，個人雖無社會地位，亦不具崇高學術地位，竟然一躍而爲國社黨領袖，若僅以其能言善道，長於舞袖，乃至使德人如癡如狂信奉有加，絕不足以解釋納粹崛興。故作者們轉而由文化歷史背景，探討納粹現象，正是一般分析遺漏部分。

一七八九年法國大革命前夕，德意志分成一千七百八十九個獨立單位，五十一個自由城市，六十三個教會侯國，二百個諸侯國以及一千四百七十五個帝國自由武士采邑。而於其上者，僅有一個空虛名號——神聖羅馬皇帝，由奧地利國君世襲。如此鬆懈分散的帝國之中，民族主義、國家一統的意識卻是外力壓迫下的產品。拿破崙屢敗奧、普，取消神聖羅馬帝國，重組德意志爲四十餘政治單位，固然有助於德意志的凝合，卻因私心過重，措置失當，激發德意志民族主義。縱然有萊因邦聯作爲附庸，也有惺惺相惜的文化宗師哥德呼籲德人朝向文化與精神領域發展德意志前途，終究不能阻攔仇法心理凝合的民族運動。拿破崙倉卒征俄慘遭敗績，終於給予德意志極端軍國主義和仇法民族主義分子可乘之機。隨拿破崙一敗塗地，哥德的理想亦爲之退潮。德意志民族文化取向則是爲德意志文化界視爲邊族之普魯士帶來的政治與領土野心。

依作者們見解，哥德以爲德意志閉鎖於內陸，又懷擴充衝動，化爲政治實務，必走向侵略四鄰，不如放棄軍事與政治擂台，將擴充衝動朝向精神與文化領域，在哲學、音樂、藝術充分表現，顯現於德意志靈魂中的理性與非理性得以良性競爭，並存於一個均衡狀態之中，如此自可消災免禍。然而解放戰爭諸役和滑鐵盧攔腰一擊，不可一世軍事天才拿破崙爲之傾覆，軍事勝利的狂喜和自傲，造成方始萌芽德意志民族主義走向另一極端，梅特涅的謀略不過延宕它的外在發展，而不能轉變它的走向，消除它在知識青年胸懷中的崇高地位。德意志的心臟與靈魂之爭勝負之跡業已顯現。哥德之後，德意志文化大師海涅繼續提出警告，以爲純爲戰而戰，古德意志邪惡力量將再度破繭而出，必爲德意志及人類文明帶來無比巨禍。

即在哥德、海涅等大聲疾呼發展爲文化大國；而瓦登堡、格奈森瑙、克勞塞維茨、香霍斯特等爲德意志抗法付出努力之際，另外一種聲音也正在萌芽。先是哥德同輩赫德提出民俗靈魂說。赫德原意係強調每一片鄉土孕育了獨特的民俗靈魂，衆民俗靈魂間並無高下之分。赫德之說爲十九世紀人民崇拜奠下基石，大斯拉夫主義亦因赫德之說興起於捷克。而諾瓦利、格林兄弟亦持類似理念，以詩歌、童話鼓吹民俗觀念。而結合這股崇拜民俗的，不是哥德、海涅的呼聲，而是戰勝拿破崙後的軍國主義。及至黑格爾，以歷史辨證法，將海涅以爲調和德意志野蠻戰鬥精神的基督教視爲外族產物，不能與德意志精神相合，且更進一步應用新教工作倫理，以爲除祛既成事實別無道德標準，「凡一民族成功的征服另一民族……其成功即已使其行動正當化。」黑格爾並提出世界精神，每一個歷史階段，將有一個主制民族，承受天命，成爲世界精神的工具，而他本人所處的正是一個新的歷史階段，而德意志民族即是這個階段的主制民族。國家對黑格爾而言即是世界精神的反映，故其地位在任何個人權力之上。黑格爾將國家予以神化，成爲一個眞實的神祇，亦即神聖法則在現象世界中唯一可觸覺的實體。

於是任何強調民俗靈魂的理念，在戰爭勝利的狂喜與自傲之下，與黑格爾的世界精神和國家崇拜相結合，均被曲解爲沙文色彩的民族主義，此即大亞利安主義的根源。俾斯麥藉著這股狂瀾，應用各種現實手段，造就德意志帝國，而哥德的預警也就刹時降臨到德意志頭上。政治及領土擴張的野心化成世界政策、大日耳曼民族主義、大海軍主義。第一次世界大戰罪魁禍首當推法、俄，然而德國的野心也難辭其咎。西方國家紛紛捲入一場作者們以爲除了瘋狂別無它義的世界大戰。尤其當戰場衝殺血流成河之際，交戰各方軍火製造業者與軍火交易商還能彼此洽商業務，更是諷刺。戰爭終了，倖存者面對屈辱與有失公允的戰爭罪責，而新成立的共和又不能解決戰爭遺留下的社會、經濟問題，縱然一心想跨上哥德之路，現實中卻束手無策，一籌莫展。失落、頹喪、荒逸漸成流行。集體自我定位危機似火山般衝破覆蓋而出。布若克於一九二九年寫下了預警，以爲處於自我定位危機之下的人們，將會自某個自命救主帶起的崇祀之中找到虛幻式的安慰和假設式的歸屬感，最後結局即身陷迷網，不克自拔。布若克的預警在納粹身上得到證實。

作者們分析三種不同的法西斯。墨索里尼帶起的不過是一種政治意識，尋求與宗教的共榮。佛朗哥進一步結合宗教，以十字軍之身遂行天命。希特勒則甚於二者，以新崇祀取代既存宗教，將人們帶入癡狂。納粹巧妙的將政治與傳統民俗信仰結合，披上基督教外衣，將希特勒比擬成耶穌，比擬成德意志，逐漸以德意志信仰取代基督信仰。第十一章〈神話與力量〉即深入探討了造就第三帝國的宗教層面。

納粹興起之際，格奧爾格也在提倡一種新信仰。格氏不滿猶太教—基督教傳統，他所提倡者亦非納粹式的極端種族主義，而是一種接近古典希臘情懷，崇尚美學與精神的崇拜。唯格氏好以神祕造作形式來表達。格氏好用的鈎狀十字架，賦予特殊意義的「元首」一詞，還有他的詩篇〈新帝國〉，卻被納粹吸引為己用。連同他本人亦被納粹奉為先知。每有納粹集會，格氏詩篇經常為人吟誦。即使這樣殊榮，均無法打動格氏之心。僅因道不同，不相為謀，格氏於納粹崛興之際，傲慢推卻國家詩人封號，自我放逐於瑞士，臨終前更以行動向入室弟子顯示不與納粹妥協心意。格氏孤高風格和堅持原則不為名利所誘的品德，不僅成就了個人，也為反抗運動孕育了中堅分子。

關於二十世紀的英雄主義

〈序言〉中，本書二位作者即曾宣告本書的目的，「視史陶芬堡為一媒介、為一鏡頭，透過他而將焦點放置在凝聚納粹主義現象的力量和情勢之上，放置在二十世紀英雄主義的意義上。」直到本書最後一章，作者方爲這項主題作了結論式的詮釋。

首先，二位作者道出心目中的英雄主義。他們批判了新教（俗稱基督教）的工作倫理。以爲該項倫理係基於「實用主義邏輯」，成者爲王，敗者爲寇。他們的觀點以爲新教工作倫理「強調行動。然而行動次於結果，……成功即是上帝恩寵的最佳證明，……凡成功者必爲美德者……二者根本即是異詞同義」。並以耶穌與聖徒的殉道來說明「象徵性姿態比重同於實質行動」，甚至大於行動，以爲姿態本身即「足以構成一項救贖原則，而無視於是否擁有任何成就。」這是一種強調犧牲、屬於詩意的邏輯。因此根據行動或行爲，即能鑑別英雄。

至於什麼樣的行動方是英雄？那決不是暴虎馮河的匹夫之勇，而是一種有智慧、有策略、「更重要的則是同時有一種道德性的訴求」。換句話說，即是在道德訴求之下，兼具有「思想人」和「行動人」雙重表現的人士纔是英雄。英雄不僅要能行動，還要「克服自身內在的情緒，也就是一種自我控制」。以免「盤查所有的行爲動機，最後將導致行動癱瘓」。作者們並列舉若干文學作品中的角色和眞實的歷史人物以茲佐證。

讀到這裡，譯者不免聯想到文天祥、聯想到儒家精神。「惟其義盡，所以仁至。」義行的本身即是目的。眞正無懼的勇者，外要威武不能屈、內則有過無憚改，在不惑於道的智慧之下，祇問耕耘，不問收穫，知其不可而爲之。此種精神的寫照，不正是二位作者所尋覓的英雄主義最佳詮釋嗎？

作者們感嘆二十世紀英雄主義的式微。他們舉出三項原因：一是第一次世界大戰，一是傳播媒體在語詞上的濫用，三則是文明進步與活動空間的相對減少，不再留有足夠的空間「給予具決定性的個人有所發揮」，不再留有多少事項足以容許「任何決定性的個人創意」。而能有所造就者，通常局限於個人事務、地方性空間。即或有，那也祇是冷戰巔峯時期的間諜活動，或者是包括國際恐怖活動在內的犯罪行爲。

每當社會發生個人定位與集體定位危機時，人心即渴慕英雄。然而處於難以發揮的時代，反英雄與僞英雄應運而生。反英雄多出自文學作品對二十世紀人類的觀察，尤以德文作家的分析最爲淋漓盡致。其中闡述了四種不同類性反英雄：能行動而無思想的莽夫、能思想但怯於行動的懦夫、不能思想又不能行動的愚夫、有思想及行動潛力但迫於環境終無所作爲的潛夫。由反英雄道出了生存的無奈。另一方面又有僞英雄，則是出於影視工業和傳播媒體的製造。兩者皆是爲滿足人心渴慕的成品，不論其是故事腳本下的虛構，抑或是眞實世界中在片面有所突出異常表現的個體，而其成就未必涉及歷史文明走向，未必有益人類社會，卻都能被當成偶像崇拜、模仿。

處於正確英雄形象模糊時代，作者們就極權主義在德、俄兩國生根的史例，提出警告，以爲在個體與集體定位均面臨危機的社會，「人們在追求自我界定時，太容易墮入宗教導師，信仰領袖的圈套中。」在宗教式外衣包裝和媒體刻意宣揚之下，被虛浮事物所迷惑，以爲自己是「被拯救的一位」，「被開化的一位」，「他所承受的天命高過於任何其它民族」，「而它的內涵卻是眞空」。

今日，生活於本地的人，是不是也正面臨集體定位與自我定位的危機時代？譯者無意去做解析，而留給讀者們去省思。總而言之，如何培育有思想能行動的人格，可以將政治擔當和道德觀念，以及致力於精神、文化與生活的理想結合在一起，似乎永遠是教育的根本方向。

序言

麥克・培金
理查・雷伊

雖然本書主題係環繞在克勞斯・封・史陶芬堡伯爵(Count Claus von Stauffenberg)這位領導才華橫溢的帝國後備軍上校參謀長的身上，但卻無意寫成一本傳統式的傳記。同時，也無意僅止於一份記錄，記敍他自一群密謀分子手中接獲一項於一九四四年七月刺殺希特勒的密謀。有人說，假若行動成功，他將可以成爲德國的戴高樂(de Gaulle)，民族靈魂的救星。即或結果是失敗了，他仍然代表了對第三帝國的救贖，也代表了對矛盾的德國文化迷思的一種解答。史陶芬堡之所以能盤據本書的中心舞台，完全是因爲他爲德語民族糾葛的歷史投下一道明光，同時也爲他們尋求民族定位的窘境，提供了一項解釋。

有關史陶芬堡三兄弟的傳統式傳記，近年來已有彼得・霍夫曼(Peter Hoffmann)的德文版本，該書爲本文提供甚多有用資料。然而筆者們所要探究的範疇卻遠超於霍夫曼。筆者們僅視史陶芬堡爲一媒介、爲一鏡頭，透過他而將焦點放置在凝聚納粹主義現象的力量和情勢之上，放置在二十世紀英雄主義的意義上。

處理歷史材料本體時，確實需有篩選工夫。筆者們屬意的範圍較為寬廣，因此在研究過程中，不免省略若干細部資料。筆者們無意審視反抗運動(Widerstand，指反希特勒運動)之全貌，甚且還迴避其中若干部分，比如特羅特蘇索茲(Adam von Trott zu Solz)的外交活動、毛奇伯爵克萊索學圈(Kreisau Circle)中的平民分子等。可以告慰的則是我們遵從了願意接受訪談的當事人之期望。他們之中有若干人並不十分情願再次回味反抗運動或炸彈密謀。然而促使他們願意為我們而回憶痛苦的往事，為我們而重溫舊創傷，那是因為他們認同筆者企圖探尋的較寬層面。對前述人士而言，事件細節的重要性遠不及筆者所呈現的傳統民族傳承、榮譽的信條與理念等。因為正是這些事物使得反第三帝國行動的道德與精神立場更形堅實。

直接涉入史陶芬堡密謀的軍官中，有數位值得一提的人物。首先是已故之布奇(Axel von dem Bussche)，他曾於一九四四年預備犧牲性命以消除希特勒。一九九三年，即在其逝世前數個月，他曾慷慨的捐出他的時間和記憶。另外一位則是克萊斯特(Ewald von Kleist)，他也曾預備犧牲自己生命，同時一九四四年七月，他親身活動於作戰署(War Office)。還有一位曾在現場的人物則是漢默斯汀(Ludwig von Hammerstein)。以上三人均將個人記憶貢獻而出，筆者不勝感激。而這三位人物本身以及他們神奇的逃過納粹報復的過程，就足以構成一篇完整而精采的故事。

此外，筆者在此還要向奧圖・約翰(Otto John)致謝，他曾親眼目睹作戰署所發生的事故，且在一九五〇年代成為西德安全單位的首長。同時也要感謝安吉拉・封・索爾姆(Angela von Solms)、娜納・封・海夫騰(Nona von Haeften)，經由她們的關係網，使我們得以訪得珍・封・海夫騰、巴巴拉・封・海夫騰、古蒂莉白・封・藍道夫(Gottliebe von Lehndorff)、維拉・封・藍道夫。她們敍說的往事，其激烈與恐怖不下於密謀直接參與者。

在此還要特別感謝伯索德(Berthold)・封・史陶芬堡，他曾於公務中撥冗與筆者暢談其父親與家族的服務傳統。當然也要向寇奇(Harold-Victor Koch)、弗倫道夫(Hans-Dietrich Fühlendorf)致謝，他們曾提供若干有關史蒂芬・格奧爾格(Stefan George)的評述。

而訪談中，感謝納蒂亞・夏(Nadia Shah)、貝琳達・韓特(Belinda Hunt)、朵特・麥柯特(Dörte McCourt)以及安・威斯荷姆(Anne Westholm)等人的從旁翻譯。以其他各種不同方式給予我們相當幫助的人士甚多。在此一併致謝(名單從略)。同時對於提供照片的機構與個人，亦藉此致謝。

最後筆者要感激羅瑞・奇南(Lori Keenan)對於筆者創作此書所給予的激勵。還有紀念豪普特曼・雅斯培斯(Hauptmann Jaspers)，他曾大力協助將有意義的東西公諸於世。

一九九四年二月

目錄

導讀：從反抗運動到定位危機　劉世安　i
序言　xix
引言　三

第一篇　炸彈密謀

1 德國的反抗運動　一九
2 女武神行動　三五
3 身在狼穴　五三

第二篇　普魯士的崛興

4 鐵與血　九一

第三篇　克勞斯・封・史陶芬堡

5 對格奧爾格的崇拜　一一九

6 新帝國　一五三

7 邁向侵略之途　一八五

8 巴巴羅沙行動　二〇七

第四篇　德意志心臟與靈魂之爭

9 解放戰爭之後　二三三

10 文化與征服　二四九

11 神話與力量 二六七
12 世界的立法者 三〇九

第五篇 二十世紀的英雄主義

13 班德勒大道上的中庭 三五五

祕密德國

史陶芬堡與反希特勒之神祕十字軍

SECRET GERMANY

Claus von Stauffenberg and the Mystical Crusade Against Hitler

引言

一九四三年春，二次世界大戰戰火已邁入了第四個年頭，距離戰爭結束還有二年，若干最血腥、最堅苦的戰役還有待開展。總之，套一句邱吉爾的說法，潮流終於反轉了。在三個最重要的戰區，聯軍——大英帝國、蘇聯、美國——已迫使軸心集團轉爲守勢，同時他們自身也正在準備轉守爲攻。

就在前一年，三個關鍵性的戰役戲劇化的扭轉了戰爭動態，促成大戰形勢反轉。其中之一爲中途島之役，一九四二年六月，正當日軍無情的橫掃太平洋之際，突然遭到一次重挫，痛失四艘航空母艦。此後，無論於空中或海上，軍力始終不能恢復。

至於俄國戰場，進擊中的希特勒大軍受滯於蘇聯，轉成了兩軍巨型的對決。德國第六軍團對史達林格勒(Stalingrad)的攻勢爲之頓挫。到了十一月的最後一週，德軍完全陷入俄軍反擊的包圍圈中。經歷了二十萬傷亡的第六軍團，殘餘的九萬一千部隊終於在一九四三年元月三十一日全軍投降。前此，德國已經嘗到了戰局逆轉的暗流，如大不列顛之役，以及海上戰鬥，然而史達林格勒之役卻是德國的戰爭機器在陸地上第一次重大挫敗。這次決定性的挫敗導引了俄軍節節反攻，紅軍逐步橫掃整個東歐，最後進入了瓦礫遍地的柏林廢墟中。

北非方面，自一九三九年衝突爆發以來，戰況膠著形成拉鋸之勢。義大利部隊雖屢遭英軍痛擊，已經士氣低落，潰不成軍，然卻獲得德方增援，由聲譽卓絕，即使敵手都尊之為「沙漠之狐」的隆美爾將軍(Gen. Erwin Rommel，日後升任元帥)率領非洲軍馳援。此後一年間，隆美爾和先後數位英軍指揮官，在埃及與利比亞沙漠地帶上，彼此拉鋸，嚴防對方跨越雷池一步。一九四二年三月，對英軍而言，形勢尤為危急，當時防禦亞歷山大港(Alexandria)和蘇伊士運河(Suez Canal)的最後一道前衛要塞多布魯克(Tobruk)已遭德軍攻陷。此際隆美爾看來勢如破竹，祇需追擊疲憊不堪的英國第八軍團，即可打開一條通路直驅亞歷山大港和運河。一旦運河失守，英國必遭致命重擊，其與帝國邊際地區如印度、紐西蘭、澳洲等地的海上交通要道為之阻絕。同時，也將為非洲軍執行希特勒的大計畫鋪平道路。德軍自此向東，北上穿越巴勒斯坦，即可進入寶貴的產油區，今日之伊拉克與伊朗，然後與已經攻克烏克蘭(Ukraine)及蘇聯南境的德軍會師。

一九四二年中期，聯軍前程可謂一片晦暗。所幸到了七月，隆美爾直驅蘇伊士運河的攻勢受挫於奧欽列克將軍(Gen. Sir Claude Auchinleck，日後升任元帥)麾下的第八軍團，此即第一次艾拉敏(El Alamein)之役。未幾，奧欽列克指揮官之職為一鮮為人知的蒙哥馬利將軍(Benard Law Montgomery)取代，同時，七月至八月初，第八軍團也獲得鉅量補給。等到十月二十三、二十四日，蒙哥馬利展開反擊，先是以八百門重砲織成的彈幕轟擊德軍，此為大戰期間最為集中、最為恐怖的彈幕。經過十一天持續戰鬥之後，第八軍團突破德義兩軍防線，隆美爾被迫撤退，西向橫越埃及、利比亞，直至突尼西亞爲止，伴隨這一千五百哩撤軍的則是蒙哥馬利的無情追擊。

就在蒙哥馬利於艾拉敏突破之後五天——十一月三日，英美與自由法國的聯軍亦在北非沿岸另一端的阿爾及爾(Algiers)、卡薩布蘭加(Casablanca)、奧蘭(Oran)等地登陸。以當時的術語而言，聯軍將結合成一個鐵砧，以供構成鐵鎚的蒙哥馬利的第八軍團鎚擊撤退中德軍之用。然而事與願違。增援的德軍擁入突尼西亞。面對它的美國第二軍，士兵多無經驗又缺乏訓練，他們形成聯軍戰線最脆弱的一環。

一九四三年二月四日，德國第十裝甲師作戰官誤觸地雷而重傷。十天以後，另一位有八百年歷史的史瓦賓(Swabia)貴族子弟，三十六歲的史陶芬堡伯爵中校(Claus Philipp Maria Schenk Graf von Stauffenberg)接任。當天第十裝甲師即在細第包齊德(Sidi Bou Zid)對美國第二軍發動攻擊。就美軍而言，這是一次戰鬥洗禮，美軍那位有名無實的指揮官弗里登達(Lloyd R. Fredendall)將軍並未在前線督戰，反而是極端謹慎的把自己安置在戰線後方六十哩處的一個地下掩體之中。面對德軍屠殺所產生的氣餒，大部分美軍丟下武器倉皇逃逸。

五天之後，更不光榮的屈辱接踵而至，此即凱撒林隘道(Kasserine Pass)之役。戰鬥首日充任預備隊的第十裝甲師於翌日參戰。二月二十日的德軍攻勢中，美軍再度恐慌逃逸，留下了二千七百名傷亡和二千五百名的俘虜。當時聯軍統帥艾森豪(Dwight Eisenhower)雖然寄望本國部隊能爲美國贏取自身的光榮，卻不得不在此時勉強要求英軍支援。畢竟眼前的危機較國家榮耀優先。弗里登達將軍指揮權遭到解除(以明升暗降方式調回美國)。接任者爲巴頓(George S. Patton)，先是受命重建低靡的美軍士氣，接著在英國第六裝甲師為主力的逆襲中，擔任助攻，結果德軍被逐回至先前的位置——馬內斯(Mareth)防線。

二週以後，第十裝甲師再度發動攻勢，此次係自馬內斯向東出擊，對進駐米地尼(Medenine)的蒙哥馬利第八軍團進行了一次英勇卻無結果的攻擊。三月二十日，蒙哥馬利大舉反攻，德第十裝甲師頑抗英軍攻勢達六日之久，直至德軍被迫放棄馬內斯陣地時為止。兩次戰鬥之中，第十裝甲師的新任作戰官在部屬、同僚及長官面前均留下深刻印象。

雖然有各種的參謀作業，作戰官仍不斷利用閒暇和部隊接觸。他不時走訪團部、營部，和指揮官們研討公務、私務。就在當地非正式協商中，他也能隨機處理原本需經由正規管道方能解決的各種事務。他的談話內容並不局限於官方事務，經常擴及歷史、地理、文學，當然還有政治。雖然他明顯的反對現存體制，可是他從未試圖說服或影響他人。就我個人印象而言，他絕非狂熱、魯莽之士，也非劍及履及之士，妄想立刻改變一切……他擁有史瓦賓人天賦的魅力，任何人都覺得難以抗拒。❶

這位新作戰官的某個下屬曾口述一則他能言善道的證詞：

雖然當時我祇是一名年僅二十二歲的尉官……卻對史陶芬堡的人格有深刻卓絕的印象。對我而言，他是一位理想中的長官。他對人坦率而友善，使人不覺得身為下屬。他的體貼鼓舞了他人的自信心。另一方面來說，他言論中肯，引人尊敬，他是一位擁有天生權威的人士。史陶芬堡處事的典型方式，是決心要盡快的親身認識師裡所有的軍官，包括各連連長在內，這也就是何以我會接到命令向他報到。這並非正常程序。但是他總是認定參謀與部隊應該有緊密的接觸。

❷

四月七日，德軍自馬內斯撤退的兩週之後，聯軍的兩隻大鉗合圍，十一月登陸的英、美聯合部隊和自東而來的蒙哥馬利第八軍團會師。這個形勢決定了正被圍於突尼西亞山區與平坦荒涼通路之間的非洲軍和其盟友義大利軍的命運。五月十二日，爲數二十五萬的德軍和義軍向盟國投降，因此爲入侵西西里和義大利本土鋪平道路，以上兩地即是三年前敦克爾克(Dunkirk)撤退以來，盟國首次涉足歐陸的所在。

由於聯軍享有空中優勢，又控制地中海，德軍無法達成敦克爾克的撤軍。雖然軍隊不得搶救，但是各級指揮官、資深軍官和重要人員卻可獲救。自馬內斯撤退之後不久，病痛且沮喪的隆美爾已返家養傷。史陶芬堡則訂機位準備返回義大利，靜候發表新職。當時他本人以爲北非戰敗已無法挽回，無意成爲戰俘度過戰爭歲月，遂要求他調，裨能使他可以在他地發揮更大功用。無人反對史陶芬堡，因爲他早已被各界認定是整個帝國陸軍中最優秀、最有前途的青年軍官。大家均以爲他將注定出任高級指揮官，甚至可以官拜元帥。據說他能耐甚大，足以鼓舞陸軍和參謀本部產生新精神，進而「與狹隘的軍事觀點競爭」❸。據他的一位同僚觀察說：「令我驚訝的是在氣勢上，有許多官階在他之上的人，都承認他有天賦的優越氣勢，而在他面前低頭。」❹在他的長官中，有人以爲他是「德國參謀官中的唯一天才」❺。古德林（Heinz Guderian）這位德國裝甲戰鬥大師，也是德國裝甲武力和閃擊戰的構築者，不久即提出史陶芬堡之名，作爲參謀總長的最佳候選人❻。

就在英美聯軍自西東進與第八軍團會師當天，史陶芬堡正在協助規劃德軍撤退至突尼西亞沿海的斯法克斯（Sfax），當時他的參謀座車在長列的車隊中緩緩前進，車隊兩邊則是士氣沮喪的步兵縱隊。忽然間，約一中隊的美軍 P-40 戰鬥轟炸機開始轟擊此一撤退中的德軍縱隊❼。刹時整條道路化成燃燒車輛的地獄，每輛車身再加上燃燒的火焰，更爲低空飛行的戰機提供了極佳的攻擊標識。史陶芬堡座車駕駛努力的在焚毀車陣中穿梭而行，他本人則站立於車身右部，忙著發號施令，指揮尚能開行的卡車。正在此際，他也就成爲一架 P-40 五〇機槍的攻擊目標。當槍彈直落他的座車時，他唯一能做的祇是以手護頭，趕忙跳出車外。

等到部屬尋獲他時，他已是不省人事的躺在彈痕滿布、燃燒殆盡而且倒翻的座車之旁。他負傷的程度叫人驚駭。左眼爲槍彈直接命中，右眼傷勢亦重，右小臂和右掌已被擊斷，不知去向，左掌也有二指斷落，膝蓋之一重傷，背部及腿部也因榴霰彈破片而傷痕累累。在此情況下，他立刻被人送到最近的斯法克斯野戰醫院，接受緊急治療。殘餘右臂自手腕的部位切除，至於左掌的小指和無名指，以及左眼殘餘部分也完全切除。

三日之後，蒙哥馬利揮軍直撲斯法克斯，史陶芬堡立刻被轉移到迦太基（Carthage）的野戰醫院。轉院的過程中，由於救護車不時遭聯軍飛機的攻擊，不僅困難重重，同時也痛苦不堪。抵迦太基後，旋被轉送至慕尼黑。沿途高燒不退，大部分的醫生都認爲活轉希望甚微。就算有奇蹟，眞能活轉過來，他也不太可能恢復行走能力。最可能情況則是永久殘廢，以傷殘終其餘生，同時也可能雙目全盲。

他的頭、手和腿全爲繃帶包裹，如同一具繃帶纏身的木乃伊躺在醫院中，然而卻有戰前和平時期及大戰期間表現卓越的軍官連串前來探訪以示尊敬。其中包括參謀總長柴茲勒(Kurt Zeitzler)，探病時還帶來獎章，金質的負傷勳章，以及私人禮物，酒一瓶。「爲數衆多的高級長官前來探視這位中校的傷勢，造成整個軍醫院的驚訝。」❽

史陶芬堡的母親、妻子妮娜(Nina)、舅父郁庫爾吉蘭班伯爵(Nikolaus, Graf von Üxküll-Gyllenband)，以及其他親戚也曾前來探病。他曾對郁庫爾吐露，他以爲此次倖存絕非偶然，至於他的生命，此後雖然可能更多元化，其實祇是爲了一個特殊的目的，一項注定的計畫而留存的。

有一次，他曾對妮娜說：「妳知道嗎?我有種感覺，現在我必須爲挽救帝國做些事。身爲參謀本部的軍官，我們大夥都得承擔責任。」❾

他也曾對一位友人，同時也是他外科醫師的兒子說：「如果不能爲制止這場無意義的殺戮做些事的話，我實在無法面對那些亡者的寡妻、孤子。」❿

他也曾對郁庫爾和若干人士做過更懇切的表示：「既然那些將領截至目前都沒有任何作爲，所以現在該輪到校級軍官起身行動了。」⓫

自孩提時代起，史陶芬堡即曾爲自我訓練不斷耕耘，最爲他所看重的就是訴諸意志，此即將個人內在資源，不論是心理或精神的力量做深度的集中，依他的觀點，如此將可控制或轉化人的肉身。此時，史陶芬堡的第一步行動即是自傷殘中復健，他試圖建立人格上的昇華來克服肉體上的痛楚，以強化個人精神層面的屬性來蔑視肉體上的苦難。當外科醫生在他身上進行手術時，他堅決的拒用止痛藥、安眠藥、麻醉劑或鎮定劑。連蓋世太保的官方報告中，都得稱許他有強大的意志力量，他就是靠這種力量走向康復之途。

儘管他所負的傷是如此嚴重，可是史陶芬堡留在慕尼黑醫院療傷時間卻不超過兩個半月，僅由四月二十一日住到七月三日。早在四月底，院方即已承認他復元速度驚人，而他也曾致函友人——奧布萊赫特將軍(Gen. Friedrich Olbricht)，說明他期望八月間即能重返工作場所，雖然診斷結論不利，他竟然恢復了右眼的視覺。左掌僅存的三指，也在不斷努力之下可以握筆書寫。在他自行出院後不久的一次火車旅行中，同臥鋪車廂的一位軍官，憐憫他的體能情況，自願幫他更換衣服。史陶芬堡輕笑一聲，在短短時限內，他連用三隻手指和牙齒，完成自己脫衣、穿衣的動作。當醫院要他返院裝設義肢時，他給予院方的答覆則是太忙沒有時間。有一次，他的朋友建議他試裝義肢，他笑笑，再次排除這種想法。他曾說他已經記不起當他還有十隻手指時所做過的事。他堅決的以爲受傷祇不過帶來若干小小的不便，盡可能的訓練自己一如平常，甚至他還騎馬，到了後來，在情況需要下，他甚至還去啓動炸彈。

史陶芬堡也絕不讓自己退伍。他公然表態，他不但要留在軍中，同時還盼能受命擔任實質工作，甚至是前線職務。此態一表，幾乎是立刻受到大批高階人士的人情圍攻，企圖爭取他出任他們的參謀。最後他選擇了陸軍署(The General Army Office)的參謀長一職。陸軍署為後備軍的機構之一，基地設在柏林。後備軍是由第三帝國領域內，駐紮在德國本土上的各種武力所組成。至於陸軍署的工作則是物資補給和充員訓練，一旦訓練完成，即移送後備軍，然後再分發到戰區。充員戰士則包括新入伍、負傷復元、徵自工業界的勞工，還有逾齡和不足齡的志願兵。

史陶芬堡在陸軍署的直屬上司則是奧布萊赫特上將，也即是四月間他曾與之通信的人。這足以顯示他和奧布萊赫特之間早已達成祕密諒解。總之，史陶芬堡願意供職奧布萊赫特部門是有若干理由。由他個人的關係網，他知道陸軍署是軍官試圖以武力反希特勒、反納粹黨的祕密溫床。這批軍官已經和另外一個系統建立了和諧關係。所謂另一系統即是由東線最具戰力青年將領之一——崔斯考少將(Maj-Gen. Henning von Tresckow)所領導的系統。最遲在一九四一年夏季史陶芬堡即已認識崔斯考。在崔斯考支持下，草案出爐，試圖以後備軍做為政變核心。而陸軍署即是後備軍和東線的崔斯考體系之間最重要的聯繫。

一九四三年八月中旬，他自行出院已逾五週，史陶芬堡抵達柏林。他立刻與正在休假中的崔斯考開始積極密謀，當崔斯考返回東線後，德國境內密謀領導權幾乎完全移交給史陶芬堡。十月一日，當他正式上任陸軍署參謀長一職之後，整個事件的運作隨之加速。如今他已駐守於班德勒大道(Bendlerstrass)後備軍總部的大廈之中。

舉凡以前史陶芬堡在戰地所顯示的諸項特質——精力、機智、意志、辯才、領導天賦、引人的魅力、能影響周圍人士的幽默感等，如今無不用於密謀之上。他以柏林市郊和他兄弟貝索德(Berthold）共有的住所爲中心，進行繁重的聯絡系統統合工作，另一方面則努力熟悉一旦掌權之後將會產生的民事和軍事措施，例如宣布國家進入緊急狀態，拘捕黨官、親衛隊（SS）和蓋世太保，盤據各個行政部門、火車站、通訊中心、戰略設施、進出道路等。此項工作的繁重複雜足以令人畏怯。然而史陶芬堡卻能不屈不撓滿腔活力的去幹，就一個晚近纔身負重傷的人來說，他的同僚不得不視他爲超人。毫無倦怠的他，接著又把目標朝向帝國行政和軍事體系的高層梯隊。蒐尋任何潛在的支持者，然後加以試探、評估、訊查和研議。最後，他總是以預備好的笑容，帶著一種豪邁騎士大而化之的態度，加上具有催眠力量的個性，去贏取支持者，而且甚少失敗。

有位年輕的軍官，因爲管轄的業務，成爲史陶芬堡急欲徵募的對象，他對那位軍官說：「坦白的說，用我能處置的各種資源，我正在進行叛逆大罪。」[12]

與共謀者聚會時，他經常引述格奧爾格（Stephen George）作品中的一節。格奧爾格是史陶芬堡以前的良師益友。格氏可能是繼里爾克（Rainer Maria Rilke）之後，本世紀最偉大的德語詩人，他在一九三三年時過世。史陶芬堡最愛引述的一節詩，係出於格氏一九三三年出版的〈反基督〉（Der Widercrist）詩篇，如今看來該詩充滿了預見之明：

害蟲之王正在拓展他的領域
沒有歡樂能迴避他，也沒有財富或利益
祇留下了叛亂的殘渣

在惡魔的光彩催眠下，你道出喝采
將所有的曙光蜜汁消耗一空
唯有到此時你纔感受到災難
於是你伸出舌頭朝向枯竭的水槽
極度愚昧的像是一隻通過熾燃草原的雌牛
恐懼的厚顏四處大聲鳴叫⑬

一九四四年六月六日，歷史上最大的一次登陸作戰中，英、美、加等國五十萬的士兵在諾曼第(Normandy)搶灘。此一事件造成的迴響很快的就帶給史陶芬堡期盼已久的機會。不受希特勒重視的後備軍總司令弗洛姆(Fritz Fromm)，在冷藏兩年之後，由於史陶芬堡爲他擬定的一份精采報告，乃至六月七日奉召前往設於巴伐利亞阿爾卑斯山區貝希特斯加登(Berchtesgaden)附近的元首總部伯格霍夫(Berghof)，而史陶芬堡受命隨行。

不少史學家推斷，這次伯格霍夫之行即是史陶芬堡和希特勒第一次晤面。然而本書中刊有首次公開的照片，證明至少一九四二年夏季，於烏克蘭維尼查(Vinnitsa)德軍總部，他們兩人即曾晤面。當時希特勒，一如往常面對新面孔時，曾以眼神逼視，企圖使史陶芬堡怯首。以往，希特勒的眼神一直能主宰對方，逼使對方眼神他往或垂目。此回，史陶芬堡不僅毫不怯懦，甚且雙眼緊鎖元首眼神。現場人士莫不以爲新鮮，傳說當時希特勒本人在對方逼視下，眼神他轉，先是眼神散渙、膠著，繼而閃爍，偷偷轉向，就好像被一種權威和魅力，一種可與他本人匹敵的意志力所脅迫一般。同時亦有傳言，在此次沉默對抗事後，史陶芬堡曾以慣有的自信表示：「那個人簡直是個魔法師，差一點就把我給催眠了！」

兩年以後，希特勒的催眠力量對史陶芬堡而言，已毫無意義。就他個人的體認而言，貝希特斯加登的晤面所反映出的是一種劇烈的轉變。他的妻子曾詢及希特勒的眼神是否仍是那樣深刻，仍能發出魔力，他很輕蔑的回答說：「完全沒那回事。」它祇是迷濛的。戈林則是塗了化妝品，元首總部的整個氣氛「索然無味」、「消沉」、「腐朽且墮落」。祇有軍需部長斯皮爾(Albert Speer)看來正常。至於其他所有的納粹高級官員莫不是「精神失常」。根據現場人士的報導：

> 右手不停顫抖的希特勒，焦慮不已，突然間向長桌彼端的史陶芬堡投射出探索的眼光，很快的確定自己沒有危險後，這纔將注意力轉向正在簡報的軍官。⓮

自那一天起，元首親自下令，強化他的個人安全，凡是帶到會議場的公事包都應嚴加檢查。儘管希特勒暗生疑慮，然而這位獨眼獨臂的勇敢軍官的紀錄卻毫無瑕疵，他的精明幹練無可爭議，而資深指揮官如古德林對他所做的推薦亦不容忽視。六月二十日，他由陸軍署奧布萊赫特的副手升任爲弗洛姆的副手，成爲後備軍的參謀長，並晉升爲上校，在七月一日正式上任。如今他擁有了出入元首總部，接近希特勒本人的管道。

註釋

❶克拉馬茲(Kramarz)：《史陶芬堡傳》(*Stauffenberg*)，頁一〇〇。

❷同上，頁一〇一至二。

❸李布(Leber)：《反叛之良知》(*Conscience in Revolt*)，頁二六〇—一。

❹赫瓦斯(Herwarth)：《對抗兩個惡魔》(*Against Two Evils*)，頁二一五—六。

❺齊勒(Zeller)：《自由火焰》(*The Flame of Freedom*)，頁一七五。

❻同上，頁二七四。

❼約有來自美軍第三十三戰鬥機群的二十架P-40戰鬥轟炸機攻擊後撤德軍。兩架遭地面火力擊落。參見薛爾(Shores)：《突尼西亞上空戰鬥機》(*Fighters over Tunisia*)，頁二九七。毛瑞爾(Maurer)：《二次大戰時空軍戰鬥單位》(*Airforce Combat Units of World War II*)，頁八六—七。有關此次撤軍及史陶芬堡負傷的全盤經過則見於霍夫曼：《克勞斯·封·史陶芬堡及其兄弟》(*Claus Schenk Graf von Stauffenberg und seine Brüder*)，頁二九四—六。

❽齊勒書，頁一八三。

❾同上。

❿克拉馬茲書，頁一〇五。

⓫同上，頁一〇四。

⓬齊勒書，德文版(*Geist der Freiheit*, München, 1965)，頁三六一。

⓭格奧爾格：《文集》(*Werke*)，頁二五八。

⓮同⓬，頁二七七。

第一篇

炸彈密謀

1 德國的反抗運動

對於納粹佔領下歐洲大部分的反德國抵抗運動，歷史向來慷慨。其部分原因顯然歸諸於盟國的宣傳。在這場心智鬥爭中，凡是曾與英國並肩戰鬥，維繫其帝國存續，日後又與美國攜手的自由法國、自由波蘭、自由捷克等等，皆受重視。同時無論在戰時或戰後，盟國也曾投入極大的關注，強調遭敵佔領下法蘭西、荷蘭、比利時、丹麥、挪威、捷克、南斯拉夫、波蘭、希臘，以及一九四三年九月以後的北義大利等國地下軍的活動，比如偷運盟國飛行員至安全地區、協助空襲、發動破壞和大規模游擊戰等。在英語世界中，就連最粗略的戰史也都會提到地下反抗組織的活動，凡是電影和電視的常客，若說從未觀賞過一部事關北歐至巴爾幹、希臘地區反抗活動的影片，簡直是不可能。當然也不會有人忘懷前蘇聯勢力範圍和蘇聯本土的游擊隊活動。

至於德國的反抗運動，包括嚴謹的史學家在內，均未予正視，乃至在各地都不受公衆注意。整個第三帝國，被視爲一個單一的整體，德國全民都遭到催眠，溫馴的受制於希特勒的咒語之下。對某些人來說，他們會感覺驚訝，竟然還眞有德國人的反抗運動存在。他們或許對一九四四年七月二十日刺殺希特勒失敗的事件有些模糊印象，然而對於大部分非歷史學者而言，他們印象也僅止於當時納粹本身和盟國宣傳上所描述的情況，那祇是一場曇花一現、由一群失意高階軍官臨時起意、未經詳細規畫、不成熟，而且注定失敗的政變。較爲詳知此事件人士之中，甚且還有人認爲這不過是爲除掉希特勒個人的一場非正式而且魯莽的行動，絕非出於一個有一致目標、長遠計畫、龐大而且有良好組織的反抗運動。

其實，德國有組織的地下反抗運動，早在一九三八年即已存在，當時希特勒尚未侵略捷克，張伯倫(Neville Chamberlain)一再保證帶來和平的那次惡名昭彰的慕尼黑會議也尚未召開。反抗運動係由資深軍人和政界人物、外交人士、法官、知識分子、文學家組織而成。其中不乏在德國令人敬畏而且影響深遠的名人，比如德國前經濟部長，現任帝國銀行總裁夏赫特(Hjalmar Schacht)、集中營的逃犯，也是德國社會主義的主要代言人李布(Julius Leber)、前萊比錫市長郭德勒(Carl Gördeler)，前駐義大使赫塞耳(Ulrich von Hassell)、曾是牛津大學羅德(Rodes)講座，同時也可能是德國外交部最智慧的人物特羅特蘇索茲(Adam von Trott zu Solz)。此外還有著名法學家瓦登堡伯爵(Count Peter Yorck von Wartenburg)、毛奇伯爵(Helmuth James von Moltke)，他們皆爲史陶芬堡家族的親戚，也是知識界克萊索學圈的創辦人，還有譽滿國際的教師兼演說家、學者、神學家的彭霍夫牧師(Pastor Dietrich Bonhöffer)等。

軍界之中的名單同樣令人印象深刻，如受人敬愛的前參謀總長貝克上將(Col-Gen. Ludwig Beck)，軍情局局長海軍上將卡拉里斯(Wilhelm Canaris)，以及八名高級將領，包括兩名前參謀總長、兩位元帥，和駐法國軍事首長，還有無數青年軍官。

雖然正確的數目永遠無法得知，有位史學家研究，自一九二一年至四五年之間，至少有四十六次重大的謀刺希特勒的計畫❶。僅一九三三年一年，至少有十次連警察都認爲是眞實而且嚴重的企圖。有些刺殺計畫不但炫人耳目而且還相當的浪漫戲劇化，比如說以一營德國與哥薩克的混合傘兵部隊空降到貝希特斯加登機場，猛襲總部活捉元首，毫無疑問元首必定在企圖逃亡時被擊斃。其他有的則較實際，屬於另一種狀況，且大有成功可能。而且與以暴力消除希特勒的方法不同，改採其他方式罷除納粹黨統治，取得政權❷。不過這類計畫，值得重視者少之又少。

一九三八年三月十一日，兼併奧地利行動開始。德國大軍進入維也納，這個一度擁有六百年光輝的哈布斯堡帝國的核心領域終於納入了大德意志帝國。希特勒接著將目標轉向捷克——一個與奧地利不同的國度，似乎不會輕易和平就範。在參謀總長貝克領導下，德軍最高統帥部深以此舉將必導致一場歐洲大戰。撇開道德問題不說，單就大規模武裝衝突而言，負罪在身的德國在軍事上並無準備，結局必將招致敵人入侵。貝克上將的反對立場，最初或許衹是單純的出於預期不利，但未幾即成爲責任與榮譽問題：

如果在他們的專業知識和政治認識之下，這些將領仍不能依循良知行事，歷史將必會載明他們的血腥罪行。身爲一個軍人，一旦因他的知識、良心和責任感禁止他去執行某個命令時，他的服從天職也即隨之終止。❸

一九三八年七月底，貝克曾草擬下列報告預備呈送希特勒：

上呈三軍統帥，由於衆資深高級將領莫不以爲若執行此種性質戰爭，無論在人民或歷史之前，皆難辭罪孽，故無意承擔此一重責。設若元首仍執意發動此一戰爭，則衆將領將一律辭去現職。❹

儘管大多數高階統帥皆同於貝克，反對戰爭，但能如貝克一般，擁有完整人格，堅持依自己原則行事者，卻少之又少。缺乏僚屬的一致支持，貝克終於在八月十八日單獨請辭，由哈爾德將軍（Gen. Fritz Halder）接任。然而哈爾德亦非對希特勒忠心不貳，甚至還以「罪犯」、「瘋子」、「吸血者」等字眼描述希特勒❺。雖然他以爲任何政變舉動將可能把整個德國帶入全面內戰的危機，他仍然冒險一搏，聯絡其他高階人士，如貝克和前任德國總統尊翁維斯塞克（Ernst von Weizsäcker）等，進行政變。

他們深知，任何過早的舉動，或重新部署軍隊，都必引人注目而不得不放棄計畫。如果希特勒下令舉兵侵捷，軍隊勢必調動。因此決定等待希特勒自行下達調度軍隊命令，屆時軍隊移動方向並非朝捷克挺進，而是朝向推翻政府、掠奪大權。有關進行大計的關鍵角色則交付經祕密網羅加入密謀的霍甫納（Erich Hoepner）中將及他所統率的第一師（輕裝）。而霍甫納最可靠的僚屬和朋友即是三十一歲的史陶芬堡上尉。至於其他參與此事的同僚，包括了史陶芬堡的兄弟貝索德、他的舅父郁庫爾、兩位表親霍法克（Cäsar von Hofacker）、瓦登堡等。當一九四三年史陶芬堡離開醫院時，他絕非反希特勒密謀的新手，其在軍中祕密參與反動系統至少已有五年之久。

一九三八年政變的幕後故事——促使陸軍奪權的正式原因或「藉口」——即是親衛隊控制全國的陰謀活動。原以親衛隊奪權可以確定軍方各階層人士的忠誠，結果反而加深了陸軍對親衛隊的敵視。

一九三八年密謀分子多半祇想拘捕希特勒，付諸公審。如此則可使他不致成爲烈士，同時也不致落人以「背後傷人」的口實。

自一九三三年起，就有一位密謀者祕密的蒐集整理資料，以供法律控訴之用。同時也曾研議，由一組醫師正式宣告元首精神失常。儘管有相當多的反對意見，仍有人堅持暗殺計畫，其理由是「刺殺暴君永遠被視爲道德上的戒律」。依據當時供職內政部的吉塞維(Hans-Bernd Gisevius)供述說：

> 並非所有的政變企圖皆可用同一道德標準來審判。以國內和國際的政治情況來衡量，我認爲已經充滿了太多的謀殺和不法，同時還正在向血流成河的戰爭邁步。擺在枱面上的，有甚於僅僅一國的安全與和平。數以百萬計無辜平民的生命遠比正義的需求更爲重要。而且這種需求不正是暴君自身所不斷違反的。❻

由一群有武裝的官員悄悄的聚合成一支「突擊隊」，「進駐柏林若干公寓內」。一旦政變訊號發出，他們便立即攻佔政府大樓，表面上是爲了拘捕元首。其實，他們準備了更劇烈的手段：此一突擊隊「決心製造若干意外，並在處理過程中擊斃希特勒」❼。屆時，德國新政府將組成一個民主式的君主立憲政體，並擁立前德皇威廉二世兩個孫子之一爲國君。

同時，外交部將採行若干高層次的外交動作，派遣祕密代表前赴英、法協商，此二國給予的支持，將是無比的重要。當年整個秋季，一直都和英國官方進行祕密協商❽。

九月十五日，英國首相張伯倫抵達貝希特斯加登，與希特勒研討日漸升高的捷克危機。對於計畫中的政變行動而言，一切事情都已經箭在弦上；面對希特勒無饜的需索，張伯倫必會堅拒讓步，希特勒亦將拒絕退讓，於是戰爭危機迫在眉睫，正好給予密謀者付諸行動的口實。那知張伯倫竟然會對希特勒讓步，同意將捷克邊境蘇台德(Sudetenland)德語區割讓給德國。密謀者「錯愕不已」而且「大爲迷惑」，「在他們的想法中，英國的政要竟然會向一名土匪致敬，眞叫他們失望至極。」❾

雖然如此，事情仍有轉機。張伯倫的談話中曾表示，他所說的業已超越他的權限，他必須返回倫敦尋求國會的批准。由於來自密謀者暗中施予的壓力，英國下令海軍進入警戒狀態，然而此舉對於四面皆是陸地的捷克而言，實難看出有任何實質安慰。捷克下達了動員令。法國也開始召集預備部隊。一時國際情勢大爲緊張，看來新起的戰爭危機終於爲密謀者提供了他們所希求的聖堂。

九月二十七日，希特勒下令靠近捷克邊界的若干師動員。九月二十八日，一心要除掉希特勒的突擊隊以爲他們依計行事的大門業已敞開，準備隨時進攻政府大樓。誰知翌日慕尼黑會議揭幕，張伯倫和法國總理達拉第(Edouard Daladier)竟然雙雙對希特勒的強求屈膝，使他向前挺進的最後一道障礙已經消除，於是可以毫無挑戰、毫無阻攔的進入捷克。失去了戰爭危機的護符，密謀者行動正大的外衣即被剝除。依歷史學家霍夫曼的觀察指出：「最有成功希望推翻希特勒的企圖，被斬手斷足」，「慕尼黑會議和西方背棄捷克，給予反希特勒陣營一記重擊，乃至元氣難復。」❿戰後的紐倫堡(Nuremburg)大審上，檢方直接盤問哈爾德將軍說：「如果張伯倫不曾前往慕尼黑，那麼計畫會不會執行？希特勒是否會被罷黜？」他斬釘截鐵的回答說，計畫必已依計執行⓫。

當然，對馬後砲式的歷史來說是很容易，但仍然難令人想像，能否有其他片刻間的猶豫不決和優柔寡斷會招致較此更爲不幸的後果。許多人皆斷言，如果張伯倫在慕尼黑堅定不移，希特勒必將卻步。其實，希特勒不會卻步，但是若眞不退讓，幾乎可以確言，他必被罷黜，甚至可能慘遭處決，而這對於人類、對於二十世紀的歷史自然更爲有利。採行綏靖政策的張伯倫和達拉第所應負的責任實比一般人所相信的要多。

所有對抗希特勒的密謀中，就數一九三八年這次最有成功機會，幾達具體實施邊緣。同時它也是最後一次，由高級軍官，包括現職參謀總長在內，團結一致，表現了強烈意願並且密切協調的時分。侵捷之後，德國在陸上的成功，加上親衞隊和祕密警察在本土加強控制，更加確立公衆的支持與馴良，卒使任何全盤性政變企圖徒增艱困，難有所成。故史陶芬堡尚未登場之前，謀取希特勒性命之舉，即已屢仆屢起。

一九三九年九月，大戰初起，前陸軍總司令柯特・封・漢默斯汀(Kurt von Hammerstein)上將，即曾急切的籌劃一次刺殺行動。在戰事爆發之際，他受命統率駐守德法邊界的德國某一軍團級部隊。他並未組織密謀，對於較爲廣泛的政治迴響亦不曾加以考慮，祇是他個人對希特勒的痛惡之心已有十年以上，甚至早在納粹掌權之前即已開始。事實上，他完全是單獨行動，雖一再嘗試，始終不能將希特勒引誘至他的總部。日後漢默斯汀曾說：「甚至不採法律程序，我也要使他永遠無法製造傷害。」⓬軍事史家惠勒班奈爵士(Sir John Wheeler-Bennet)曾記載說，祇要希特勒一旦步入漢默斯汀勢力所及範圍，該將軍「必會很誠摯、很恰當的處置希特勒」⓭。一九四三年漢默斯汀因癌症將撒手人寰之前，曾留言說：「一個已經喪失是非善惡觀念的民族，必因犯下這種罪孽而遭毀滅。……」⓮

十月，波蘭戰事業已成功，哈爾德將軍也曾試圖一擊，盼能在和英、法正式交鋒之前把元首消除掉。由於德國獨力達到征服波蘭的迅速勝利，故較諸一九三八年更難覓獲支持。總之，哈爾德還能抓攏大部分參與前一年密謀的個別人士。在他新籠絡的密謀分子中，則包括裝甲兵指揮官古德林和年輕的崔斯考(此人日後成爲史陶芬堡最親密的同事和朋友)。這次計畫不僅僅是拘捕而已，甚至是要行刺希特勒本人，同時也要捕殺大部分納粹黨的黨官。連前德皇的孫兒斐迪南(Louis-Ferdinand)王子，也表示，一旦若有需要，他必定出面⓯。同時也和梵蒂岡建立了祕密聯繫。駐波茲坦(Potsdam)的第九步兵團的青年軍官中的布奇(Axel von dem Bussche)和克萊斯特(Ewald von Kleist)，日後均成爲史陶芬堡的同志，亦接獲警號，並且在任務中賦予關鍵角色。

就在一切就緒之時，意外徒生。與這批密謀者毫無牽連的一顆炸彈，於十一月八日遭人安置在慕尼黑啤酒廳。緊接而來的即是對於爆炸物的嚴格管制，使得密謀集團無法獲得所需。更糟的是他們無法獲得陸軍總司令布勞齊區(Walter von Brauchitsch)元帥的支持，他纔和希特勒有過一次嚴重的爭執，並被給予嚴重的警告。若無布勞齊區的合作，即不能有所行動。哈爾德驚慌失措的下令取消行動並且銷毀所有資料。以後數週中，每當走訪政府大樓時，哈爾德都身攜上好膛的左輪槍，企圖親身刺殺希特勒，但始終缺乏動槍良機。有時，他甚至談到僱用職業殺手行事，但爲時已經太遲了。

一九三八至三九年的密謀中，哈爾德的同志之一——魏茲萊本(Erwin von Witzleben)元帥，當時德國西線總司令，曾計畫於一九四一年希特勒受邀訪問法國首都巴黎時，行刺希特勒。屆時，香榭大道上將有遊行，希特勒必會在協和廣場(Place de la Concorde)接受敬禮。就在那一刻，由魏茲萊本的兩位參謀軍官下手槍擊希特勒，爲預防中途出錯，另有一名軍官待命一旁，準備投擲炸彈⑯。那知自一九四〇年六月二十三日法國戰役結束，突然造訪巴黎之後，希特勒就再也沒有訪問過巴黎。他一再婉拒魏茲萊本的邀請。一九四二年三月，當魏茲萊本住院動外科手術時，竟遭解職，強迫退休。

一九四三年元月，崔斯考少將駐軍於東線集團軍總部。他網羅了至少十五名以上的參謀軍官作爲骨幹，預備隨時將整個集團軍化爲政變工具。崔斯考所依恃的部隊中，包括有一支高度機動性騎兵單位，共兩營，每營一千一百名士兵，其中六百五十人爲俄國哥薩克人。一旦政變開始行動，這支武力將立即空運返回柏林。按照崔斯考原先計畫，希特勒將受邀造訪設於斯摩稜斯克(Smolensk)的集團軍總部，當集體會餐時，大約兩打左右的軍官，同時抽槍，擊殺希特勒，如此一來是共同承擔責任，再者可以保證至少有一顆槍彈可以越過隨行的親衛隊安全人員，擊中正確的目標。不幸的是，爲了不使集團軍司令克魯格（Günther von Kluge）元帥陷入火網，必須知會克魯格。不料克魯格卻打消了這個計畫，他所持的理由並非是他反對刺殺希特勒，而是引用德國軍官團的信念，「不宜乘人午餐之時將之射殺。」[17]

一九四三年三月十三日，希特勒的確造訪斯摩稜斯克的集團軍總部，而崔斯考也利用此機，再試一次。決定當希特勒自總部返回座機時，埋伏在路途兩邊的士兵即以輕機槍掃射。也不知是那來的靈感，希特勒臨時起意走另一條景色較美的路線，因而再次躲過一劫[18]。

崔斯考還有一項臨時起意的計畫，祇需戰前即已結識的律師朋友，目前正以侍從官身分在集團軍總部活動的席拉布倫道夫（Fabian von Schlabrendorff）中尉的協助。爲了促使英國政府認識德國反希特勒運動的實力，席拉布倫道夫還曾經祕密的與邱吉爾見過面。席拉布倫道夫準備了一個死亡包裹。他使用的是英國炸藥，這是英國原先預備空投給特別行動組員卻被德方俘獲的炸藥，原因是德國炸藥引信會發出嘶聲，容易被察覺，而英國引信則寂然無聲。席拉布倫道夫的裝置非常簡單。用一根鐵絲鎖住引爆器上用彈簧抵緊的撞針，鐵絲的一端則放置一小瓶強酸。一旦小瓶破裂，強酸即隨著鐵絲腐蝕而下。經過一段可預估的時間，腐蝕終了，撞針被彈簧彈出而引爆炸藥。

崔斯考和席拉布倫道夫小心翼翼的裝設炸彈，包裝成兩瓶長方瓶光楚酒（Cointreau）的樣子。當集團軍總部中午會餐之時，崔斯考裝成無意間詢問希特勒的某位侍從，是否可爲他帶兩瓶酒送交給他在拉斯坦堡（Rastenburg）希特勒總部的朋友，那也是希特勒座機即將前往之處。這個請求看來十足無害，也就很自然的被答應了。

席拉布倫道夫帶著包裹守候在飛機跑道上，以確定希特勒將登上那架飛機。然後他將盛有強酸的小瓶弄碎，啓動炸彈，再將包裹交給那位侍從。眼看飛機在一架戰鬥機的護衛下起飛後，崔斯考和席拉布倫道夫回到集團軍總部，立刻以電話用密語告訴他們在柏林的同志，表示刺殺行動已在進行中。依他們的估計，當希特勒座機飛到明斯克(Minsk)上空時，包裹就會爆炸。事後，席拉布倫道夫寫道：「懷著萬分緊張，等待意外事故的新聞。……」

等待了兩個多小時之後，我們聽到了希特勒座機絲毫無損的降落在東普魯士拉斯坦堡跑道，而希特勒本人也安然返抵總部的驚人消息。⑲

擬定中的政變得立刻叫停。崔斯考和他的同志心急如焚。爆炸裝置也得在被察覺之前即刻收回。於是崔斯考打電話給那位侍從，以漫不經心的口吻詢問東西是否已經交給對方。得到尚未轉交的回答後，崔斯考以僞裝的尷尬口氣說不好意思拿錯了包裹。他會立刻差人帶著正確的包裹去換回來。翌日，席拉布倫道夫帶著兩瓶眞正的光楚酒飛抵拉斯坦堡。

當我在等待更換包裹時——我血都涼了，希特勒的那位侍從一點也不知他手裡拿的是什麼，輕鬆的前後搖晃著包裹，直叫我擔心待會兒會爆炸。⑳

席拉布倫道夫帶著要命的包裹奔向附近的火車站，搭上了駛往柏林的夜車。在緊鎖的車廂中，他拆開炸彈，弄淸差錯出在那裡。小玻璃瓶依計畫破碎了。酸液也曾流出順著鐵絲腐蝕下去。撞針也確實彈擊了，但是卻因某個原因，引爆器並沒啓動預期中的爆炸。席拉布倫道夫揣測，這個引爆器是個啞彈，但它卻有燻黑的痕跡，顯示它的確點燃了。目前看來，最大可能即是俄境三月的嚴寒，造成炸藥無法引爆。

八天之後，崔斯考和席拉布倫道夫又再次企圖謀刺希特勒。一九四三年三月二十一日英雄紀念日，儀式中的一部分是希特勒將由人陪同檢視陳列在下林登(Unter den Linden)柏林兵工廠的擄獲武器。摩德爾(Walter Model)元帥將引導希特勒參觀展示品，另有一名來自集團軍總部熟知內容的軍官亦陪侍在旁，以回答任何詢問。

這位軍官即是崔斯考和席拉布倫道夫的密友，集團軍總部上校情報處長——格施道夫(Freiherr Christophe von Gersdorff，日後升任將軍)。三月二十日，席拉布倫道夫交付給他另一包藏匿的英國炸藥，但祇有十分鐘的引信。格施道夫將炸藥摝在衣服裡，屆時將炸毀希特勒和他自己。

當顯要們於午後一時抵達時，官方典禮隨之開始，它的過程將透過德國廣播網傳送各地。希特勒作了簡短的演說之後，即走向展示廳的入口。格施道夫即在該地接待希特勒，當他以右手行禮的同時，用左手啓動化學引信。

強酸腐蝕鐵絲時，格施道夫拚命盡量的靠近希特勒。似乎希特勒對於格施道夫的計畫有所預感，拒絕停步觀賞展示。儘管摩德爾和格施道夫一再以俘獲的東西來引起他的興趣，他就是不止步，直接的跑過大廳，在大廳中出現時間不過兩分鐘而已，弄得整個節目行程大亂，連監聽的英國廣播電台(ＢＢＣ)都注意到這次混亂。

剩下不到的幾分鐘，格施道夫立刻衝向附近的洗手間，解除引爆。在總部，一手持著馬錶，一面聆聽收音機的崔斯考知道這次行動又告失敗了。

格施道夫算幸運，一直活到戰後㉑。

註釋

❶霍夫曼：《希特勒個人安全》（*Hitler's Personal Security*），頁二六八—九。

❷有關德國反抗運動最廣泛深入的記錄，可參閱霍夫曼鉅著《德國反抗運動史：一九三三—一九四五》（*The History of the German Resistance 1933-1945*）。

❸同上，頁七五。

❹同上，頁七七。

❺戰後，於一九四六年二月二十五日審訊中，哈爾德說：「我要做個人說明，我是一個三百年來軍人世家的最後一個男性成員。軍人職責爲何？我很清楚。我也知道在德國軍人字典中沒有叛逆和陰謀叛國的字樣存在。就軍人職責以及我個人心目中更高層次職責交相煎熬下，使我陷入極爲困窘境地，而我無數的袍澤也陷入等同的境遇之中。我選擇了我以爲是更高層次的職責，而大多數袍澤則以爲國旗下的職責纔是較高級而且較爲主要的職責。可以向諸位保證，這是一個軍人所能面臨到的最惡劣的困窘情勢。」參見《納粹陰謀與侵略》（*Nazi Conspiracy and*

Aggression），〈附錄二〉，頁一五六三。

❻吉塞維：《走向痛苦終點》（*To the Bitter End*），頁三一二。

❼霍夫曼：《德國反抗運動史：一九三三—一九四五》，頁九二—三。有關該突擊隊成員見同書，頁五六一（註一〇一）。此次刺殺希特勒計畫主要策劃人爲歐斯特（Hans Oster）少將。他是海軍上將卡拉里斯之參謀長，也是反情報處處長。見同書，頁二五五。在戰前，歐斯特曾將英國政府在德的各個連絡人凝合在一起。一九四三年四月，終因引起高層人士懷疑，而被解除反情報處職務。一九四四年七月二十一日遭逮捕，一九四五年四月九日以參與反希特勒密謀問吊。

歐斯特曾說：「也許有人會說我是叛徒，其實我不是。若與追隨於希特勒身旁的那些人相較，我自認是較好的德國人。而我的職責與計畫，即是要將德國，同時將全世界自這個瘟疫中解放出來。」見克藍伯瑞（Klemperer）：《德國反希特勒運動》（*German Resistance against Hitler*），頁一九六。

❽有關反抗運動企圖爭取刻意忽視它們的英國政府的注意力。詳情見於米罕（Meehan）：《一場不必要的戰爭》（*The Unnecessary War*）；朗布（Lamb）：《和平的陰魂》（*The Ghosts of Peace*），頁二四六—八九；霍夫曼：《德國反抗運動史：一九三三—一九四五》，頁五四—六八，一〇四—二一，一五三—七二。

❾霍夫曼：《德國反抗運動史》，頁九三。

❿同上，頁九六、九九。

⓫參見《納粹陰謀與侵略》，〈附錄二〉，頁一五五七—八。更詳細內容則參見米罕書，頁一七〇—八六。

⓬惠勒班奈：《權力的報應》（*The Nemesis of Power*），頁四五九。

⓭同上。

⓮布奇於一九九二年十二月將其當年與漢默斯汀對話摘錄給本書作者。

⓯約翰：《越界兩次》（*Twice through the lines*），頁四四。貝克與漢默斯汀均有意恢復君主制度。參見霍夫曼：《德國反抗運動史》，頁一八九、二二〇。

⓰霍夫曼書，頁二六〇。

⓱同上，頁二七八—九；參見赫瓦斯：《對抗兩個惡魔》，頁二四九；席拉布倫道夫：《反希特勒的祕密戰爭》（*The Secret War against Hitler*），頁二三〇—一。

⓲霍夫曼：《德國反抗運動史》，頁二八二。

⓳席拉布倫道夫書，頁二三六。

⓴同上，頁二三七。

㉑同上，頁二三八—九；霍夫曼：《德國反抗運動史》，頁二八三—九；齊勒：《自由火焰》，頁一六三—四。

2 女武神行動

一九三九年慕尼黑綏靖政策之後，促使陸軍全體高級指揮官一致推翻希特勒的機會已漸走下坡。跟隨而來德國在波蘭、挪威、丹麥、荷蘭、比利時、法蘭西的軍事勝利，前述的機會更形退卻。雖然崔斯考等青年將領仍然伺機而動，他們也確實有機會執行密謀，可是他們距離柏林或其他權力中心關鍵地點都太遙遠。每次罕有的機運擺到他們手中時，結果總是陰錯陽差，功虧一簣。雖然他們在柏林和其他戰略據點，也存有一批同路人，可是這些同路人卻經常猶豫不定，同時組織也不盡完善，缺乏必要的進取精神，更重要的是缺乏權威。截至一九四三年，德國的武力由大西洋岸東向伸展直入俄國心臟區。從巴倫支海(Barents Sea)南下至地中海，而且每邊均在激戰之中。祇要是此一情勢持續下去，對於由邊緣發起的政變，其前景是一片惡兆，使它很難向內地輻射。任何類此的行動，都必須自樞紐地點發動，由柏林抑或其它權勢匯聚之處，而且這個樞紐還必須「柔軟」方可。

舉例來說，在柏林的人手，大部分均非資深軍官，不僅軍階較低，影響力也較低。同時有關他們的目標和達成目標的方法上，幾乎少有，甚至可以說向來沒有整體統合。即使對涉案的個人來說，也都得面對嚴肅的問題——包括利害與道德上的考量。就道德方面來說，克萊索學圈的著名分子就陷溺在法律層次中，對於政治刺殺，那怕對象是希特勒這幫人，是否合法，始終有所疑惑。反對謀殺和恐怖活動的人，發現他們本身很難找到根據來進行謀殺和恐怖活動。如果他們這麼做了，難道良知上不會遭到譴責，指斥他們的作為一如他們想糾正的對象？「就他們的想法而言，他們對於自己的責任做了過度的良知上省思。在道德上的自責與採行必要的殘忍之間徘徊折磨。」❶據傳克萊索學圈的創始人毛奇，也是史陶芬堡的親戚之一，曾對史陶芬堡家族一員表示，「我們不是密謀分子，我們從未學過如何做一個密謀分子，因此我們無能變成其中之一。如果我們現在開始做，一定會出差錯，祇會笨拙的把工作弄糟。……」❷

如果放棄暴行，剩下的抉擇為何？在若干場合中，他們曾論及控訴希特勒，把他帶上法庭受審。這個想法在理論上是正當的，可是就現實情況而言，根本難以實行。即或採行暴力，結果又如何呢？單單刺殺希特勒，甚至包括他身邊隨行的納粹黨官還不夠。這種行動祇能治標不能治本，就像現代代表性的政治謀殺——甘迺迪兄弟、金恩（Martin Luther King）、沙達特（Anwar Sadat）、甘地母子等，結果又如何？整個國家政府操在親衛隊手中，他們的地位絲毫未見動搖。同時還有其他的迴響需要考量。大部分的德國士兵和下層軍官可說是喝納粹奶水長大的，他們的意識形態完全是由希特勒的青年運動培養出來的。除了在前線的不算，其餘都是政權的狂熱支持者。因此傾覆政權將冒著全面內戰的危險。將會帶給陸軍災難式的分裂，甚至會促成陸軍與親衛隊之間的公開武裝衝突。儘管陸軍高層人士無不極端的輕視親衛隊，但是兩個體系間的公開衝突，則太可怕，乃至不敢想像。

若要成功，任何政變皆必須確定親衛隊不生作用。同時雖不是整個撤除，但至少也要使政府機構不能作用。若與消滅希特勒及其身旁僚屬相較，顯然籌劃前者更叫人望而生畏。問題尚不止於此，當時德國仍在大戰中，戰爭性質早已自征服屬地化爲存亡之鬥，德軍正在抵抗看來不似寬大爲懷的敵人。此項事實爲密謀者，尤其是具有軍人身分之士，帶來更爲複雜的考量。雖然大夥益發堅信剝除希特勒及其跟班權力已是燃眉之急，可是卻又面臨更大壓力的權衡。戰爭發展已迫使他們不得不承認大局不利德國，他們必須捍衛祖國和家園，以免遭到毀滅。

其實祇要西方國家顯示出謀和意向，不僅密謀人士，即連整個德國軍方都會迫不及待予以回應。他們甚且提出相當認眞的建議，包括撤除整個西線的防禦，允諾聯軍登陸漢堡（Hamberg）而不抵抗。如果德國勢必覆亡，此舉至少可以將德國託付西方國家，而不致遭俄軍佔領。不幸的是西方國家以爲勝利在握，除非無條件投降，否則無可協商，更有甚者，是西方已與史達林達成協議，不能輕易毀約。結果德國將在紅軍與共產分子的屠殺下大受創傷，此種前景嚇壞了德國人民，一如戰後麥卡錫（McCarthy）年代的美國人一般。根除希特勒和納粹黨已屬必要，持此論者不僅限於密謀者而已。然而若採此策，德國勢必輕易便遭蘇聯征服佔領，那麼責任的方向又何在？原本已經預備放下武器的許多德國人，深感別無選擇，祇有繼續戰鬥，以保護祖國和家園。

在前述疑慮困惑之下，無論是柏林或是其他權力中心點的密謀分子，均處於癱瘓狀態。在他們自己之間，不停的討論、爭辯、爭吵，甚至在互不諒解下進行活動，他們檢討各種方式和手法，他們推陳各種可行性的研究，他們必須抱怨和希望，有時還加上祈禱。但他們卻始終無法有所行動。

史陶芬堡曾斷言：「唯有行動方可獲致自由。」❸就是由於心懷此種熱誠，他加入密謀集團。像是一道電流，刺激密謀分子走出惰性，把自己強烈、堅信的目標注入他們之間，將他們模糊而不實際的禮法鍛鍊成貫徹始終的行動力量。那怕是年齡長他一倍、官階比他高出甚多的人，在這位年僅三十六歲的上校突來的鼓舞下，終於興起行動意志。原先存於軍人與平民、共和與保皇、權貴與市庶等之間不可跨越的鴻溝，在強烈的意志集中下，消弭無所，並且凝合出一個新方向。德國的反抗運動，首次化成一個積極的勢力。這股勢力並非根植於社會學或政治學的學理，而是根植於倫理、道德以及不可或缺的崇高精神力量。爲了給這股勢力一個稱謂，史陶芬堡再次引用了格奧爾格的作品，這也是他最後、最具啓示的詩篇：〈祕密德國〉(Geheimes Deutschland)❹。

在史陶芬堡主持下，反抗政權的活動多方展開。由於德國城市遭轟炸，希特勒下令大規模的處決被俘的聯軍飛行員，並且要將已遭處決者的名單交給他過目。史陶芬堡和他的同僚採行了近似果戈里(Nikolai Vasilievich Gogol)作品《亡魂》(*Dead Souls*)中的策略。他們自戰俘營中取得已經死亡者的名字，然後把名單交給三軍統帥部(OKW)情報處服務的親戚——毛奇(James von Moltke)。每個處決名冊上的戰俘，在書面作業上，都冠上已死亡或虛擬的戰友姓名，並且向元首呈報已經處決。因此，許多英美的飛行員在官方紀錄上陣亡兩次，同時還有其他許多駕駛員、槍砲手、導航員、投彈手的性命，則賴此欺騙手法而得以倖存❺。

然而注入活力的反抗運動，不能祇把目光局限於希特勒邪惡和報復心理下的任性行爲，就算能把希特勒和他的扈從清除，仍然有一個大問題擺在前程，不知接下來將會發生何事。因此計畫一定得包括如何控制整個國家，如何罷黜現存的制度，如何把戰爭帶到結束，同時如何自第三帝國的瓦礫間重建一個嶄新的民主德國。由於不是祇有一處中心點，不是剛好祇有某棟建築、某個辦公室或某處總部可作爲攻佔的對象，因此行動也就更加困難。希特勒爲了掌權及控制，架構了像迷宮似的重疊的各種權力體系，每個體系各有其組織，各有其和元首溝通的祕密管道。比如除設有三軍統帥部之外，還設有陸軍總部(OKH: Oberkommando des Heeres)、海軍總部(OKM: Oberkommando der Kriegsmarine)、帝國中央安全局(RSH〔A〕: Reichssicherheits-Hauptamt)，以希姆萊(Heinrich Himmler)出任該局首長，其下分支有安全特勤處(SD)、蓋世太保和刑事警察處。此外當然還有親衛隊，均由希姆萊指揮。

說也湊巧，有一個現成藍圖，稍加變更即可用來控制德國，諷刺的是這個藍圖甚且還經過希特勒首肯。其代號爲「女武神行動」(Operation Valkyrie)。一旦帝國內部發生危急事故時，比如外籍勞工暴動，女武神行動立即生效。按行動綱領，將立即動員後備軍。一九四四年後備軍總數已達四百萬。一旦動員令下，後備軍立刻佔據城市，旋即宣布戒嚴法，由軍方取得全權，所有政治人物、官吏和黨官均立即置於軍方指揮官管制之下。女武神行動的計畫和實施完全操在軍方手中，納粹黨和親衛隊對其一無所知。

史陶芬堡和他的同志決議先盤據已設立的行政機關。一旦時機來臨，立刻實施女武神行動，但是目的卻與原計畫最初設想的大相逕庭。爲了促成不知情的親納粹軍官和武裝部隊對政權的忠貞與合作，以及防範任何能影響大局的平民生事，必須採用一個表面說詞。就如同一九三八年流產政變預謀的說詞一般，指稱親衛隊意圖或發動騷亂（一九四四年時，一般人心中認為並非無此可能）。為了撲滅此一騷動，後備軍必須下令動員，駐防帝國各地。親衛隊和黨部官員將予以逮捕，然後纔卸下面具，公開進行全面改變。女武神是雙面利刃，用合法的幌子來屏蔽隱藏在幕後的眞正動機。許多機密指令都由崔斯考女祕書歐雯（Margarethe von Oven）❻女士打字而成。他曾指示歐雯任何時刻都必須戴上手套，包括打字在內，如此就算任何文件一旦被尋獲，也無法辨識來源。在日後的訪問中，她依然清晰記得當時第一次打的主要命令。命令開端說：「元首——阿道夫，希特勒已經死亡。……」

還有許多事務有待準備。時間步調上的配合必須同步，不僅帝國境內，連同佔領區亦然。各地指揮官和其下屬軍官的忠誠必須掌握，包括柏林、科尼斯堡（Königsberg）、斯德汀（Stettin）、德勒斯登（Dresden）、明斯特（Münster）、慕尼黑、卡塞爾（Kassel）、漢堡、威斯巴登（Wiesbaden）、紐倫堡，還有但澤（Danzig）、維也納、薩爾斯堡、巴黎、東部戰線以及各個戰場等。計畫必須包括對未來的準備，政策必須制訂，包括立刻與西方國家簽訂和約。臨時政府必須盡快成立，裨使談判停火、維持德國境內秩序，避免國家的崩潰和內戰的發生。

祇要他有意，史陶芬堡很可能主持臨時政府，使他自己成為計畫中新德國無可爭議的統治者。但是他卻避開擁有個人權位的職務，祇把自己安排在一個較為謙卑的國防部次長之職。至於新總統或國家領袖一職則推舉受人愛戴的老軍人貝克元帥出任，總理一職則推舉社會黨代言人李布或萊比錫市長郭德勒出任。至於出任史陶芬堡頂頭上司國防部長者，不是他目前的長官奧布萊赫特，就是他以前的長官霍甫納。至於三軍統帥則由魏茲萊本元帥出任。崔斯考則掌管所有警察。

但是在這大計畫付諸實施之前，必須採行某些手段消除希特勒。對史陶芬堡來說，使用非暴力手段或合法手段來罷黜元首，比如說彈劾他，或強迫他自動退位，皆屬不智。如果祇是拘捕了希特勒，他的存在仍會凝合納粹黨狂熱分子、親衛隊，還有不少民衆的忠貞，反而加深了內戰的危機。或許在理論上，說法甚多，在實際上能做的選擇卻少之又少，看起來祇有一條路可行。

雖然這與他的原則、他的榮譽感、他作為一軍官曾許下的忠貞誓言，還有他個人信念中的道德與精神價值觀皆相違背，但史陶芬堡仍堅信，希特勒必須死亡。以他的騎士精神的背景，自視為一個忠貞德國人、一位天主教徒、一員軍官、一名貴族，因此對他來說，沒有比這個更為棘手、更痛苦的抉擇。史陶芬堡毫不退縮的，努力的去調和介於前述抉擇和他個人良知之間的矛盾。同時他也準備承擔他認為將會蒙受到的譴責，也是最可怕的汚點——叛國。

我了解，一旦任何人採取此行動，其在德國歷史上將被視為叛徒，但是一個人卻不能也不應是自己良知的叛徒。如果我不採取行動來制止這場無意義的殺戮，我將永遠無法面對因戰爭而造成的孤兒、寡婦……[7]

至於刺殺行動本身，也有若干難題。對於希特勒於何時在何地的問題上，史陶芬堡很快即發現一項事實，此即你很少有機會事前預知希特勒的行程。也許是由於他高度的警覺性和強烈的自我保護意識使然，希特勒非常謹愼小心。他盡量避免固定行程，截至當時，他總是盡可能的挨到最後一刻才通知行程。同時身穿及腰的防彈衣、頭戴內鑲金屬的防彈帽。每當旅行之時，總是有一大批隨員同行，從不例外。其中包括他私人的廚子、駕駛、醫生、安全特勤人員；同時還有大批攜帶衝鋒槍的親衛隊在一旁護衛。他的私人座機則改裝自一架福克•烏爾夫兀鷹(Focke-Wulf Condor)型飛機，不僅機艙有相當厚度裝甲，座椅亦附有降落傘。他一向祇用自己專屬座車。大戰時期，共有四個車隊待命於他在德國的各個總部，準備隨時開動。座車本身附有防彈玻璃和防彈車胎，同時也有相當裝甲❽。

一九四三年初，史達林格勒陷落以來，希特勒出巡機會更形減少。他向來排斥訪問醫院和飽受轟炸的城鎮，深怕當地景象足以令他心軟而生憐憫之情，就他個人觀點而言，即是產生軟弱。以前，他仰賴群衆起家。如今，則與群衆隔離。他幾乎已不再公開露面，除了他個人的隨員、參謀、祕書之外，其他人很難見他一面。此種情勢，連戈培爾(Joseph Goebbels)都漸感關切。

> 元首目前幾乎是遁世隱居，以這樣不健康的方式度日，實在悲哀。他從不外出呼吸一點新鮮空氣。可是他也得不到寧靜。每天苦守在掩體中憂慮、沉思。……總部中的孤寂和在當地進行工作的方式，怎能不帶給元首沮喪之感。❾

有段時間，希特勒不但不曾造訪柏林，甚至設於巴伐利亞山區的鷹巢——伯格霍夫，也很少使用，除非是為那位癡呆的馬丁•鮑曼(Martin Bormann)弄出一些特別的調情節目。在戰前，希特勒非常謹慎的經營個人形象，刻意表現他愛好光明、愛好高地、愛好高尚、愛好廣袤、愛好能任由眼神遠眺的景觀，但目前則完全將精神集中於德國進行的戰事和戰場上的勝負。當德國戰爭機器萎縮之時，希特勒也隨之萎縮。他手上已長出一個腫瘤，左腳行動不便，幾乎是拖著步子行走。他的面容益發的憔悴、枯槁。如果往昔他曾自比爲鷹，如今則祇是一頭狼。

位於拉斯坦堡的希特勒總部——狼穴(Wolfsschanze)，其中設置完全與一九四三年時希特勒心理狀態相符合。拉斯坦堡即今波蘭境內之寇特津(Ketrzyn)，地處於馬祖里(Masurian)衆湖之間，藏匿於東普魯士沼澤、森林深處。距離古老的條頓武士團首府科尼斯堡，即今之卡里寧格勒(Kaliningrad)僅五十哩之遙。西元一四一〇年，條頓武士團勢力達於頂峯之際，卻在坦能堡(Tannenburg)一役慘敗於波蘭、立陶宛聯軍之手。五百年後，第一次世界大戰初起，兩支俄軍於一九一四年在此地遭德軍痛擊，由於興登堡(Paul von Hindenburg)和魯登道夫(Eric von Ludendorff)的精巧設計，以高超的戰術包圍俄軍，迫使兩支俄軍全體投降。德國人特別將這場勝利命名爲坦能堡大捷，以確定人們聽到此地名時，所聯想到的將是這次勝利，而非一四一〇年的挫敗。不論前時勝利予人的迴響或殘留些什麼，總之拉斯坦堡實爲一陰暗、荒涼令人生厭之地。總部房舍質樸，由灰暗的茅舍和水泥的地下掩體組成，坐落在陰鬱的森林深處。造訪者一再說該地予人一種抑鬱迫人的孤立氣氛，散發出一種濕冷陰晦而邪惡、腐朽和死亡的氣息。其實這一點不令人詫異。只要越過森林繁茂小丘所圍繞的地區，即可看到當年史圖特霍夫(Stutthof)、崔布林卡(Treblinka)以及再稍南一點的赫姆諾(Chelmno)、梭比鮑(Sobibor)、梅德奈克(Maidanek)等地焚屍爐煙囪冒煙之處。

密謀者若不能掌握住希特勒已日漸減少的出巡機會，那祇有到拉斯坦堡纔可能幹掉希特勒。不論何者，總之困難重重。因此必須要尋獲一位能有管道接近元首，同時還能規避層層安全檢查的人，即是一位能滲透到元首孤立總部的人。雖然密謀分子在狼穴安排有人，但其中卻沒有人合適或預備承擔刺殺任務。

起初，史陶芬堡接近元首的機會並不高於其他軍官，但他卻宣稱他本人願承擔此一任務。以他來承擔此一角色，缺點甚爲明顯，他的同事莫不竭力反對。首先，他是一個嚴重傷殘者。儘管他能克服傷殘繼續工作，確實令人印象深刻，但他卻無法行動靈巧。更重要的則是他被視爲密謀者的領袖，是大夥尋求指引和行動的力量源泉。他的能耐及動量是這個大計畫不可或缺的一部分，也許祇有身在千里之外東戰線上的崔斯考可以頂替他，其餘人士均無足夠的威望來取代他的地位。他或許能完成刺殺希特勒的使命，不過萬一他在任務中犧牲，整個密謀將群龍無首，等於被剝掉了原動力和道德及精神上的主導。如此，密謀大計很可能瓦解，而走向災難後果——反動、無政府或內戰。

因此，必須另外覓獲一人進行這次可視爲自殺性任務。史陶芬堡祇好自一九三九年流產政變計畫中擔任吃重角色的波茲坦第九步兵團成員中尋覓人選。最後挑選出一位年輕男爵布奇上尉來進行刺殺任務⑩。布奇屢獲勳獎，其中包括騎士十字勳章（Ritterkreuz），也是德國軍方最高榮譽獎勵。他由於曾在戰鬥中負傷，已不適宜參加前線戰鬥，於是以營副官身分配屬駐紮在波茲坦的後備團。他是一位激烈的反當權派，密謀者曾要求他盡量確保自己的單位中沒有納粹黨的黨員和支持者。

一九四三年夏季及初秋，爲陸軍設計，派發給東線的新制服，尤其是冬裝，已經製作完成。史陶芬堡奉命安排在希特勒面前進行服裝展示事宜。布奇則充任模特兒，炸藥繫於腰上，如果還需要最後一擊，則另有一支細長薄刃匕首藏於靴際。一旦到了適當時機，他將抱住希特勒，然後引爆炸彈，炸死自己和元首。

希特勒原則上同意參觀新制服的展示會，但是卻不願指定日期。準備自我犧牲和殉道的布奇，一直等待到十一月底，仍未蒙召見。結果一次盟軍空襲，布奇所要展示的制服被炸毀，在補製服裝還未完工前，他又被派赴戰鬥任務，不幸再次負傷，痛失一腿。由於一時之間不能便利解除爆炸物，他就帶著炸藥在醫院中轉來轉去。直到一九四四年底，始有機會將炸藥棄置於一湖中。

由於布奇已不合適擔任行動，因此這個自殺任務必須另覓人選。新手仍出自第九步兵團，由年輕的克萊斯特中尉繼任⓫。克萊斯特爲普魯士著名劇作家和小說家的後裔，家族歷史中，有一系列先人都曾出任軍事指揮官之職，他本人也屬反納粹熱心分子。他的父親素來反納粹政權，原本納粹預備在一九三四年所謂的「長刀之夜」(Night of the Long Knives)將他謀殺，所幸事前接獲密報，逃過一劫。

一九四四年元月，新制服已補製完工。而致命的服裝展示會也預定在二月第二週舉行，由東線至大西洋長城間，所有密謀分子都已進入待命狀態，等待元首已死的密碼通知。但是由於一些迄今仍無法得知的原因，希特勒下令展示會順延。

至於另外一次原訂三月十一日射殺希特勒的計畫，也因機緣不巧而遭挫折。可是德國的形勢卻每下愈況。聯軍進攻法國態勢已明，唯不確知時間、地點。同時聯軍各路兵馬也正毫無阻攔的競向羅馬進發，紅軍行列自東猛烈反撲。如果說此前已不易接近希特勒，如今則更加困難。若無法促成希特勒進入密謀者的勢力所及，那麼祇剩一道路可行，即找上希特勒，在設於貝希特斯加登或拉斯坦堡的元首總部刺殺希特勒，可是圈外人卻無緣進入前述兩地。

七月五日，密謀者原定的兩位總理人選之一，李布遭蓋世太保逮捕。當權者一定探得某些風聲，開始有所行動。即在前個月，聯軍登陸諾曼第翌日，史陶芬堡曾一度走訪拉斯坦堡。此時他已升任後備軍參謀長，勢必經常奉命出入希特勒總部。而刺殺希特勒的大任益發明顯必須由他擔綱，而且還得盡速進行。史陶芬堡表示：「目前處於火刑柱上的不祇是元首、國家、我的妻子和四個小孩，而是整個德意志民族。」⓬同時他會努力保全自己性命，自他行事現場逃逸，設法返回柏林，接著主持女武神行動各種細節的運作。

而史氏同僚再次抗辯，堅持「參謀總長不可能同時領兵出擊」⓭。此時史陶芬堡已較前更被視爲整個德國反抗運動的動力靈魂。

而反對者亦非全無道理，若因某種人爲疏失導致密謀終歸失敗，這種疏失還算單純可以諒解。然而整個大局幾乎完全仰仗一個人的力量。不論行動意志，或是隨機應變與處理偶發事故的能耐、原動力、毅力、機智等，全都仰仗史陶芬堡。他是催化劑，也是將各個層面不相屬的分子凝合附著在一起的主角。一旦他不在場，所有協調一致的決策將化爲猶豫不決、驚慌失措、進退失據，至於他所推動的組織也將蹣跚而陷入停頓。

到了一九四四年七月，事態甚爲明顯，一切事務的關鍵——刺殺行動，除非由史陶芬堡本人

充任殺手，否則無法實施。但是他成功機率不高。……同時基於軍事觀點，要史陶芬堡來扮演雙重角色實屬荒謬。指揮官親自站在前線執行自己下達的命令，就算他能安全返回柏林，在刺殺任務和返回之間，至少有三個小時的間斷。他必須返回政變中心，在他缺席之時，根本無人可以領導政變。⓮

史陶芬堡對於自己將要承擔的任務所包含的困難不存幻想。他和同僚都懷疑成功的可能性。

史陶芬堡和友人皆知成功的可能性幾乎等於零。他們簡直在面對極大失敗機率之下採取行動。對於成功的刺殺希特勒和掌握德國大權不抱任何大希望。至於事成後，在政治上能持續數天或一週，則懷抱的希望更少。因此認爲將他們重建德國理想付諸實施是根本無望。尤其是當德國終將無法免於敵人的佔領、肢解和分裂的情況之下。可是無論是貝克將軍、崔斯考、彭霍夫或貝索德卻一致同意，不管付出何種代價，刺殺行動必須實行。⓯

密謀者自身的意見足以支持這種爭議，反映出一種無奈的懷疑主義。史陶芬堡表親，也是駐在巴黎密謀者的領袖之一，霍法克中校，當他被詢問到他的成功機率有多少時，他很冷靜的回答說：「十分之一。」⓰當他妻子問及在他的心目中政變成功機率時，李布回答說：「我不知道，我祇有一個腦袋，無法將它用在比這個目標還要更好的事務上。」⓱崔斯考則表示：

無論代價若何，刺殺必須一試。即或不能成功，柏林方面的奪權行動也必須開展。現在有關係的已不是政變的具體目的，而是向世界、向歷史證明反抗分子有足夠勇氣跨出這一決定性的腳步。若爲這個目的，其他一切後果都無所謂了。⑱

史陶芬堡的舅父郁庫爾也感覺：「雖然我也認定事實上根本毫無成功機會，但至少有一項好處，我們已向世人顯示，德國人民也曾爲脫離那些罪犯而做了若干努力。」⑲史陶芬堡兄弟貝索德則陳述說：「最可怕的是明知無法成功，但爲了國家和下一代，我們仍然必須去做。」⑳

因此可知，對史陶芬堡和他的同志而言，整個計畫不祇是詩意下的畫餅充飢。如果他們的意圖祇是單純的向世人顯示，其中也有「好的德國人」。那他們的殉道已經確實足夠。在希特勒總部對希特勒發動自殺式的行刺，或攻擊親衛隊，或其他重要設施即足以達成前述目標，不必搞出一個散布在東線到大西洋長城之間的複雜政變計畫和密謀組織。那怕是採行日本「神風」(kamikaze)式的攻擊，其成功的機率也都比較大。因此重點在於不論他們對結局是如何的悲觀、懷疑，密謀者仍然以預期成功的心理去進行計畫，那怕是最後一線成功希望都幻滅了，他們仍然不會放棄。比起單純的殉道，如此做則需要更大的勇氣與毅力。而且這也比充飢的畫餅，例如愛爾蘭共和主義的歷史，更加有意義。

諾曼第登陸後，數日間，史陶芬堡向他的同志引述格奧爾格的詩篇。這次他引述的仍是〈反基督〉和預言式的〈悼亡者〉(Verses for the Dead)：㉑

當未來人們蒙受羞辱鍛鍊之時，

他們的肩頭將從奴役的桎梏中釋放出來，
由於對美德的飢渴而使他們的活力產生，
然後橫飛的血肉將照亮數以百萬的人們，
自那些傾倒人士的墳墓中，雷鳴一般的大軍，
將踏著雲彩，帶著恐怖中的恐怖而來，
第三波風暴將橫掃過全國：死亡者返來了。

當這個國家的人們不再怯懦、不再軟弱，
而祇是想到自己的使命和任務時，
他們的心意將可由未知的災難來闡明，
由天而降的訊息下，他們將伸起手臂，
他們的嘴唇將會吶喊著向榮耀的敬意，
國王的旗幟，合法的表徵，
將會在黎明時飛揚，同時也將伏首向最崇高的英雄致意。㉒

享有出入希特勒總部的機會，意味著他必須親身執行刺殺任務。史陶芬堡仍然宣稱：「這已遠超過我們夢寐以求的機緣，命運賜給了我們這個機會，任何事務都無法令我拒絕它。在上帝和自我

之前，我檢索了我的良知。那個人簡直就是邪惡的化身。」㉓

雖然正確的細節模糊不清，總之據說七月六日時，史陶芬堡曾帶著炸彈到貝希特斯加登做簡報。我們無法清楚他是否眞有意圖使用它，或他祇是以實地彩排方式來試測他自己的勇氣。有一個非常可能的說法，他的確是作一次測試，如果不是爲測試他的勇氣，即是在測試安全檢査，同時也可能他並未預期能遇見希特勒本人。當然也有可能是另有其人負責在貝希特斯加登的任務和引爆炸彈。總之，此行未曾發生任何事，而史陶芬堡則帶著滿腔的怒意回到柏林。「他以明顯的情緒化和迫不及待的神色談論貝希特斯加登的情況，並且宣稱如今他必須來主持其事。」㉔據說他甚且急躁的彈指說：「我就用這三根手指自己來幹！」㉕

七月十一日他再次嘗試，又偷藏了一顆炸彈進入貝希特斯加登。同時其餘安排也都妥當，他的座車和飛機均已準備就緒，可隨時盡快的將他載返柏林。但是密謀者均一致認爲，主要清除對象不祇元首，還要包括希姆萊。由於希姆萊臨時有事不克前來，史陶芬堡祇好帶著未引爆的炸彈返回柏林。十四日希特勒離開貝希特斯加登抵達拉斯坦堡。

七月十五日，史陶芬堡飛到拉斯坦堡，再次帶著他的炸彈進入元首設在東普魯士的總部——狼穴。這次，發動女武神行動的指令也已經下達。不巧，希姆萊又再次缺席，刺殺行動也被迫順延。由於態勢甚爲明顯，不允許繼續拖延，於是密謀者同意，不論希姆萊是否在場，史陶芬堡都會在七月二十日下手。就在那一星期，一位朋友前來告訴史陶芬堡，柏林街頭流傳說希特勒的總部不久將被炸毀。史陶芬堡立即下結論說：「已經沒得選擇了。我們必須越過盧比孔河（Rubicon）。」㉖

十九日清晨，路過柏林近郊一座小教堂時，發現裡面正在進行聖事，史陶芬堡立即入內，單獨站立在聖堂後面好一會兒，然後逕行乘車回家，當日下午則和他的兄弟貝索德一起度過。

註釋

❶貝爾福(Balfour)：《反抗希特勒》(*Withstanding Hitler*)，頁一〇九。貝爾福教授還說：在愛國主義和基督教影響下而行動的人異於今日，他們並無意以血流成河的方式來達成改革社會的期望。

❷同上，頁一〇九。

❸克拉馬茲：《史陶芬堡傳》，頁一三二。

❹同上，頁二五；霍夫曼：〈史陶芬堡與格奧爾格：行動之道〉，《德國社會之光年鑑》(*Jahrbuch der deutschen Schillergesellschaft*)，第十二集，一九六八年，頁五四〇。

❺克拉馬茲書，頁一二六。

❻現爲哈登堡伯爵夫人(Gräfin von Hardenberg)。參見麥丁(Meding)：《和勇敢擁抱在一起》(*Mit dem Mut des Herzens*)，頁一〇三。

❼拉吉(Large)編輯《與希特勒鬥爭》(*Contending with Hitler*)一書，霍夫曼之文，頁一二七。

❽霍夫曼：《希特勒個人安全》，頁六三、七四—五。

❾布羅克(Bullock)：《希特勒：暴政之研究》(*Hitler: A Study in Tyranny*)，頁六六一。

❿霍夫曼：《德國反抗運動史》，頁三二三—八。

❶同上，頁三二八—九。
⓬同上，頁三七四。
⓭齊勒：《自由火焰》，頁二九二。
⓮拉吉書，頁一二六。
⓯同上，頁一二七。
⓰辛默曼(Zimmermann)與傑可布生(Jacobsen)：《德國人之反抗希特勒》(*Germans against Hitler*)，頁一五六。
⓱齊勒書，頁二三二。
⓲席拉布倫道夫：《反希特勒的祕密戰爭》，頁二七七。
⓳克拉馬茲書，頁一一〇。
⓴霍夫曼：《德國反抗運動史》，頁三七四。
㉑齊勒書，頁一九一。
㉒格奧爾格：《格奧爾格作品集》(*The Works of Stefan George*)，據馬爾維契(Morwitz)與馬爾克思(Marx)譯本，頁三九八。
㉓格朗特(Galante)：《希特勒活著——而諸將則亡故》(*Hitler Lives—and the Generals Die*)，頁六。
㉔齊勒書，頁二九二。
㉕同上，頁四三二(註三一)。
㉖見《團結密謀的籌碼》(*Spiegelbild einer Verschwörung*)，頁一一七。

3 身在狼穴

一九四四年七月二十日，星期四上午七時，史陶芬堡在柏林南方的軍用機場登上一架運輸機。隨行者有他的侍從官海夫騰(Werner von Haeften)中尉和另一名軍官，均屬密謀圈內的人士。即使在清早，都令人感到悶熱，等到日上三竿，保證更加逼人。

通常到拉斯坦堡飛行時間是兩小時。這天不知爲何延後，直到了十點一刻始著陸。在跑道上，有輛專車正等候著史陶芬堡和他的隨員，隨即將他們載到元首總部。四哩陰濕且有霉味惡臭的森林行程，就像走在幽暗陰鬱的異教火炬構成的隧道之中。走出林木，就是一片掩蔽的雷區、連串的鐵絲網、檢查哨，由特別精選的親衛隊擔任哨兵，要求來人提出正確口令。當時溫度已近華氏九十度，濕悶的空氣直叫人窒息，史陶芬堡和其他人一樣，汗如雨下。這種不舒適的情況，反而對他的工作進行有利。

就在餐室外的一棵橡樹下，擺了一張大桌，史陶芬堡坐在桌邊用完早餐。十一點正，他和兩位將官見面，十一點半，和統帥部參謀總長凱特爾(Wilhelm von Keitel)元帥進行四十五分鐘的會議。

凱特爾是希特勒身邊最為諂媚卑屈的下屬之一。史陶芬堡和其他密謀者均稱他為「馬屁凱特爾」(Lakeitel),由德文 Lakei 一詞轉化而來,原意即是拍馬屁、諂媚阿諛,其弦外之意還包括娘娘腔。

與元首的會議,原訂一點舉行,結果提前半小時。約有一刻鐘的空閒,史陶芬堡以天氣濕熱難受為由,要求是否可先入屋內洗手間換掉汗酸撲鼻的襯衣,並且稍事梳洗。一位漫不經心的軍官隨即把他帶到洗手間。在途中,他的侍從官海夫騰帶著裝有兩顆炸彈的公事包跟隨他前往。此次炸彈和崔斯考手下席拉布倫道夫在一九四二年流產刺殺行動中所使用的炸彈,大同小異。引爆裝置依靠強酸腐蝕鐵絲。為了打碎裝強酸的小瓶,史陶芬堡為自己加裝了一對特製手鉗,俾使他可用左手僅存的三隻指頭順利進行引爆。如今這對手鉗仍在柏林展示。展示場即是當年班德勒大道上的後備軍總部,不過今天街名已改為史陶芬堡大道。

一旦啓動引爆器,祇有十分鐘即會爆炸。然而這祇是概算。強酸腐蝕鐵絲的速度多少會受到溫度、氣壓和其他不定因素的影響。天氣愈熱,爆炸時間即會提前,但是卻無法正確估算將會提前多少。

史陶芬堡在洗手間裡更換襯衣,並且在侍從官協助之下,開始啓動公事包內的炸彈。當他以特製手鉗啓動第一顆炸彈後,突然被一位士官長打斷下一步工作。由於向希特勒簡報已經快要開始,這位士官長奉命前來催促他加快動作。士官長一直在一旁等候史陶芬堡和侍從官海夫騰完成他們正在弄的東西。事後這位士官長曾作證,說他親眼看見他倆曾忙著弄一個包裹。無疑這位不速之客突來的打擾,使得史陶芬堡不能同時引爆兩顆炸彈。未啓動的裝置則交給海夫騰,偷偷的塞入他自己的公事包中。史陶芬堡則帶著裝有已啓動炸彈的那個公事包離開洗手間，十分鐘之內，將會產生一個大爆炸。

衝入走道時，史陶芬堡又遇到了凱特爾元帥。那時已是十二點半，凱特爾一臉狼狽的打著官腔，央求他趕快，遲到不是德國軍官應有的行為，何況還可能激使元首發怒。另外一名站在就近的軍官，曾主動要幫史陶芬堡提公事包。當史陶芬堡予以婉拒時，一點也不令人生疑。他那種強烈的自助能耐是衆所周知並且還引人尊重。

很可能，他原本以為會被引到訪客掩體，希特勒當時正在那裡，而且平常都在那裡舉行會議。封閉的水泥結構會將爆炸鎖在掩體內而發揮最大功效。但是自十五日起，會議已經改到鄰近的地圖室中舉行，該室已被闢為另一個簡報室。這棟木結構的房舍，長寬分別為十六呎、四十呎，北端牆面有三扇大窗。在此地爆炸，致命威力為之大減。

當史陶芬堡趨近房舍時，另外一名軍官自動來幫他提公事包。這次他接受幫助，同時他還提出請求說：「能否請你幫忙盡量把我安排在最靠近元首之處，如此我可以掌握一切資訊以供待會兒作簡報使用。」❶由於這本是聽取他簡報的會議，因此這項提議看來合理，同時又因他的傷殘更引發對方的同情。

當他進入室內，會議已經開始，參謀次長豪辛格(Heusinger)將軍正在報告東線情勢，約有兩打人在場，包括希特勒在內，大夥團聚在一張厚重的長方桌前，地圖則散布在桌面上，顯得相當凌亂。史陶芬堡立即加入其中，站在希特勒右側大約六呎之處。凱特爾為他引見，他和希特勒握了握手。

然後將公事包置於地板上，並用腳把它推到桌底。當豪辛格將軍暫停喘口氣之時，凱特爾立刻乘此中斷時刻提出建議，等豪辛格結束報告後，是否由史陶芬堡對後備軍的情況做一報告。元首點頭表示認可，但未發一言。豪辛格將軍繼續簡報。此時，距爆炸最多不過七分鐘。

史陶芬堡向身旁的軍官道了聲抱歉，由於必須打一通緊急電話給柏林，只有暫時先行告退一下，馬上即回。留下在桌底的公事包，他快步走到門口，除了多心的凱特爾，沒有人注意他的離席，凱特爾似乎有意趨步跟隨，但立刻放棄這個念頭。

一旦步出簡報室，史陶芬堡立刻按照原定計畫急忙走到房舍對面的一個掩體。拉斯坦堡的通訊長費爾傑貝(Erich Fellgiebel)將軍正在那裡等待他。費爾傑貝曾是同事，也是密謀分子之一，同時還是這次整體行動中一員。當爆炸發生後，他將負責以電話通告柏林的同志，由他們發動女武神行動，動員後備軍，開始奪權。費爾傑貝則切斷拉斯坦堡對外的一切通訊，以中斷指揮體系，避免任何可能到來的干預。此時「狼穴」將完全處於孤立，無法知悉外界所發生的任何事情。

史陶芬堡和費爾傑貝在掩體中等待了三分鐘，以平息內心的緊張。由於現場還有一位通訊官員，迫使他倆祇能談些無關痛癢的問題，討論史陶芬堡該乘坐那輛車。十二點四十二分，突然一聲爆炸巨響劃破了溽暑的寧靜，接下來就是驚訝後的死寂。史陶芬堡假裝驚恐萬分狀，費爾傑貝則假裝要發出警號。那位通訊官則是怒氣沖沖的不當一回事。他表示，那一定是雷區出事。拉斯坦堡周圍的防衛措施經常會發生這種狀況。大氣壓力、失靈的機械裝置、亂闖的野獸都經常不斷的引爆地雷，不需要太在意。此時掩體對面的房舍，一股柱狀硫磺味濃煙衝上半空，薰染了半邊天。

通訊台掩體外，海夫騰正乘坐在一輛安排好的車輛上，費爾傑貝送史陶芬堡上車，車輛隨即揚長而去，必須要乘營區封鎖之前，盡快逃離拉斯坦堡。車子駛離通訊台掩體時，距離簡報室不過五十碼，看見安全人員正混亂的忙做一團，就像在受到騷擾蜂巢外的黃蜂一樣。有許多人被抬出來，但卻無法知悉到底是身亡還是受傷而已。房舍本身則遭嚴重破壞，破碎磚瓦散落到相當距離外的草地上。濃煙自窗口噴出，不時閃爍著火焰。史陶芬堡則非常肯定，無人能自這次爆炸中生還。

此時，警笛之聲大作，忙亂取代了拉斯坦堡原先的凝滯。營區進入全盤安全警戒，營內電話聲大作，警衛部隊不斷增援。在頭兩處檢查站，史陶芬堡和值班步哨認得，稍事交談，即讓他通過路障。但是當車輛行抵最南端的檢查站時，卻被一位好事的士官長攔下。他宣稱不允許任何人出入營區。史陶芬堡不耐煩的以誇示的口吻對他吼罵。士官長雖面露怯意，但仍然堅持必須遵守命令。史陶芬堡立刻下車，抓起電話，親自和營區司令的副官通話。

「我是史陶芬堡伯爵上校，目前正在營外南端檢查站。上尉，你應該還記得我，今天早上我們曾在一起用早餐。由於爆炸，你的哨兵不讓我通行。我實有急務在身。弗洛姆上將正在飛機場等我。」

❷

沒有等待對方回話，他立刻把話筒掛上。但這位頑固的士官長，堅持要親耳聽到命令，於是親自與營區司令副官通話。直到上面交代可以讓史陶芬堡通行，他這纔開啓路障。於是車輛啓動前往機場，史陶芬堡交代駕駛趕緊，海夫騰則在途中將未使用的炸彈拋出車窗。

一點十五分，史陶芬堡已經登空，在飛返柏林途中。就在此刻他當然仍不能確切證實元首已被炸身亡。如果他決意要逃離拉斯坦堡，情勢上根本不允許他去驗證。不過他十分自信。爆炸所造成的破壞景象，已經完全收入他那僅存的右眼之內，乃至他無法相信希特勒可以逃過此劫。

在簡報室中，有位不知情的上校，填補了史陶芬堡在桌邊空下的位置，但是脛骨磨到了公事包。由於空間過於狹窄，他就把公事包向裡面推，緊靠厚實橡木的桌腳。這張桌子的桌腳不是一根一根腳柱，而是由兩片與桌面等寬的實心木塊，高度可達人的腰際上部。桌面也是一整片橡木，約有四吋之厚。就因桌面和桌腳像護盾一樣，減少了爆炸力的衝擊，屏蔽了希特勒。至於那位不知情的上校和兩位將領及一位速記員則傷重不治。另有九人必須住院療養，凡是在場人士多少都受了點傷，希特勒頭髮部分遭到焚毀，右手則暫時癱瘓，耳鼓破裂，變成嚴重的重聽。原本已經常犯的神經失控不時顫抖的毛病，在他有生之年則愈來愈惡化。這次打擊下，他很可能遭到精神崩潰的折磨。不過卻倖存無恙，最多祇有輕微的灼傷和破碎的長褲有損尊嚴而已。幸運之神仍籠罩在他身上。當通訊台掩體的費爾傑貝將軍懷着滿腔期盼，正準備以電話通知柏林發動女武神行動，然後切斷拉斯坦堡對外通訊。突然間恐怖的景象出現在費爾傑貝眼前，暈頭轉向顫抖不止的元首正被人從四處冒煙的瓦礫中扶出來。儘管出人意表的情況發生，費爾傑貝發揮了腦力，記得史陶芬堡先前的決策，不論如何政變一定要發動。就在一點鐘之前，電話通知柏林發動女武神行動。然後他立刻掛通電話給附近的陸軍總部。

他宣稱：「這裡發生一場可怕的事，不過元首仍健在。」當對方問到目前有何指示，費爾傑貝回答說：「封鎖一切。」❸

換句話說，希特勒尚存的消息不可讓外界知道。至於截斷拉斯坦堡對外通訊一事，根本不用他費心。營區警衛已經下令全面封鎖。雖然電話和電傳線路可以切斷，但是當地還有無線電發報機和宣傳部、德國新聞局的私有電傳線路，它們都不經過主交換機。對於這些的處置，既沒有事先安排，同時也不可能做到。總之，不論是籌劃者忽略此項工作，或是不得不被迫省略，女武神行動已經發動了。

柏林方面，密謀者群聚於班德勒大道的作戰署，焦急的等待費爾傑貝的電話。可是通話時，祇提到女武神，卻沒有提到希特勒仍然活著的事，一點三十分，祇有透過陸軍總部，纔探知希特勒逃過此劫的消息，可是卻無人能和史陶芬堡研商情勢。此際，他懷著一切皆照計畫順利進行的想法，待在空中，無法聯絡上。由於他不在場，無人能有權威做任何決策，下達指令如何進行下步工作。史陶芬堡一位老友昆罕(Albrecht Merz von Quirnheim)上校的果斷堅持應該值得一提。但是一切命令均必須經由他布達的奧布萊赫特將軍卻一直沒有動作。兩小時過去了，緊張氣氛更形嚴重，神經更形緊繃，然而電話卻始終沉寂無聲。密謀者一顆心懸吊著，資訊的缺乏令人痛苦，空氣不足叫人窒息。由於不確定而未見動員，奧布萊赫特仍然猶豫不決。可資利用驅使政變成功的時間，就如此溜掉了。

此時拉斯坦堡方面，已毫無疑問確知誰當爲這次爆炸負責。史陶芬堡未奉命即匆忙離營，連衣帽、皮帶都不及帶走，即已說明眞相。可是此時仍無人懷疑這是一次有組織的密謀，祇認爲是這個殘疾的上校，一個卑劣刺客的單獨行動。一般皆揣測他將逃離國境，向中立國度尋求庇護。於是下令空軍攔截，擊落一架航向瑞士或瑞典的亨克爾(Heinkel)式飛機。奉命發報的軍官，正巧是史陶芬堡的同志之一，祇將電文擱在桌上不曾發報。

三點三十分之後不久，昆罕終於驅使奧布萊赫特採取行動。召集高級軍官說，據稱希特勒已遭刺殺。陸軍現在由魏茲萊本元帥負責指揮。新任國家領袖爲貝克將軍。同時派遣一名軍官將實施女武神行動命令帶到柏林軍事總部。並以電話和電傳將前述命令通告帝國各軍區。

近四點時，奧布萊赫特和昆罕往見後備軍司令即史陶芬堡頂頭上司弗洛姆將軍。在前數個月準備工作時，弗洛姆始終是猶豫不決。雖然他從來不屬密謀集團一員，由於必須要有他的合作，雖然出於勉強，密謀分子仍然把他納爲核心人物。弗洛姆用心全爲自保，祇因密謀有某種成功的可能，他也就冷冷的牽連在其中。目前因缺乏任何正式資訊，於是他又開始卻步，就在昆罕和奧布萊赫特正與他爭辯之際，機場來電話，史陶芬堡和海夫騰剛剛抵達。他們一心以爲一切事情都在順利進行中。其實幾乎所有行動都尚未開展，自拉斯坦堡爆炸發生以來，寶貴的三個小時已經悄悄逝去。

原本預定在機場等候史陶芬堡和海夫騰的車子，不知怎麼的錯過了他們。由於沒有其他車子，又沒有汽油，因此行程再次拖延。同時間內，奧布萊赫特仍在繼續與弗洛姆爭論。四點十分，弗洛姆企圖以電話和拉斯坦堡的凱特爾聯繫。出人意料之外，電話竟然接通。弗洛姆詢問發生了什麼事？凱特爾說，有顆炸彈爆炸，不過元首仍安好。接著凱特爾追問史陶芬堡何在？弗洛姆則回報說，尚未返轉。

奧布萊赫特聽到了這段談話。他現在很清楚，就算先前弗洛姆會合作，但此刻已經無法指望了。

經過了如此長久的拖延之後，奧布萊赫特終於決定行事，就好像是受到史陶芬堡馬上就要到達而得到鼓舞一樣。離開弗洛姆之後，他立刻返回自己的辦公室，四點三十分，下達各項新的命令。首次提出為政變而擬定的策略性說辭：

元首阿道夫．希特勒業已死亡……有一小撮無操守的非屬軍方的黨方大員想乘機利用此一情勢，在進行苦戰中前線的背後捅上一刀，俾能掌握大權以滿足他們自私的目的。❹

宣布進入戒嚴狀態。所有在戰鬥中的武裝親衛隊（Waffen-SS）單位皆立刻配屬陸軍，改由軍方指揮。所有的黨官一樣改隸軍方統屬。安全特勤隊則立刻予以解散。而此一宣告由魏茲萊本元帥簽署下達。

當這些命令發出之時，史陶芬堡和海夫騰也返抵班德勒大道。史陶芬堡直接走入自己的辦公室，正有四名軍官在室內等候他，他沒有寒暄，祇簡單說：

他死了！我親眼看見他被抬出來。❺

幾分鐘後，他前往奧布萊赫特辦公室，做了較詳細的報告：

我從外面看到了整個事情的發展。當時我和費爾傑貝將軍站在外面。房舍中一聲大爆炸，然後看見不少的醫護人員趕到現場，救護車也駛抵現場。整棟房子就好像被一顆六吋砲彈直接命

中一樣。裡面不太可能有人能活下來。❻

此時，由拉斯坦堡傳來了更多的消息。雖然並沒有確切實質消息，但越來越多的證據顯示希特勒仍然活著。史陶芬堡拒絕相信此一結果。他本人曾親眼目睹爆炸的威力，乃至無法接受未能將包括元首在內的現場人士一掃而空的事實。

在史陶芬堡陪同下，奧布萊赫特再次來到弗洛姆的辦公室。史陶芬堡向弗洛姆報告，他可以證實希特勒已經亡故。

弗洛姆回答說：「不可能，凱特爾向我保證的正巧相反。」❼

應該就在此時，史陶芬堡首次開始懷疑事情眞相。因爲凱特爾不也是在簡報室內的一員嗎？如果弗洛姆剛纔和他通過話，那麼凱特爾顯然還活著，如果凱特爾活著，元首也就有活著的可能。當然史陶芬堡相信的事實也有可能確實不假。就本書作者所作的訪問中，據密謀分子中少數倖存者之一約翰的說詞，顯示出一種非常耐人尋味的情況。約翰表示，直到七月二十二日，事件發生兩天之後，他個人仍然相信史陶芬堡說的是實情，希特勒確實身亡。「收音機所播放的全是希特勒的聲音，我們都知道他有替身。」❽第三帝國之內，希特勒有替身之說，流傳甚廣，也就因這一想法，給密謀分子帶來許多困惑。史陶芬堡很可能考量過，是不是黨方大老和拉斯坦堡當權派在玩唬人手法。不過不論眞相究竟爲何，他察覺到時機緊迫，目前必須依計畫大力推動女武神行動方是。爲了不使密謀分子內部士氣低落，那怕需要他本人來玩唬人手法，也在所不惜。據稱，史陶芬堡爲扭轉弗洛姆的觀念，曾說：「凱特爾元帥和平常一樣，仍在撒謊。我親眼看到希特勒的屍體被抬出來。」接著就把他曾對奧布萊赫特說過的話複誦一遍：「將軍，炸彈是我本人和希特勒開會時親手啓動的，爆炸的情況就如一發六吋砲彈直接命中房舍時沒有兩樣。祇要在那個房間裡面，絕對沒有人能活命。」❾

在弗洛姆回答之前，奧布萊赫特搶著宣稱女武神行動的命令已經下達了。聽到這個消息，弗洛姆火冒三丈，一拳擊在桌面上。難道這裡的指揮官不是他？他絕不容許他的下屬自行其事。他們已經犯下不服從命令、革命和叛國大罪。給予他們的懲罰是一律槍決。他追問，是誰下令發動女武神的？奧布萊赫特回答說是昆罕。昆罕立刻被召來證實此說。昆罕坦承不諱。弗洛姆宣稱奧布萊赫特和史陶芬堡均遭逮捕，並命令昆罕到電傳機，傳訊取消前令。昆罕祇是往身旁的椅子一坐，然後冷淡的回答說：

「上將，你剛纔下令將我逮捕，我的自由行動權已經受到限制。」❿

弗洛姆轉向史陶芬堡大聲吼叫。刺殺企圖已經失敗，史陶芬堡現在別無他途，祇有自殺。

史陶芬堡冷酷的回答：「我無意射殺自己。」

奧布萊赫特告訴弗洛姆：「你別妄想了。誰眞正有權？是我們逮捕你。」⓫

弗洛姆從桌後面跳出來，揮舞著拳頭，有人說是向著史陶芬堡，也有人說向著奧布萊赫特。當時聚集在門口的中下級軍官立刻一擁而上。海夫騰拔出手槍，那個前次腰間掛著炸藥自願爲希特勒做軍裝展示的克萊斯特中尉也拔出了手槍。在克萊斯特槍口抵著腹部壓迫下，弗洛姆退回到座椅上。

史陶芬堡告訴他，給他五分鐘時間做決定，然後就和奧布萊赫特離開他的辦公室。當奧布萊赫特再次入內等他回話時，他說：「在此情況下，我認爲自己已遭監禁。」沒有任何抗議，默許他和他的侍從官一起被關入左近的一間辦公室內。室內電話則被切斷，兩端出口均布下崗哨。五點鐘時，政變者才開始早在四個小時以前該有的行動。

奧布萊赫特告訴史陶芬堡，女武神行動所需要的命令均已發出。現在祇有等待部隊前來，封鎖班德勒大道，護衛密謀圈。同時，則由史陶芬堡在戰地的上司——霍甫納將軍來頂替弗洛姆的職務。其他密謀分子也開始向作戰署集中，其中包括史陶芬堡的兄弟貝索德、將任新政府首長的貝克將軍。當告之以希特勒可能眞的還活著時，貝克認爲這個可能性沒有意義，他說：「對我而言，那個人已經死了。」⓬這纔是重點，不論現實情況如何，計畫照樣進行。

五點之後不久，據目擊者說法，親衛隊的一位上校大膽的到來。

> 突然間自走廊上響起了腳步聲，隨後屋門打開，一位親衛隊……屠夫典型的人物出現在門口。令人無法想像還有更活生生、更典型的親衛隊劊子手了。這個東西，腳跟併攏，發出槍響般的聲音，舉臂來一個德國式的敬禮，口裡吼著「希特勒萬歲」。⓭

他說他奉命前來質詢史陶芬堡上校。史陶芬堡以慣有的親切誠摯邀這位親衛隊員進入辦公室。就在室內，由克萊斯特和同僚路德維希・封・漢默斯汀（Ludwig von Hammerstein，前陸軍總司令之子）中尉解除了親衛隊上校的武裝，送入弗洛姆被監禁的那間屋裡。

此後不久，柏林軍區司令奉奧布萊赫特之命前來。當他被告知政變正在進行中時，顯得萬分驚恐，不但斷然拒絕與之合作，嘴裡還直嚷著：「元首還活著！」接著就衝向走道，準備由另一出口逃逸。結果也是在克萊斯特和一位士官的槍口下，被關入了監禁弗洛姆和那位親衛隊上校的同一間屋裡。當他向貝克提醒，他們對元首的效忠誓言時，貝克反駁說：

你還敢提誓言？希特勒不止百次的破壞了他對憲法的誓言和對人民的誓言。你怎麼敢提你對這位僞誓專家的效忠誓言？⑭

以後的四個小時，作戰署忙成一團。各地部隊均已整裝待發的消息已獲肯定。而女武神行動指令也傳達到帝國境外，到達了奧地利、捷克、法蘭西等地。原先發布給德國境內的指令，如今也依樣通告各佔領區。宣布戒嚴法生效，陸軍來主控一切，凡是親衛隊、安全特勤隊、蓋世太保和黨官將被逮捕，置於軍方控制之下。

可惜爲時已晚。下午的延誤是致命的關鍵，此外至少還有兩項其他因素，有人力勸史陶芬堡趕緊對付戈培爾，他正安全藏匿在附近的亞伯特王子大道上的宣傳部內。在這個重要日子裡所進行的事務上，獨有這件事，史陶芬堡首次也唯一的一次顯露了和年長同僚一樣的猶豫不決。也許是他們低估了戈培爾的重要性，不過此說難以相信。或者他們是爲了不想在柏林造成恐怖統治，而有所躊躇。刺殺希特勒是一回事，發動全面性的迫害政敵則完全是另一回事，那豈不等於和他們正要打倒的惡魔採用了相同的邪惡。他們無意爲自己進行一次長刀之夜。

當吉塞維強調，唯有處決若干納粹頭目方能促使政變加速擴展時，貝克、奧布萊赫特、霍甫納、史陶芬堡均不以爲是，觀望不前。對於納粹手法的不齒之情，遂成爲政變的障礙，政變成敗有賴於採行若干相同手法。⑮

即在那位一手持約書，一手持手槍的福音派教會的全福音組的主持出現在作戰署，加入密謀集團時，前述的顧忌依然存在。這位傳教士不得不大聲疾呼，在涉及革命，反抗親衛隊和納粹頭子的日子裡，射殺是必要的。他並且辯稱，過分正直祇會傷害政變本身和舉事者。

此外，還有一項導致致命後果的缺失。密謀分子竟然不能有效的完全封鎖廣播。他們的確曾派遣部隊佔領相關的無線電台和電報中心。然而卻無專業技工同往，控制工作根本不能進行。結果，納粹當局的廣播仍然到處播放，不受干擾，反而奉命前往控制的部隊頓生疑惑，造成嚴重分裂。

五點四十二分，元首總部和納粹各權力基地也都發出各種命令，內容大異於作戰署者。於是作戰署電話聲大作，卡塞爾、漢諾威(Hannover)、紐倫堡、維也納、布拉格等地，心存困惑的指揮官一一來電質疑，密謀大本營的電話線路爲之打結。爲澄清疑惑，史陶芬堡親自回覆各方質詢。同時，霍甫納也不斷以電話聯繫密謀圈散在科尼斯堡、斯德汀、明斯特、布里斯勞(Breslau)、慕尼黑、漢堡等的工作網。

到了此刻，史陶芬堡已經明白密謀結局了。但是他拒絕屈服，或是表演一場殉道者最容易表現的姿態，比如說舉槍自盡。他以成功在即自持並以此繼續鼓舞同志。約翰隨侍在側，目睹他在桌邊接電話的情況，約翰的描述也許在各種細節上不是那麼精確，但仍然顯示了史陶芬堡那種振奮不懈的形象，企圖以一人之力使政變得以持續它的道路。

「我是史陶芬堡，是——是——命令的確是統帥部下達的，是，就此而言——所有命令都要立刻執行——你必須要佔領所有的無線電台和通訊站——任何抗拒都得瓦解——你或許接到來自元首總部不同的命令——不過那些皆不合法——不是這樣——陸軍已經肩負起整個權力——祇有後備軍總司令有權簽發命令——你明白嗎？——是的——帝國已陷入危機中——就像以往所有重大危機時刻，現在由軍方控制一切——是的，魏茲萊本已經被任命爲總司令——這的確是正式任命——佔領所有的通訊站——淸楚了嗎？——萬歲。」⑯

在許多地方，這種僭越竟然眞能說服對方執行命令，維也納的親衛隊官員全遭逮捕，陸軍佔領了各重要設施。巴黎方面，史圖普納格(Karl Heinrich von Stülpnagel)將軍，是駐法總司令，也是老密謀分子，下達戒嚴令，並將所有親衛隊、安全特勤隊和祕密警察的官員一律下獄。並且預定當晚召開軍事法庭，同時還用沙包堆成圍障，凡被判有罪，將立即槍決。至少在幾個小時中，在某些地區裡，第三帝國的確曾被推翻。

可惜！時間不足。收音機中不斷播出，雖然有人行刺，元首仍然無恙。希姆萊則以電話指揮柏林親衛隊單位。廣播中，甚至有一則消息宣告希姆萊已經受命出任後備軍總司令。拉斯坦堡方面，依然顫抖不止的希特勒正被侍從扶持著，進行一篇講詞的錄音。預備在淸晨一時正式播放，然而其中要旨已經播放多回：

有一小撮野心、不負責任，同時還無知、邪惡、愚笨的軍官，陰謀除掉我和德國陸軍統帥。炸彈是由史陶芬堡伯爵上校所放置的……我個人祇蒙受一點輕微的刮傷、瘀血和灼傷。我深信此乃天意肯定其加諸我身的重責大任，要我繼續走完我生命的道路。……⑰

柏林市常備警衛部隊指揮官之一雷莫(Otto Ernst Remer)少校，一個下午都處在迷惑之中。從來沒有人試圖把他拉入密謀圈，祇因他是頭腦簡單的納粹狂熱支持者。當天混亂的局勢的確超過了他腦力所能負荷的程度。四點三十分，他接到女武神行動指令，於是驅車前往城防司令處報到。城防司令也是密謀圈一員。司令告訴他，陸軍已取得最高控制權。並且命令他那一營部署在政府大樓附近擔任警戒，其中包括了班德勒大道的作戰署在內。雖然事後他宣稱當時已起疑心，但那時卻是立即奉命行事。六點三十分部署完成。雖然爲時已遲，但終究下令，要雷莫率衆前往宣傳部逮捕戈培爾。這道命令使雷莫有所警覺，以爲該命令對部隊而言，要求過分，因爲戈培爾是該部隊的榮譽團長。

不久，戈培爾親自召見雷莫。雷莫即盤根詰柢。當時戈培爾已和拉斯坦堡聯繫上了，曾親口與希特勒談話，了解事情眞相。祇是還不知道柏林方面政變已經進行到何程度，他身處極度驚恐之中。雖然曾對當地親衛隊下達警號，但不確定他們的忠貞，也祇敢叫他們待命。爲了怕被密謀者活逮，他在衣服口袋中放了若干氰化物膠囊。七點左右，雷莫出現了，於是決心先把事情弄個明白。此刻戈培爾一定大鬆一口氣。這是他整天自宣傳部向外看，第一張可能友善的面孔，同時若要確保這個頭腦如此單純人物的忠貞，更非難事。他立刻掛電話至拉斯坦堡，讓雷莫親自和希特勒立即擢升雷莫爲上校，負責柏林所有的安全措施。雷莫向下屬簡報情勢後，立刻重新調度部隊。他們奉命包圍班德勒大道，並且必要時，將攻佔作戰署。

作戰署內部，帝國爪牙也開始集結。在密謀者忽視之下，忠於弗洛姆的一群軍官設法武裝自己。十點半，大廈內響起槍聲。當史陶芬堡正步入走廊之時，身後一聲槍響，一發子彈打入他的肩膀。蹣跚的轉身，他設法拔出手槍，雖然有目擊者說他沒有還擊，但大部分記載卻指出他曾經還擊⓲。響聲驚動了其他同志，匆忙趕到現場，與敵手互相射擊。在同志支撐下的史陶芬堡血流不止，同志們的士氣也隨著他的血流失。屋外，雷莫的部隊正準備全面進攻。

史陶芬堡和身邊的人並沒有放下武器，但默允被帶入弗洛姆辦公室內。不一會，甫自鄰近房間獲釋的弗洛姆，走進辦公室。海夫騰舉起槍對準弗洛姆。弗洛姆卻步不前。儘管負傷在身，史陶芬堡的意志再次作用，奮而起身。據說他以輕蔑的眼神怒視弗洛姆，迫使他畏縮低頭，然後以目光示意海夫騰放下對準他前任上司的槍口。他個人榮譽感摒棄了對末節的懲處和報復。打死一個卑屈將軍也無濟於事。不過弗洛姆仍然是劫數難逃。在以後的日子中，他必須支吾其辭，搪塞推諉，謊言不斷的來爲自己洗冤脫罪。可是希特勒復仇的大刀將揮向任何一個那怕和密謀祇是稍有牽連的人，而第一個倒下的就是弗洛姆。控訴他的罪行不是叛逆，而是懦弱，給他烙上最不名譽的印痕。

此刻，剛被釋放的弗洛姆，審視著政變的核心人物，他們差點就成功。他意識到，這幾個人不祇是個尷尬，同時也是危險至極的人物，現在看來好像還友善，萬一在法庭上作證指陳他也曾涉案，豈不慘哉。留下他們接受審訊，確實太冒險，必須將他們立刻淸除掉。弗洛姆先宣稱他們已正式遭覊押，然後說他剛纔已經召集了軍事法庭。由於他們持續抗命行為令人憤怒，他判決其中四人死刑，並且立即執行。「昆罕上校、奧布萊赫特將軍、這位我不願提到他名字的上校，以及海夫騰中尉被判處死刑。」⑲

到了此刻，史陶芬堡纔首次開口。「他用幾句簡短的話，把一切責任攬在自己身上。」⑳他宣稱他的同僚祇是依照軍人和下屬準則奉命行事。除了奉行他的命令，他們沒有任何罪責。

似乎原本貝克將軍也被定罪，而預備傳喚過來受刑。這位年高德劭的將軍要求保有自己的手槍作「私人用途」。弗洛姆同意，但命令他要快一點。在武裝警衛押解下，史陶芬堡、奧布萊赫特、海夫騰、昆罕依次下樓進入庭院。史陶芬堡肩頭仍在流血，全靠海夫騰撐著。四個人都很平靜，面無表情的赴死。至於要求在房間中自裁的貝克，曾自射兩槍。但衆人前往探視時，發現他一息尚存。弗洛姆下令身旁的軍官補上一槍，將其結束。那位軍官下不了手，轉命一位士官執行。

對於納粹而言，當時最偉大的英雄之一是那位諂媚而且類似傀儡一般的雷莫少校（其實是最差勁的人物）。大戰結束時，他已官拜少將。此人智慧不因年齡稍長而有所增加。敵對形勢結束後，他仍然是一個熱誠的納粹，在各處積極的散播他那乖張的世界觀。一九五〇年，他加入新納粹組織——社會主義者帝國黨（SRP: Socialist Reich Party），成爲該黨副主席。他好以異常的誠摯和簡潔的警句來大聲指斥史陶芬堡和其他密謀者，爲他們加上「國家的叛徒」、「德國軍官團榮譽盾的汚斑」等烙印。他到處咆哮，說他們是「在德軍背後捅上一刀」（陳腔濫調的用語）。一九五一年，他更口出狂言：「人們羞於承認曾參與七月二十日暴亂的日子就要到了。……」㉑

同年，雷莫戰時同事，一位退休軍官曾做下列陳述：

我們這批他以前的同事，對於這位青年軍官在一九四四年七月所面對的命運均深表遺憾。要承擔當時情況和因其所生的後果，我以爲實超過人力所能。至於他在七月二十日所作抉擇的是是非非，此刻不擬妄加評判。然而因他的抉擇而生之恐怖後果，乃至犧牲無數德國最珍貴的鮮血，我們這批老兵都期望這位有生之年都將背負命運加諸其身如此沉重擔子的人，能體會此點，以沉默隱居度其餘生。對於雷莫不能興起此種自行沉寂的態度，我們這批同事均不予同情。㉒

一九五二年春季，雷莫因「連續誹謗反抗運動分子」的罪嫌被判入獄三個月。他設法逃離德國，在埃及露面。正如席勒(Friedich von Schiller)的體會，愚昧是連衆神都必須努力方能克服的東西。四十二年之後，一九九二年十月，雷莫再度在德被捕。這次是因出版新納粹宣傳品並且否認大屠殺的存在獲罪，被判刑入獄二十二個月㉓。對於這樣的人仍能活著，而且還用他的存在繼續汚染這個世界，任何人若對他心懷憤慨，都會爲社會所諒解。

當雷莫正在柏林用他的態度來打扮自己之時，劫後的拉斯坦堡的情況並沒有那麼自我誇耀。墨索里尼預定四點來訪。當他抵達時，見到元首還在眼花撩亂和極度緊張之中，並且比平常還要更歇斯底里化。這個毛病頗具傳染性，一干身在現場的納粹要員莫不感染此症。原先預定的會談，立刻就降格爲一連串的偏激失體的爭鬧。在某一刻，戈林突然質疑李賓特洛甫(Joachim von Ribbentrop)有何權力在姓氏前加上「von」這個字。據說李賓特洛甫則反譏戈林是個「香檳推銷員」。狂怒失態的帝國元帥竟然威脅這位外交部長，要以飾有珠寶的權杖敲擊他。同僚間的爭鬧加劇了精神上的折磨，希特勒完全失控，開始大發脾氣。他咆哮說，他將會殘酷無情的消滅任何一個與密謀有關的人，要處決他們全體，絕不心存慈悲，他要報復，連婦女小孩都不放過。由於目睹帝國最高階層這種令人恐懼的威儀，墨索里尼不覺心寒生畏。帶著戰慄和不知所措，離開了拉斯坦堡，他事後報導，簡直就像待在瘋人院的感覺。

後備軍總司令一職則交付希姆萊，後備軍改隸親衛隊指揮，最後漸漸完全併入親衛隊之內。在處理密謀分子方面，希特勒要求他的副手，絕不容情，希姆萊微笑的回覆說：「您儘管放心。」八月三日，政變失敗的兩週之後，希姆萊採行「族滅」(Sippenhaft or blood guilt)法則。此一法則根源於日耳曼古老傳統。依此法則，叛逆是一種血液病變的表徵，不祇存於犯罪者本身，亦存於其家族全員體內。因此，希姆萊結論說：「家族中每一成員都要滅絕。」族滅法則重新啓用。「史陶芬堡伯爵整個家族任何一員均將予以消滅。」[24]

到了最後，由於希姆萊自己對貴族和古老血緣的一點尊重而阻擋了族滅法則的施行。他的結論是，像史陶芬堡這種家族的血統太珍貴，因此不能不加分辨的一律廢掉。在這個血緣中駐有德國未來領導人物所需的力量和價值。因此史陶芬堡家族大部分成員均得倖免於難，逃過滅絕。一部分送入拘留營，親人被分隔，小孩脫離父母，改由國家教養。克勞斯和貝索德妻小均倖存，他們另一名兄弟亞歷山大因與密謀完全無涉，遂得以保住性命。

其餘密謀者中，至少有八名，跟隨貝克的後塵，以自殺逃過希特勒的報復。例如在俄國戰線上的崔斯考。根據某些記載，崔斯考自他的總部走到火線上，舉槍自裁。另有一些記載則說，他祇是在砲火交擊時刻，漫步走入德俄兩軍之間的無人地帶。

崔斯考等實屬少數。大部分密謀者不僅選擇留下，甚至還出奇的馴良，讓自己被當局逮捕。有種說法，以爲他們並未料到他們將受到的懲罰會是那麼的慘烈，然而此說不太可能。他們不至於笨到對於擺在前途等待他們的惡果，存有多少幻想。事實上，他們期盼一個可以放聲疾呼的機會，在審訊者面前，甚至更公開的場合，如法庭，讓他們說出他們期望德國公衆能聽到的話。他們試圖把對他們的控訴化爲對當時政權的控訴。在許多場合中，他們的表現使得起訴者留下了深刻印象。甚至在他們導引下而產生同情。

凱塞爾博士(Dr. Georg Kiesel)即曾提供了一個活生生的例子。七月二十日之後，希特勒吩咐主管安全特勤的卡騰布魯納(Ernst Kaltenbrunner)，要全盤深入偵訊陰謀內幕，並且提出詳細的報告。卡騰布魯納在一份個人指令上表示，元首「一定得接獲一份事關行刺動機的完整未加修飾的記錄。有這麼多位居要津和傑出個性的人物參與其中，期盼希特勒能受到刺激，作一些必要的轉變。」[25]

凱塞爾這位身隸親衞隊的審訊長和調查長，奉卡騰布魯納的指派前來編輯所需的文件。最能叫希特勒深爲驚愕者，即是凱塞爾對史陶芬堡的描述。他指陳史陶芬堡是「一個眞實的世界人」、「烈焰般的精神，凡是與他接觸過的人莫不爲之傾倒並且受到鼓舞」㉖。他眞正陷溺的那麼深，把這個謀刺元首的兇手視爲「一個具有革命精神的貴族，奮不顧身，不帶個人野心或虛榮」，這種讚詞，甚至連史陶芬堡最忠實的支持者都會感覺過分。凱塞爾在審訊史陶芬堡兄弟貝索德之後，也同樣的感受甚深：

他那簡短的證詞，是他所見到控訴希特勒這類文獻中最簡潔有力者。將德國男人的氣概表露無遺，而且大異於希特勒和國家社會主義。㉗

非凱塞爾一人如此，其餘偵訊者談到史陶芬堡時也顯露了同等的敬意，把他描述爲「有遠見、敢奮鬥」。同時認爲他的意圖是「將社會主義和他的貴族傳統凝合在一起」㉘。對許多偵訊者來說，這也是一項相當不舒坦的工作。他們或許是邪惡而殘酷成性的打手，但他們絕不是傻瓜，何況他們自幼就被教誨要尊重他們心目中高他們一籌的人士。他們的被告，正巧就是這種高一籌的人，或出於家世系譜，或出於社會地位及聲望，或出於軍事或其他方面成就，如智慧、用字遣詞等，都是他們所尊重的。當偵訊者面對這些信譽不容忽視的人們時，聽到那些充滿理念和動人心弦的辯詞後，必定感到窘困。一九四四年時，沒有人能對希特勒和納粹大員帶給德國的災難視若無睹，沒有人能忽視日形惡化的軍事情勢。西方聯軍自諾曼第向東推進，紅軍則自東向西進逼。英、美重型轟炸機正不捨晝夜的在德國各個城市肆虐。更無人能無睹於當權者的暴虐無道，整批屠殺猶太人、斯拉夫人和其他人等。這也是密謀者一再指斥，並作爲他們行動的主要理由之一。

在慘無人道的酷刑下，即是蓋世太保們口中官式婉轉說詞——尖銳的偵訊之下，密謀分子表現了傑出的勇氣和堅毅不屈。費爾傑貝歷經了三週的折磨，未曾在其間透露任何一個人名。到了最後，他提出同謀姓名時，所提到的全是他知道已經殉節者的姓名。也就因爲這種勇氣，許多原已繫獄人士紛紛獲釋，許多根本未遭逮捕。而布奇、漢默斯汀、克萊斯特竟然能脫逃倖存㉙。

凡是參與密謀的軍官，都先被所謂的榮譽法庭判決開除軍籍，爲數約五十五人，包括十四名將領和一名元帥（魏茲萊本）。這種措施可合法的使他們以平民身分和他們非軍人的同志一起受審。此後即由聲名狼藉的人民法庭，在所謂的主席弗瑞斯勒（Roland Freisler）的主持之下，經歷了一連串怪誕的樣板審判。弗瑞斯勒可以說是納粹屠殺史上最令人噁心的人物。沒有任何的做作，甚至連適當的法定程序都不顧。弗瑞斯勒經常打斷被告，對他們咆哮，侮弄他們，咒罵他們，用一切可能的手段來屈辱他們。

流產政變後的整肅中，到底有多少德國人死於非命，不得而知。但依估計，其數字高達二、三萬。以人民法庭而論，就有二百人被弗瑞斯勒判處死刑。一九四四年十二月二十一日，當時正拿著席拉布倫道夫的案卷時，剛好盟軍空襲，弗瑞斯勒傷重不治。而這位崔斯考的屬下，也終得倖免。

凡是被弗瑞斯勒法庭判處極刑者，皆問吊於柏林普羅增西（Ploetzensee）監獄。當時所採用方式，非傳統式折斷頸骨。而是吊著，其過程可能持續到二十五分鐘，是一種緩慢而痛苦的死亡過程。希特勒曾下令，處決過程要拍攝下來。連卡騰布魯納都曾反對這種褻瀆行爲，但是元首態度頑強不變。由九位攝影師輪流拍攝，經過第一天以後，人數就減少了。他們的導演曾說：「我表示我不期

望手下攝影師繼續拍攝這樣殘忍的畫面。所有的攝影師都站在我這一邊。」㉚

希特勒總愛利用整個晚上，在親近友人、黨官和特別邀請的客人環繞之下，觀賞拍攝下的影片。據斯皮爾報告說，他親眼看到希特勒書桌上還擺著處決的照片。依他的觀察，觀衆多半是平民和親衛隊年輕幹部。「從沒有國防軍的軍官參加過。」㉛

那怕等在前程的命運是多麼可怕，密謀分子仍然義無反顧，站在人民法庭上，不但抗拒弗瑞斯勒加諸其身的侮辱，並且還讓自己的聲音蓋住他那歇斯底里的謬論。當被判以吊刑時，費爾傑貝僅回答說：「主席！動作要快，否則你可能比我先問吊。」㉜

弗瑞斯勒曾譏嘲一位平民身分的密謀分子魏默(Dr. Josef Wirmer)律師說：「你馬上就要下地獄了。」

魏默回敬一句：「主席先生，少時你將隨我而至，此亦我所樂見。」㉝

魏茲萊本元帥也表達了類似的預言：「你可以將我們交付劊子手。三個月之內，飽受折磨的憤怒民衆將會把你從街道的糞堆中拖出來，活活撕裂。」㉞

伯恩特・封・海夫騰(Hans Bernt von Haeften)——史陶芬堡侍從官的兄弟，曾被問及他何以能背棄對元首的信心。

海夫騰回答說：「祇因爲我認爲元首不過是歷史中邪惡的執行者。」㉟

七月二十一日，流產政變的第二天，即在他自裁之前，崔斯考曾說：

如今，他們將全力來打壓我們，用盡一切來褻瀆我們。然而此刻，我比以往更肯定，我所做所爲是正確的。我深信希特勒不祇是德國頭號大敵，也是全世界的頭號大敵，……我們之中沒有人會抱怨自己的死亡，凡是加入我行列那一刻起，即已經穿上了聶色司（Nessus，編註：希臘神話中之人身馬首怪，大力神赫丘力士即因穿上染有其血之毒衫而死亡）的毒衫。唯有在他準備爲自己的信念捐軀時，一個人的道德價值纔得以建立。㊱

他還繼續說：

幾個小時後，我將站在上帝面前回答兩件事，即我所做所爲和我忽略而未做之事。我想我將能以清晰的意識來承擔我在對抗希特勒的戰鬥中所做的一切。誠如上帝一度向亞伯拉罕保證，祇要能在城中找出十個正義之士，祂就會寬恕所多瑪（Sodom，編註：聖經中死海南岸城市，因罪惡瀰漫而被神譴責毀滅）。我有足夠的理由期望，因爲我們的緣故，祂將不摧毀德國。㊲

崔斯考堅毅不移的信念，在其他密謀分子的最後留言中，得到了迴響。就在被處決前一刻，李布對他的同事說：

爲了如此良善和正義的緣由來犧牲個人的生命，是非常合適的。我們竭力而爲。然而落得如此下場，實非我們的錯誤。㊳

在致母親的遺書中，史陶芬堡表親之一瓦登堡寫道：

或許在未來某一刻，不會視我們為卑劣，而是將我們當成先知和愛國者。[39]

就在行刑前夕，瓦登堡給他妻子的信中說：

我也是為國犧牲，雖然就表面上一切看來，這是一種非常不光榮甚至還很羞辱的死法，我仍然昂首就刑，我期望妳不會以為這是出於傲慢或自欺。我們所希望的祇是點燃生命的光輝，而我們現在正站在火海之中。[40]

史陶芬堡密友和同事之一蘇倫堡(Fritz-Dietlof von der Schulenburg)伯爵，其家族亦屬普魯士仕紳中最古老、最富有者。一如史陶芬堡、崔斯考，蘇倫堡本身也是格奧爾格詩篇的熱情擁護者。他妻子的生日正是七月二十日。十八日夜，他突然返家探視其妻，並說提前為她慶賀生日。

小孩又都從床上被叫起來，……翌晨，當他離家之際，他在車子駕駛座上，……像老百姓一般揮著他的便帽，然後很嚴肅的深深一鞠躬，就在孩子們揮手歡笑聲中，徜徉而去。[41]

他一抵達柏林，就獲悉他的兄弟已在諾曼第殉職的消息。

當他在人民法庭受審時，蘇倫堡曾說：

爲了將德國從不自覺的苦難中解救出來，我們都深信我們的作爲實有必要。我預料將因而問吊，但我並不懊悔我的作爲。同時我期盼其他人能在更幸運的情勢下獲得成功。㊷

行刑前夕，他致函愛妻說：「我們所做的還不合時宜，但是終了，歷史將會審判我們，而且無罪開釋。」㊸

柏林的普羅增西監獄迄今仍在使用，但是密謀分子受刑的那一間則始終空著。屋內陰冷與門口相對的一端，五根吊肉的鐵鈎，在鐵鍊拴著下，搖晃不已。在鐵鈎的前方，經常放置了一排花朵。儘管它冷硬的外表，仍然給人一種祠堂的氣氛。凡到此地的人們或爲一小群，或是單獨個人。總之，談話停止了，靜靜站在當地冥思一會兒，纔慢慢的離去。

一九四四年七月到大戰結束的九個月之間，歐洲經歷慘無人道的殺戮。由於安恆(Arnhem)之役和突出部(Bulge)之役等大會戰，聯軍自大西洋向德國本土的挺進遭到遲滯，而俄軍自東攻入柏林廢墟更是代價驚人。同時聯軍的空中攻擊，更造成包括飛行員和德國平民在內的令人嘆息的生命損失，其中尤以德勒斯登的毀滅達到頂點。在海上，人命繼續不斷的犧牲，而當時仍遭佔領的國家，如希臘、南斯拉夫等地，也是一樣慘烈。倫敦街頭數以千計的生命遭到 V-1 嗡嗡彈和 V-2 飛彈的剝奪。最毛骨悚然的則是數以百萬計的生命在死亡集中營中慘遭滅絕。歐洲在大戰最後九個月所喪失的生命竟然遠超過前四年十一個月戰火損失的總和。以上的統計，至少可以作爲史陶芬堡密謀的量表之一。如果希特勒死於一九四四年七月二十日，二次世界大戰的傷亡數目將會減半。

史陶芬堡自身躲過了希特勒虐待狂式的報復，躲過了他同志曾遭逢的毛骨悚然的際遇。七月二十一日凌晨，他、奧布萊赫特、海夫騰、昆罕依次橫列在作戰署內庭一堵沙牆之前。原本將以官階高下依次槍決，先是奧布萊赫特，接著爲史陶芬堡、昆罕、海夫騰。但根據現場人士說詞，當輪到史陶芬堡時，有人說是海夫騰，有人則說是昆罕，一躍而前擋在史陶芬堡身前挨槍彈。乃至行刑隊必須再次舉槍射擊。就在槍響的那一剎那，他對著劊子手們叫喊了一句話。由於周圍牆壁的回聲的影響，這些字句並不十分清晰。部分人說，他喊著：「我們神聖德國萬歲！」(Es lebe unser heiliges Deutschland)另外人則說他高呼的是：「我們祕密德國萬歲！」(Es lebe unser geheimes Deutschland)似乎以後者之說比較正確。史陶芬堡最後遺言應當是引述了他老師大詩人格奧爾格詩篇的篇目，那正是他用來稱呼德國反抗運動的名句。[44]

註釋

❶見《團結密謀的籌碼》，頁三九九。

❷齊勒：《自由火焰》，頁三〇四。

❸霍夫曼：《德國反抗運動史》，頁四〇九。

❹同上，頁四一九〇。就第一句而言，該書提出看法，可能用意是要保護傳訊人員，一旦若被嚴格盤訊何以他們要以原件發文時，裨便有所解釋。通訊內容全文則參閱辛默曼與傑可布生之《德國人之反抗希特勒》，頁一三一——二。有關變更通訊文之討論，則參閱霍夫曼書，頁六八一（註三九）。

❺霍夫曼：《德國反抗運動史》，頁四二二。

❻同上。

❼同上，頁四二二。

❽一九九二年十月八日於柏林，訪問奧圖・約翰博士時所說。

❾席拉布倫道夫：《反希特勒的祕密戰爭》，頁二八七。

❿齊勒書，頁三〇七——八。

⓫同❾，頁二八八。

⓬霍夫曼：《德國反抗運動史》，頁四二四。

⓭吉塞維：《走向痛苦終點》，頁五四四。

⓮同上，頁五四五。

⓯霍夫曼：《德國的反希特勒運動》（*German Resistance to Hitler*），頁一二八。

⓰約翰：《越界兩次》，頁一五一。

⓱《泰晤士報》，一九四四年七月二十一日，頁四。

⓲一九九二年十二月七日與漢默斯汀訪談紀錄，並於一九九三年三月八日進一步澄清。漢默斯汀說，槍擊係出於克勞辛（Klausing）上尉與赫伯（Herber）中校，二人在奧布萊赫特祕書辦公室。赫伯後來又擊傷史陶芬堡。漢默斯汀

本人曾服役於波茲坦第九步兵團，其父曾任德國陸軍總司令至一九三三年，且自一九二〇年代後期起即以輕視希特勒著稱。漢默斯汀家庭當時居於班德勒大道陸軍署內私有公寓之中。

七月二十日，漢默斯汀與若干青年軍官曾自史陶芬堡辦公室接到工作指令。漢氏當時並未對一旦政變失敗作任何準備。同行軍官中有人告訴他記住瑞典外交官曾說可以想辦法把他弄出境。

當日深夜，知悉希特勒倖存，以及又經歷史陶芬堡與其他參謀軍官爭執及槍擊事件後，漢氏認為大勢已去。以一個軍人而言，他以為當戰爭失敗時，最佳後路是逃逸而非投降。他對該署巨大建築內部瞭若指掌，那是他從小居住之處，於是他能逃離現場返回家中。他稟告母親政變已結束，他必須潛逃。不幸他將手槍及地圖遺留在班德勒大道上。

鄰居中有一對老夫妻和他們的女兒，其女婿為軍官，已陣亡於俄境。漢氏知道他們反希特勒，甚且曾冒生命危險，藏匿若干猶裔逃亡者。於是前往鄰居處請求協助，老夫婦同意他可留下，與一位早已藏匿他們住處的猶裔女子躲在一起。

漢氏藏匿於該處，直至一九四五年四月。在此期間，他記得有一位過著亡匿生活兩年之久的某位人士來訪，該人甚且有逃亡組織。該人帶來一個小盒子，其中裝有精緻的工具，可以僞造附帶相片的通行證、糧票和其他必要文件。此時期，柏林有為數甚多的匿居人士。

直到柏林淪陷，俄軍入城時，漢氏始公開露面。俄軍入城時，所有居民祇是站在門口沉默的看著俄軍沿街前進。俄國士兵曾以友善態度接近居民，要走了居民的手錶，但留下了香煙或雪茄。

但漢氏一度被捕至該區俄軍指揮官處。漢氏坦承自己是德軍軍官，曾參與七月二十日密謀。俄軍軍官顯然知悉該事件。於是在漢氏唯一證件——駕照上用俄文作了若干註記。自此刻起，他遂能暢行各個檢查哨，絲毫沒有留難。

⑲霍夫曼：《德國反抗運動史》，頁五〇七。

⑳同上。

㉑沃夫(Wolf)：〈反抗運動背後的政治與道德動機〉(Political and Morals Motives behind the Resistance)，編入《德意志反抗希特勒運動》(*The German Resistance to Hitler*)，頁一九五。

㉒辛默曼與傑可布生書，頁二九七。

㉓《泰晤士報》，一九九二年十月二十四日，頁一〇。

㉔一九四四年八月三日希姆萊於波森(Posen)之演說詞，其中詮釋「族滅法則」，參閱辛默曼與傑可布生書，頁一九五。

「族滅法則」適用於所有家族。一九九二年九月十七日至十八日，筆者曾訪問古蒂莉白・封・藍道夫女士，其夫藍道夫中尉(Lt. Heinrich von Lehndorff)在東普魯士之史泰諾特(Steinort)擁有一處巨大田產，此係其家族六百餘年產業。他有一幢農鄉宅院。其中一翼爲李賓特洛甫及其親衛隊佔用，作爲野戰時總部。在田產中毛瓦特(Mauerwald)園爲OKH總部，接近狼穴之OKW總部。

藍道夫曾在東線中央集團軍崔斯考手下服務，祇因有一次親眼看到一名親衛隊將一嬰兒擲向牆壁當場砸死之後，就參與密謀。此事發生於一九四一年侵俄之戰初起之時。當他休假返家時，他立即將他親眼所見之恐怖謀殺告訴其妻，並說他已經加入反希特勒圈子。

至於密謀者賦予他的任務是和其他人交談並設法予以吸收。

史陶芬堡則兩次走訪田莊，會晤藍道夫。爲了談話方便，兩人則駕馭一輛馬車馳騁於田莊之上。如此則車座發出的噪音足以防止任何竊聽。

政變發動時，藍道夫的職責則是充任OKH駐科尼斯堡聯絡官，以確定柏林陸軍署下達指令確實執行，同時回報當地情勢。

七月二十日，他曾赴科尼斯堡，但因政變失敗而返回家中。當時他相當沮喪，曾說到要自裁。翌晨九時許，兩部朋馳車帶來了八位親衛隊。當親衛隊在門口訊問他的下落時，藍道夫赤足跳窗而逃，躲入田莊森林之中，當親衛隊牽著狼犬來追蹤時，他則涉水而去。

兩日後，古蒂莉白接獲丈夫電話，告以現在身藏何處，盼她開車來接應。突然間一輛黑色汽車帶著槍聲而來，親衛隊一擁而上。她的電話早已被竊聽。親衛隊循線捕獲其夫，關入科尼斯堡監獄。藍道夫擔心妻兒受累，於是放棄脫逃。他們夫婦已育有三個女兒，第四胎尚在古蒂莉白腹中。

其實早兩天，古蒂莉白即已知有某些事要發生了。崔斯考早在七月十日就告訴過她「必須要行動了」，而她也經常接觸許多密謀分子，並且注意到七月十八、十九兩日大夥神色非常緊張。在她的意識中認爲這些人過於緊張乃至不能成事。

七月二十日，豪辛格將軍隨從官走訪史泰諾特。並與古蒂莉白一道飲咖啡，下午二時，電話鈴響，是OKH來電話要該員即刻返回狼穴。下午四點，該員再度來訪，並說：「我看見希特勒安然無恙，那邊每個人都神經兮兮的。」前此不久，李賓特洛甫副官亦曾前來告以有關炸彈及希特勒尚存之事。藍道夫後送人民法庭接受審判，他的立場堅定，大聲說：「因爲我認爲希特勒是謀殺者，所以我必須這麼做。」

古蒂莉白與她的孩子一起被捕。孩子之中最大的不過七歲，當局告訴孩子們說，妳們要向妳們的母親道別，「今後妳們都要改名換姓，希特勒會教養妳們，今後妳們不會再見到母親了。」小孩被送入集中營，而且把她們分隔開。大女兒用盡方法，祇找到了最小的妹妹，而她纔一歲。

即將臨盆的古蒂莉白被關入托高(Torgau)監獄，直至再次產下一女。四日後，兩位女性蓋世太保將她帶到另外一處集中營。乘坐火車到站後，她被迫抱著嬰兒由車站走到集中營。此刻，她不僅虛弱而且還血流不止。每當她撲倒在地，那兩名女蓋世太保即施予拳腳。當她抵達集中營時，立即昏迷不省人事。

後來，她接獲丈夫最後來函，說：「做此事非常重要，甚至比我們家庭還重要。」他並乞求她能了解。

㉕齊勒書，頁三七〇。

㉖克拉馬茲書，頁九。

㉗齊勒書，頁三七〇。

㉘李布：《反叛之良知》，頁二六二。

㉙一九九二年十月十五日，前波茲坦第九步兵團克萊斯特少尉向筆者談到一九四四年七月二十日事件。他說這天，歷史正平衡的立於刀刃上。他解釋說，此即當時存於人心、指引人心的氣氛。就連空氣在當時都顯得非常凝重。當時克萊斯特在班德勒大道陸軍署供職副官。七月二十日夜，在樓梯上遇到友人克勞辛(Klausing)上尉，該員亦出身第九步兵團，當時擔任史陶芬堡副官。克萊斯特問他正在幹什麼。克勞辛回答說，正在找枝手槍。克萊斯特追問：「爲何？」克勞辛停下身回答說：「你是知道的。以前咱們一塊在俄羅斯，咱們經常遭遇險境，而我總是說，放心，我們必能安然度過。但是現在則是時不我予了。」總之，克勞辛盡了他一份力，最後遭處決。由於陸軍署內並無部隊。克萊斯特遂奉命往柏林軍防部晉見指揮官哈塞(Paul von Hase)少將，也是密謀者一員，裨能調集若干部隊。但柏林軍防部內一片混亂，乃至無法完成使命。

於是他折返班德勒大道，小心越過德爾公園(Tiergarten)，心中正盤算著當天事態。突然聽到遠方傳來槍擊聲音，心中興起不祥之感。然後坐下思考下步該怎麼辦。他曾擬好一個逃亡路線。在戰時，若要運用一切可能交通工具，必須要有證件。最好用的則是一種可以使用各類交通工具的空白證件，克萊斯特就有好幾份蓋好印的空白證件。他發現德軍有一戰鬥單位在挪威，就靠近瑞典邊界，所以他打算先到挪威，再逃往瑞典。就當他盤算到這步時，聽到附近火車行進聲。此時若要逃走，當是十分容易。但是他不願意在不知曉署裡情勢時離開。於是他繼續往班德勒大道前進，後來在那裡被捕，並送入蓋世太保的監牢之中。

某次，在審訊中休時，他被推到牆邊，面對牆壁，雙手舉過頭頂緊抵在牆壁。此時另外一名人犯也被推到牆邊。他小心的向一旁偷看，竟然發現是他父親。他們不能交談。但他父親用眼神表示：「我期望你有所表現，也就是我希望你什麼都不說。」克萊斯特從此刻起，也就再也沒有見到父親。

他的審判原訂於一九四四年十二月，但出乎預料竟然獲釋。他返抵家門，先痛快的洗個澡。吃頓大餐，好好睡上一覺。起床後，他開始好奇爲什麼他會被釋放，於是他於翌日再次回到蓋世太保總部一探究竟。

在審訊過程中，他接受的盤問方式非常奇怪。當蓋世太保官員問到主要問題時，都已經暗示出他該如何回答。比如說：「我說，你一旦獲釋就應該立刻回到前線。」克萊斯特當下立即表示同意。他原以爲他當然是被送往東戰場，結果卻被派往義大利戰場指揮部見一個朋友，同時還發了旅行證件給他。後來他在義大利爲聯軍俘虜。戰後，他遇到了親衛隊某位將領，這纔將原因告訴他。他之所以被釋放，目的是想利用他尋獲他的朋友漢默斯汀。當時漢默斯汀仍逃逸在外。他們認爲漢默斯汀可能會與他聯絡而露面。

㉚辛默曼與傑可布生書，頁二一二。
㉛斯皮爾：《第三帝國內幕》(*Inside the Third Reich*)，頁三九五。
㉜辛默曼與傑可布生書，頁二〇一。

❸同上。
❸同上。
❸同上。
❸克藍伯瑞：《德國反希特勒運動》，頁三八五。
❸席拉布倫道夫書，頁二九四—五。
❸李布書，頁二五九。
❸辛默曼與傑可布生書，頁二五四。
❹李布書，頁一八六。
❹齊勒書，頁一三二。
❹霍夫曼：《德國反抗運動史》，頁五二六。
❹李布書，頁二五〇。
❹有關諸多追憶史陶芬堡臨終遺言之討論可參見：霍夫曼：《德國反抗運動史》，頁一七〇（註一二）；《克勞斯·封·史陶芬堡及其兄弟》，頁五九八（註三一八）；〈史陶芬堡與格奧爾格：行動之道〉，《德國社會之光年鑑》，第十二集，頁五四〇。

第二篇

普魯士的崛興

4 鐵與血

直到二十世紀初，在英語世界中，普魯士一詞纔開始代表一切在本質上出於德國本身的東西。同時它含有軍國主義、侵略、服從、紀律嚴格、爲國竭誠奉獻的意思。它還令人腦海中浮現一種不用大腦，似機器人般服從與效率的影像。它也是外界人士心目中德國貴族核心，古老的仕紳階級 Junker。這個德文字化爲英文則代表著老舊退化的東西。一九〇〇年時，對非德國人來說，習慣上經常將普魯士和德意志交互替代。一九四七年，依據聯軍管制委員會第四十六號法令，普魯士在官方已被正式廢除：「自古以來就在德意志境內背負有軍國主義和反動行爲的普魯士邦事實上已不復存在。」普魯士一詞在今日所代表的祇不過是一個模糊的地理名詞，指的是一個僅屬於概念中而且界線不明的區域。它不再出現於任何地圖之上，不再擁有任何確切的輪廓或疆界，同時更不具有任何形式的政治或行政身分。即或在今日的英語世界中，每當形容比較獨特、比較能加以區識、比較純粹屬於德國的事物時，普魯士一詞所喚起的印象遠比薩克森(Saxon)或巴伐利亞(Bovaria)要來的強烈。

無論就世界史或德意志史來說，普魯士的發展皆屬較晚的階段。它在歐洲政治體系中，也是一個晚近始興的強權。早在十三世紀，英格蘭、法蘭西之國家身分業已發展成形之際，德意志（編註：習慣上，一八七一年統一前之德國譯稱「日耳曼」，統一後譯稱「德意志」，本書因要強調德國歷史與文化之傳承，故皆統譯作「德意志」）與普魯士之間卻毫無關聯。當時的普魯士之於西歐，就如同十九世紀初期，加州淘金熱、美國內戰均尚未發生，而拓荒者的篷車隊正背負者注定的國運向密西西比河進發，尚未及於遙遠的太平洋岸之前，美國西部之於波士頓、紐約的居民一樣。普魯士是一塊未在地圖上記註的荒野。這片蠻荒未開的大地上，祇住有一批和美洲印地安人一樣，不屬於西方文化教化之下的異教部落。

介於十三世紀與十六世紀之間的普魯士，是所謂的修會領地(Ordensland)中的部分區域。它是武裝騎士體系的特殊領地。歸中古聖殿武士團(Knights Templar)後裔條頓武士團(Teutonic Knights)統屬。他們殖民的地區係普魯士和濱芬蘭灣之波羅的海沿岸，其中包括波蘭、立陶宛、拉脫維亞、愛沙尼亞、俄羅斯西北的大部分地區，殖民過程無異於美國西部殖民運動。土著部落如波羅的人(Balts)和普魯士人，幾乎是消滅殆盡，佔得的土地則分配給來自歐洲基督教區域的墾殖農民。

和聖殿武士、醫院武士(Knights Hospitaller)，以及西、葡等國的武裝騎士神父一樣，條頓武士也是基督教世界的尖兵，打著教會的旗幟，侵入異教領域。他們在普魯士和波羅的海沿岸的殖民和定居行動，公認是正式十字軍運動的一部。這和短暫攻佔聖地、根除法國朗格多克地區(Languedoc)的清教派異端(Cathare，編註：又稱亞耳比教派〔Albigenses〕，十二、十三世紀盛行於法國南部。嚴格說來，並不屬於基督教派，但因在許多地方與基督教類似，故被視爲異端。該教派源自東方的摩尼教，相信「善」、「惡」二元論，強調精神生活)，以及驅趕伊比利半島上回教徒等，均同屬十字軍運動。此外，它還同於一般武裝騎士神父，都是西方貴族尋求戰鬥經驗的寶庫，爲他們提供了軍事上的啓蒙和專業技術的訓練。在普魯士和波羅的海的戰事逐漸變成一種血腥的運動。條頓武士團扮演主人，招徠歐洲各地尋求戰鬥刺激和教皇赦罪的貴族。其中甚且有一些蘇格蘭人，如羅斯林的辛克萊(Henry Sinclair of Roslin)等。遭理查二世放逐的英格蘭波林布洛克伯爵亨利(Henry, Earl of Bolingbroke)，即後來成爲英王亨利四世者，也曾和條頓武士團並肩作戰。自武士團之處，學會不少軍事和政治技巧，足使他日後返回英格蘭，用之於罷黜理查二世和建立自己的王朝。

十四世紀末葉(當時波林布洛克伯爵尚在團中服務時)，條頓武士團的勢力達於頂峯。他們所主持的修會領地包括整個基督教世界的東北區，此一采邑的範圍等同於英格蘭、蘇格蘭、威爾斯三地的總和。並且能免於其他任何世俗和宗教權威的控制。無論教皇或其他西方統治者都不能干預他們的行動，條頓武士團自有法律，修會領士即自成一國，以瑪利安堡(Marianburg)，今日波蘭之馬波克(Malbork)爲其首都，採行自己的行政和政治體制，並與西方各國宮廷及羅馬教廷互派使節，最高統治者爲大主公(Grand Master)，無論就尊貴、榮耀或身分地位，均與西方大公國無異。

然而，一四一〇年坦能堡之役，距離日後希特勒構築狼穴的拉斯坦堡約六十哩之外，條頓武士重挫於波蘭、立陶宛聯軍之手。自此以後，領地日漸縮減，權勢下降，修會領地總算還能勉強維持至下個世紀。

最後，一五二五年條頓武士大主公霍亨索倫家族的亞伯瑞赫特(Albrecht von Hohenzollern)在馬丁路德影響下，改信新教，下屬亦紛紛跟進，整個修會世俗化。日後亞伯瑞赫特受封爲普魯士公爵，成爲波蘭王冠下一員，普魯士因而成爲一個確確實實的政治與行政實體。至於新成立的公國內，條頓武士團中的弟兄，通常是日耳曼地區古老貴族的長子以下諸幼子，紛紛開始結婚成家，建設自己的采邑。此外還有以拓墾者、殖民者身分引入該地，和前者一起構成了所謂的仕紳階級。

一六一八年，普魯士公國轉入霍亨索倫家族另一個分支——布蘭登堡(Brandenburg)統治者的手中，從此普魯士遂和布蘭登堡結合在一起。一七〇一年亞伯瑞赫特的後裔僭稱腓特烈一世(Friedrich I)，自稱普魯士王，雖有二位新教主教爲他塗油祝福，但卻是他自己把王冠戴在頭上。

普魯士變成王國之時，英國女王安妮(Queen Anne)的統治正要開始，法國路易十四時代正在接近尾聲。法國在歐陸的軍事優勢將要遭到英將馬堡公爵(Duke of Marlborough)和他的戰友奧地利的薩伏衣尤金親王(Prince Eugène of Savoy)的挑戰。同時還要等半個世紀，普魯士纔一躍而爲歐洲主要軍事強權之一。那是普魯士王國第三位國王腓特烈二世，一般皆稱他爲腓特烈大帝，在位之時。大帝實爲十八世紀最傑出、最有知識的統帥。在腓特烈統治下，一個剛由弱小公國升格爲王國的普魯士，不數年間，即成爲歐洲權力均衡萬花筒中最重要的成分之一。它的軍隊成爲典範，不論英、法、奧、俄，莫不加以仿效。而普魯士王國軍事及行政的核心——仕紳階級，也乘機凝合了他們的權勢。

即或此刻，普魯士仍非德意志的同義字。就當時德意志而言，普魯士幾乎仍被視爲外國。至於德國則在普魯士之外，德國人也都居於此地以外，就連英國，以她的薩克森傳統，加上日後王朝間的結合，例如十七世紀時和萊茵選侯(Palatinate of Rhine)的關係以及十八世紀漢諾威選侯入主英國，足使她比人口大部分爲波羅的人、波蘭人、立陶宛人、拉脫維亞人、愛沙尼亞人、俄羅斯人、斯堪地那維亞人等組成的普魯士，更像是德國。霍亨索倫家族和仕紳階級在外人的眼中，尤其是南德古老貴族的眼中，祇不過是一群暴發戶、偏遠地區的鄉下佬、半野蠻人，或是在北方濃霧痕跡下半開化的人。

雖然近來有許多說法，古老德意志的眞正核心地區和普魯士毫無關聯。而德意志最原始的貴族即史陶芬堡家族祖先，則早於那粗鄙的東方不知多少時日。其實古老德意志的核心地區以萊茵河流域及其附近爲主，尤其是所謂史瓦賓(德文則爲Schwaben)地區，其位於阿爾卑斯山北麓，西界萊茵河，東抵萊希河(Lech)，再向東即爲巴伐利亞，主要城市爲烏爾門(Ulm)、奧格斯堡(Augsburg)和斯圖加(Stuttgart)，十四世紀各郡取得獨立之前，史瓦賓的領域甚且包括今日瑞士大部分地區，康斯坦湖(Lake Constance)亦在其中。

就自然景觀而言，可以說是德意志各區中最美、最尊貴、最令人難以忘懷之地。果園與叢林茂密的山嶺交相爭輝。在林木橫生的陡峭山壁、森林密實的丘陵和築有修道院或城堡的光禿峭壁孤嶺之間，則散布著低平的河谷平原，河流蜿蜒於其上。這片土地上有若干戰略要地，控制了鄰近的津渡、橋樑、隘道和叉路。斯圖加向東行二十五哩之處，即有一座類此的據點——霍亨史陶芬堡(Castle

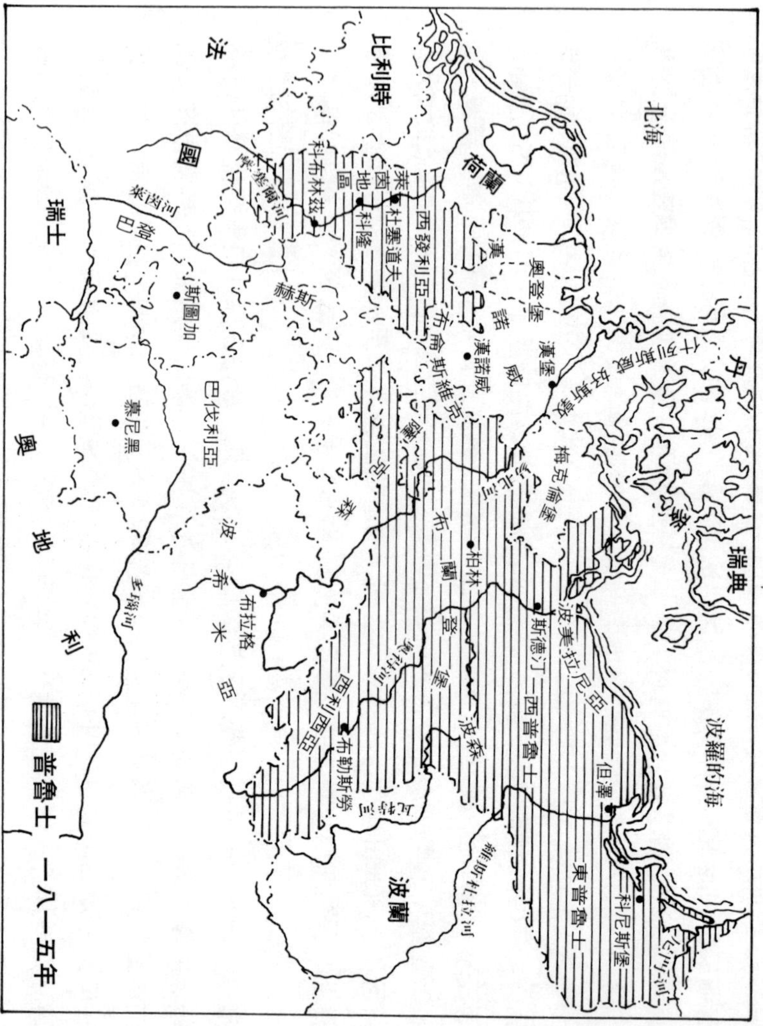

拿破崙戰爭後，原組成德意志的一千七百八十九個單元，簡化爲三十九個單元。而其中以普魯士獲益最大。其領土擴張後，勢足與奧地利影響力競爭，範圍及於巴伐利亞及古代史瓦賓，而史陶芬堡家族故鄉距斯圖加不遠，亦包括於其中。

Hohenstauffen)，來自該城堡的人們曾建立了一個王朝，主宰了神聖羅馬帝國和中古後期文化的發展，這也是他們成就的頂峯。

西元八百年，查理曼(Charlemagne)成爲新生神聖羅馬帝國的第一位皇帝。教會原本期盼，利用此一皇權將西歐重組成舊約裡古代以色列式的王國，由兩位彌賽亞或塗油者——國君與高級教士——相互協調。神聖羅馬帝國的目的就是要使政教合一政權重現，世俗的權威交由皇帝行使，精神權威則交付教皇。至少在理論上，神聖將與世俗緊密結合在一起，如此不僅可便利政府和政務的運行，同時還可把世俗事務緊固的隸屬於教會之下。

查理曼努力與教皇結合的帝國，在他死後即被子孫所瓜分。現實環境終於使得建立泛歐洲神權體制的企圖瓦解，不僅衆國紛立，而且各行其法。中古時期，無論英格蘭、法蘭西、西班牙、義大利和其他地區都在發展自家的民族、文化和政治表徵，而且各有其自主的統治者和行政機構。神聖羅馬帝國的尊號仍存，但實質上祇是一個德意志帝國，亦即德人嘴中的第一帝國。當時人提到神聖羅馬帝國皇帝時，世人皆知此即德意志皇帝，帝國即是德意志帝國。

史瓦賓在九一七年成爲公國。至十一世紀末，公國落入霍亨史陶芬王朝手中。一一五五年史瓦賓公爵腓特烈三世入主神聖羅馬帝國，號爲腓特烈一世，此即著名的紅鬍子腓特烈(Friedrich Barbarossa)。在他繼承皇位之前，他曾於一一四七年參加第二次十字軍東征，但失敗而返。一一五四年起他又開始一項計畫——征服義大利。此一計畫消耗了他畢生大部分精力。同時也造成與教皇的公開衝突，一一六〇年他曾遭教皇逐出教籍，因而產生了一個尷尬的結局，神聖羅馬帝國從此即不神聖，更非羅馬。腓特烈的回應則是於一一六六年攻入羅馬，樹立一傀儡教皇巴斯卡三世（Paschal III），迄今梵蒂岡官方歷史上仍不承認這號人物。以後的六年中，在他的傀儡偽教皇祝福之下，忙於開疆拓土，將領域擴及波希米亞、匈牙利和波蘭。一一七四年他與新當選的正式教皇亞歷山大三世言和。皇帝放下身段，跪在教皇身前，親吻其腳，裨使驅逐出教的禁令得以取消。此後他又設法使自己加冕為布根第國王（King of Burgundy），該國領域包括馬賽（Marseilles）到巴塞爾（Basle）之間的地區。一一八四年他再次推行義大利計畫，與教皇的衝突隨之再起，當烏爾班三世（Urban III）繼任教皇之後，皇帝與教皇間的公開戰鬥立即爆發。

一一八九年，腓特烈率領大軍由德境啟程，裨便加入英王理查一世（獅心王理查）發起的第三次十字軍東征。就在前往聖地的途中，不幸溺斃於土耳其的果克蘇河（Göksu）。他的埋骨所在，至今仍是個謎。在日後傳說中，指出他躺在哈次（Harz）山脈以南，凱夫豪瑟（Kyffhäuser）山嶺的洞穴之中，在必要時，他將奉召復甦前來解救他的國家。

紅鬍子腓特烈是一個典型生氣蓬勃難以令人忘懷的人物，而他的孫兒腓特烈二世則更是一位火焰般的人物，經過了七個世紀，仍能深深影響到詩人格奧爾格和史陶芬堡的思想。腓特烈二世統治下，霍亨史陶芬王朝和神聖羅馬帝國均達於頂峯。一一九四年生於義大利，一二二〇年，年僅二十六就繼承皇位。此時大部分聖地又落入回教徒之手。腓特烈對這批異教徒，不採戰爭方式，而是利用政治手腕，以談判來獲得十字軍戰士用戰鬥所無法取得的成果。一二二九年他被加冕為耶路撒冷王，以勝利者的姿態進入聖城，同時還獲得了伯利恆、拿撒勒（Nazareth），以及周圍的地區。

極盛時期，腓特烈在歐洲的領域包括整個義大利和南方的西西里，布根第、普洛旺斯(Provence)、萊茵河流域、洛林、奧地利、史瓦賓、巴伐利亞、法蘭孔尼亞(Franconia)、薩克森、布蘭登堡、布拉班特(Brabant)以及其他若干公國、州郡和侯國。此外還征服、殖民西利西亞、波美拉尼亞(Pomerania)和普魯士等地。威勢遠及波希米亞、波蘭、匈牙利。因此可以說霍亨史陶芬帝國幾乎囊括了斯堪地那維亞、法蘭西、伊比利、巴爾幹以外的歐洲。一如他的祖父，他在世俗界的權勢終於導致他和教廷的衝突，他也被驅逐出教。但後果不同，他不像他祖父，對於此事毫不關切，也從未設法與羅馬和解。

無論腓特烈在政治、外交上的成就爲何，若與他在其他方面的活動相比，均將黯然失色。他實爲文藝復興時代以前的文藝復興人。可以說是整個中古時期頭腦最聰明、最有活力、最不能饜足又拚命求知，而且大膽無禮的人士之一。由中古過渡到近代西方文化的環節上，他扮演了重要角色。他能說六種語言，能賦詩，又非常精通馴鷹術、音樂、哲學、數學和那時代許多奧祕的學術。他那西西里島上富於世界性和多樣性的宮廷，可以說是猶太和伊斯蘭學者的天堂，也就是由於他的宮廷，使得他們的知識，如代數、阿拉伯數字等等，傳入西方。爲了繁衍傳授這些知識，腓特烈設立了那不勒斯(Naples)大學。無疑，他那淵博且非正統的思想和他在領土上的擴張，莫不激起教廷對他的嫌惡。他不斷遭人控訴有異端思想，甚且被控以更嚴重的罪名——叛教。事實上他的確認眞的考量過是否改信回教。雖然名義上他始終保持基督徒身分，但是他的作爲，包括他的婚姻生活，卻大異於當時正統。他的第一次婚姻是在十四歲那年，娶了亞拉岡(Aragon)王的女兒，同時也是匈牙利王的孀婦。第二任妻子則是英王約翰的女兒伊莎貝拉(Isabella)。儘管有這些王朝的牽連，都不能阻止他設立一個阿拉伯式的後宮。

在霍亨史陶芬諸帝，尤其是腓特烈二世的治下，爲萊茵河冠上一種詩意的神祕。此可藉十三世紀前期史詩《尼伯龍之歌》(*The Nibelungenlied*)即可看出一斑，而這篇史詩即是華格納歌劇《尼伯龍指環》(*Ring of the Nibelungen*)所本。也就在這段時期，綻放了中古文化最燦爛的花朵。其中最重要、最持久的則是奧厄(Hartmann von Aue)、史查斯堡(Gottfried von Strassburg)、艾森巴赫(Wolfram von Eschenbach)、弗格維德(Walther von der Vogelweide)等人的作品，以及爲抒情化、戲劇化、敍事化詩歌時代接生的宮廷抒情詩人(Minnesänger and Meistersänger)的吟唱。同時在霍亨史陶芬的宮廷上，也經常舉行詩歌競賽和詩會，就如同數世紀前愛爾蘭、威爾斯一樣，詩人競出。詩會的儀式甚至遠播到瑪利安堡，點綴了原本以苦修嚴峻著稱的修行戰士──條頓武士大主公的宮廷。

處於霍亨史陶芬帝國和其高度文化之下，孕育了史陶芬堡家族。該家族原名饗客(Schenk)，此字在今日意指公衆，但是在霍亨史陶芬時代，則意指司酒(Cup-bearer)。司酒是一個正式的宮廷職稱(類似蘇格蘭的家宰〔Steward〕，先變成姓氏斯圖亞特〔Stuart〕，最後又成爲王朝的姓氏)。現代史陶芬堡家族的祖先開始步入歷史舞台時，即是出任史瓦賓豪強索倫(Zollern)伯爵之司酒一職，該伯爵家族自十四世紀中葉以降，即以霍亨索倫之名行世。史陶芬堡原址廢墟，迄今猶存，坐落於史陶芬堡霍夫(Hof)地區的一個史瓦賓小村落中。

家族歷史正確起源已不能得知。但第一個出現在正式文獻上的姓名則是一二五七年的韋納(Werner, Schenk von Zollern)。家族全名首度出現則是一三一七年的一份契據，其上有兄弟三人的簽名，分別是柏克哈德・封・史陶芬堡(Burkhard Schenk von Stauffenberg)、貝索德・封・史陶芬堡(Berthold Schenk von Stauffenberg)和韋納・封・安德克(Werner Schenk von Andeck)。現代史陶芬堡家族即出於最後一位的兒子漢納斯・封・史陶芬堡(Hannes Schenk von Stauffenberg)❶。

整個家族中的軍事人物則歷歷可數。至少有三位史陶芬堡加入條頓武士團，二位參加了聖約翰武士團，其中之一成爲該修會的高級政要。還有一位曾服役於波旁家族陸軍統帥(Connêtable de Bourbon)查理之下，查理叛離法王法蘭西斯一世(Francois I)，加入哈布斯堡皇帝查理五世麾下，一五一九年巴維亞(Pavia)之役，俘虜法王，進而圍攻羅馬。家族中加入教士行列者，爲數亦多，同時也有不少學者。一三二〇年時漢納斯的兩個兄弟即曾赴波隆納(Bologna)大學求學。知識的追求遂成爲家族傳統的一部分。家族另一傳統則爲信仰虔誠，一四六八年，家族中二名成員曾率領其他四十人共赴聖地朝香，並且走訪伯利恆和約旦❷。

在德意志境內，史陶芬堡家族的身分是帝國自由武士。其德文頭銜爲Freiherr，有點像英國的次男爵(baronetcy)。通常將它譯爲男爵，主要是將它與一般武士(Ritter)作一區識。帝國自由武士是德意志特有的制度。有些極爲富有，其他甚至很窮，有些擁有甚多田產，有的僅有一座城堡、一所莊院或一棟有防禦設施的農舍。然而帝國自由武士一如其名，祇聽命於皇帝，而皇帝卻經常在遙不可及之處。不是因爲距離過遠，就是漠不關心，因此根本不能確實控制他們。自由武士的采邑或許坐落於伯爵、公爵，甚至國王的領域之內，可是這些君侯不能對自由武士行使權威，就理論上說，自由武士和他們是同等地位的貴族。除了向皇帝繳納賦稅，自由武士不納稅給任何人。同時，除非皇帝頒布的法令，自由武士不受任何法律約束。

自由武士是德意志境內獨立自主、自給自足的具體象徵。他們對於自己的獨立自主深以爲榮，並且誓死維護。

當然，自由武士這樣的戰士階級，既享有不受當地法律約束的特權，又有覓求冒險和財富的雄心，難免經常走上犯罪的途徑。在路德教派改革前夕，一批資本化的新中產階級已開始爲德意志市鎮累積相當財富。而新教的「工作倫理」更深深助長了這種趨勢。以前爲封建貴族、統治者所任意浪費的財富，如今卻找到了出路，紛紛納入了實力雄厚的銀行界王朝，如奧格斯堡的富格(Fugger)家族，或是歐洲最早設立商業郵政和運輸系統的索恩和塔克西斯(Thurn-und-Taxis)家族等的財庫之中。對於這些自由武士來說，這些新興的富裕階級，如商人、企業家、銀行家、金融家等，皆是最佳的掠奪對象。滿載金銀和商品的車隊不斷往來於紐倫堡、奧格斯堡、法蘭克福等大都市之間，自由武士成群結隊的一擁而上，任意掠奪，就像海上的私掠船或日後美國西部的搶匪一樣。這種掠奪行爲未幾就被加上強盜男爵的稱號，加深了市鎮與自由武士間的對立。爲了消弭此種強盜男爵，遂設法剝削或約束他們世襲已久的特權，然而此舉卻激發了史上少見的貴族叛亂，成爲一五五二年武士叛亂的主因。

此次叛亂的公認領袖和策劃人即是勢力強大又頗具領導天賦的席京根（Frenz von Sickingen）。但日後，其盛名卻不及他的代言人和衛隊長，年輕氣盛、博學多才的胡騰（Ulrich von Hutten）。胡騰出自法蘭孔尼亞的貴族家系，但他本人祇是一名帝國自由武士，同時也是一位到處流蕩的學者和詩人武士。學養甚豐又辯才無礙的胡騰，有時被稱爲「德國最早的政治人」，在文壇亦負有盛名（或臭名）。他堅定的追隨鹿特丹市（Rotterdam）伊拉斯謨斯（Erasmus）的偉大人文傳統。但比伊拉斯謨斯更好謾罵和苛責，曾大膽的抨擊教會、批判市鎮中生氣盎然的中產階級，以及義大利人在德意志的商業和金融利益。

十六世紀最初十年裡，胡騰家族和符騰堡（Württemberg）公爵間的對立形勢加劇。主要原因起自於胡騰的堂兄弟漢斯（Hans）娶了一位史陶芬堡家族的女孩❸。依當時的記載，此女子甚爲美艷，公爵不能自持，遂在一五一五年謀殺其夫，將她強佔。原本敵對意識立刻升高爲血腥鬥爭，而胡騰在其中扮演了主要角色。胡騰寫了五本極盡挖苦之能的小冊子攻訐公爵，並且將它們付印流傳全德，因而奠定了他在文壇的生涯。公爵悉獲這些羞辱之後，立刻謀加報復，胡騰則籲請席京根和其他帝國自由武士的協助。由於後者沆瀣一氣，終能罷黜符騰堡公爵，並且將他逐出領域。這次武士叛亂事件的部分原因，或多或少與那位史陶芬堡女性的驅使有關。成功的推翻一個強大世俗權威，使得這些武士產生錯覺，高估了自己的實力，進一步激使他們魯莽行事，同時也給予市鎮中的資產階級一個警號，加深了敵對意識。

至於史陶芬堡家族本身，除了傑可布（Jakob Schenk von Stauffenberg）和妻子改信路德派教

史陶芬堡家族世系表

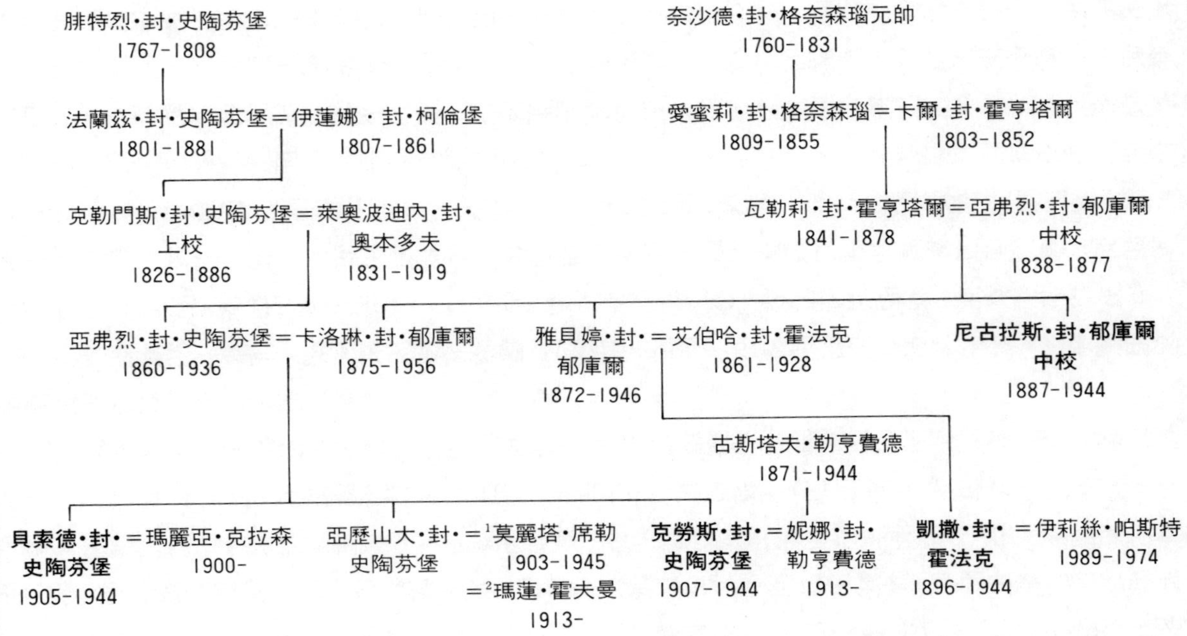
腓特烈·封·史陶芬堡
1767-1808
法蘭茲·封·史陶芬堡＝伊蓮娜·封·柯倫堡
1801-1881
1807-1861
克勒門斯·封·史陶芬堡＝萊奧波迪內·封·奧本多夫
上校
1826-1886
1831-1919
亞弗烈·封·史陶芬堡＝卡洛琳·封·郁庫爾
1860-1936
1875-1956
奈沙德·封·格奈森瑙元帥
1760-1831
愛蜜莉·封·格奈森瑙＝卡爾·封·霍亨塔爾
1809-1855
1803-1852
瓦勒莉·封·霍亨塔爾＝亞弗烈·封·郁庫爾
1841-1878
中校
1838-1877
雅貝婷·封·＝艾伯哈·封·霍法克
郁庫爾
1872-1946
1861-1928
尼古拉斯·封·郁庫爾
中校
1887-1944
古斯塔夫·勒亨費德
1871-1944
貝索德·封·史陶芬堡＝瑪麗亞·克拉森
1905-1944
1900-
亞歷山大·封·史陶芬堡＝[1]莫麗塔·席勒
1903-1945
＝[2]瑪蓮·霍夫曼
1913-
克勞斯·封·史陶芬堡＝妮娜·封·勒亨費德
1907-1944
1913-
凱撒·封·霍法克＝伊莉絲·帕斯特
1896-1944
1989-1974

義之外，其他全部保持舊教(天主教)信仰❹。十七世紀，史陶芬堡家族一員成爲耶穌會士，另外一位則在三十年戰爭期間加入皇帝麾下的天主教軍隊。這位軍官的兄弟後來成爲班堡(Bamberg)主教君侯(Prince-Bishop)。另外一員史陶芬堡先是康士坦斯(Konstanz)的主教君侯，後來又轉任奧格斯堡主教君侯，這位主教君侯的兄弟參加聖約翰武士團的部隊，後來升任副元帥。該家族不僅在德意志，同時在歐洲史上也扮演相當地位。著名的詩人與劇作家席勒即是十四世紀康拉德・封・史陶芬堡(Konrad Schenk von Stauffenberg)的後裔❺。十九世紀前期歐陸政壇核心人物梅特涅(Prince Metternich)即爲史陶芬堡家族的外甥❻。

一八七四年七十三歲高齡的法蘭茲・封・史陶芬堡(Franz Schenk, Freiherr von Stauffenberg)中將爲巴伐利亞王路德維希二世(Ludwig II)擢升爲伯爵❼。法蘭茲中將曾習修法律，自一八三七年起即活躍於政壇。一八七七年至八一年間，他在國會中扮演沉默的反對派、反對俾斯麥政策。一九〇四年他的孫兒亞弗烈(Alfred)與卡洛琳・封・郁庫爾(Karoline von Üxküll)聯姻，而生下了三兄弟亞歷山大、貝索德、克勞斯。

卡洛琳娘家出自普魯士，家系也許不及史陶芬堡古老，但名聲顯赫卻無遜於前者。至少有兩位先世是三兄弟心目中的英雄。克勞斯即曾經常稱述出自他母系家族兩位先人，他們都是德意志軍事史上最傑出的將領，是拿破崙戰爭中重要的反法領袖人物。

其中之一是瓦登堡伯爵彼德・約克(Peter Yorck)元帥。他初入軍旅時，是一名目中無人的富家子弟。一七七九年，當他二十一歲時，曾指控上司偷竊某個教堂的聖壇桌巾，因而使他本人遭致軍法審判，監禁一年後，逐出普魯士軍隊。一七八一年，他移民荷蘭，加入荷蘭東印度公司服務，曾在好望角待過一年。一七九四年法國革命戰爭初起，他重獲普魯士任命，負責普魯士陸軍更新的長期工作。此時的普魯士軍隊仍停滯在半個世紀以前腓特烈大帝時代的改革成果之中。約克要將它現代化，以適應十九世紀戰爭形勢。起初由於時間不足，能做的不多。一八〇六年耶納(Jena)之役，當不可一世的普魯士大軍步入拿破崙的陷阱時，他卻能督率自己那一團普軍完整無缺的熬過此次大劫難。在拿破崙進攻俄國時，他率領一個軍(條約上所允許普魯士軍力的半數)從征。後來在引導普魯士加入大聯盟和痛擊拿破崙戰事中，均扮演了重要角色。他曾參與了史無前例的大會戰——萊比錫之役，或稱之爲諸國之役，同時也參與了普、俄、奧、英和瑞典聯軍進佔法國的行動，拿破崙也因而在一八一四年失勢退位。

史陶芬堡母系祖先中，第二位受到稱述的人物則是身爲格奈森瑙伯爵(Graf von Gneisenau)的奈沙德元帥(August Wilhelm Neithardt, 1760–1831)。奈沙德雖生於薩克森，卻在奧地利和德意志一個小邦拜羅伊特安斯巴克(Bayreuth-Anspach)軍中服務。拜羅伊特安斯巴克的軍隊曾以傭兵身分，受僱於英國漢諾威王朝，前往北美洲協助平定殖民地的叛亂。雖然奈沙德到來太遲，未參與大部分的戰鬥，但他的確參與了美國獨立戰爭的最後階段。

後來，格奈森瑙在普魯士成爲引介社會和憲政改革的先鋒人物。但是他最有績效、最有意義的成就卻在軍事方面，他也以軍事改革家著稱於世。耶納之役以後，法軍佔領普魯士，他即會同瓦登堡伯爵、香霍斯特(Gerhard von Scharnhorst)以及他們的學生克勞塞維茨(Karl Maria von

Clausewitz)對普魯士的整個軍事系統進行了一次重大而劇烈的大革新。這個革新就在法國佔領軍鼻息下祕密進行。將老舊的普魯士軍隊轉化成歐陸最有效率、最精緻的軍隊之一。同時，格奈森瑙和香霍斯特還將普魯士軍官團民主化，使得不具貴族身分的人也能出任軍官。此外又推行了普遍徵兵制度。他們還提出方案籌設普魯士參謀本部，此即世界第一個參謀本部，另外附設有參謀學院，亦即日後各地軍校，如桑赫斯特(Sandhurst)、聖西爾(St. Cyr)、西點(West Point)等的濫殤。一如瓦登堡，格奈森瑙在反拿破崙大聯盟中也扮演了吃重角色，他出任普魯士軍的參謀長。由於這一職務，他遂能在他一直期盼的那位名揚於世、烈焰般精力的蒲留歇(Gebhard von Blücher)元帥麾下服務。一八一五年六月，當蒲留歇兵敗李格尼(Ligny)後，是他來指揮收拾殘部，避免了大軍瓦解，他重新集結散兵游勇，並且在最緊要關頭，殺入滑鐵盧(Waterloo)，援助威靈頓。

緬懷先世傑出人物聲中，克勞斯和他的兩個兄弟逐漸長大成熟。然而他們這個時代的德意志已大異於格奈森瑙和約克·瓦登堡時代的德意志。即在五十五年左右時間內，整個國家經歷了一次革命，其劇烈與動盪的程度不亞於一七八九年的法國大革命和一九一七年的俄國革命，但性質卻大為迴異。

一七八九年法國大革命前夕，德意志大約分裂成一千七百八十九個以上的獨立單位。其中包含五十一個帝國自由城市，如漢堡、不來梅、紐倫堡、奧格斯堡、烏爾門、法蘭克福等等。六十三個教會侯國，由教士統治。二百個諸侯國，有伯爵、公爵到王國，例如薩克森、巴伐利亞、普魯士等，還有一千四百七十五個帝國自由武士的獨立采邑。

其後，經歷拿破崙戰爭和維也納會議，原本亂作一團的積木，如今則顯現出某種排列的輪廓：四個自由城市和三十五個諸侯國。其中以普魯士軍事力量最爲強大，然而德意志的「心臟和靈魂」卻在他處——在薩克森、巴伐利亞，尤其是那些地處萊茵河畔的巴拉丁奈(Palatinate)、赫斯(Hesse)、拿索(Nassau)、巴登、西發利亞或史陶芬堡家族所在的史瓦賓。介於一八一五年與一八六六年之間，前述各地即成爲一個新鬥爭的角逐場，鬥爭的方向則是在社會、文化和政治上競爭，以期成爲德意志的心臟和靈魂。其中的兩位主角則是霍亨索倫王朝下的普魯士和哈布斯堡王朝下的奧地利(一八四八年以後奧匈二元帝國〔譯者按：實際上奧匈二元帝國正式成立於一八六七年〕)。

雖然祇是鬆散的組合在一起，同時在對抗拿破崙的戰爭中又受到重創，哈布斯堡帝國仍然保持歐洲主要強權的地位，仍在歐陸最古老的統治王朝治理之下。站在它這一邊的是傳統的分量、合法性、近千年的悠久文化、知識涵養、世界性都會和外交歷練，以及教皇的支持，這一點對巴伐利亞等地區尤其重要。在這些方面，普魯士無法與之匹敵。然而普魯士也有優勢，新發展的國家主義帶來的活力、重要的工業基礎、不斷增強的軍事能力，以及路德教會的支持，該教會經常被形容爲作戰署的助理。路德教會的角色不可高估，但也不能忽視，尤其是它推動了所謂的新教徒工作倫理，鼓勵進步、鼓勵工商業的發展和物質成就。此一倫理所產生的動力，在兩個世紀以前轉化了英國和荷蘭，把它倆推上了歐洲事務先鋒的寶座。如今這個動力又在德意志找到了新的活動地盤。

十九世紀中葉，兩極化的形勢生成。就當時許多德意志人而言，奧地利促進了文化和文明，但它也顯現了老朽，不僅沒有元氣，同時祇會陷溺於昔日光輝之中。普魯士雖然衝動、蠻橫、不知技巧的一味自以爲是，但它也顯現朝氣、理想化等青年人應有的特質。和奧地利比較起來，普魯士則擁有迷人的活力，若說奧地利老朽，則普魯士雖有全歐最笨拙、最反動的政府，仍然顯得隨時都散發著青年人的元氣。

截至一八六六年爲止，奧地利和普魯士對這場德意志心臟和靈魂的競爭，始終保持在社會、文化和外交的範疇中。可是普魯士卻準備好了更激烈的行動。它悄悄的、謹愼的、幾乎在全歐洲未曾注意之下，激烈的推展了現代化走向。此一現代化是在當時國君威廉一世贊助之下進行，但實際的推動者和精神指導則是有「鐵血宰相」之稱的俾斯麥(Otto von Bismarck)親王。而俾斯麥所依賴的則是格奈森瑙在半世紀以前設計成立的參謀本部和參謀學院。靠這些，他纔能自「鐵與血」之中鍛鍊出自拿破崙時代以來最有效的戰爭機器。它將用來執行一個單一目標，此即排除奧地利，由普魯士來統一德意志。而整個行動則交由新任的參謀總長(老)毛奇(Helmuth von Moltke)負責進行。

一八六四年，當歐洲人的眼光仍受美國內戰吸引之時，俾斯麥和他的參謀總長對他們建立的戰爭機器做了一次實驗。這次實驗的對象則爲弱小的丹麥，一個不可能做堅強抵抗的小國。衝突歷經六個月，但在戰場上擊潰丹麥軍隊卻祇花了十週。當丹麥乞和時，普魯士和名義上聯盟奧地利兼併了什列斯威(Schleswig)和好斯敦(Holstein)。

經由前個特選對象證實了自己的實力之後，顯示軍方足以長期應付更艱鉅的對抗。經歷了半個世紀的地下外交運作之後，俾斯麥決定將普、奧之間的糾葛一次解決。雖然奧地利在軍事上相當虛弱，軍事預算僅僅夠維持軍隊不散，就如文學家慕席爾（Robert Musil）後來所寫的：「祇是爲了確保她在歐洲列強中，倒數第二的地位。」然而大部分的局外人士都不看好俾斯麥。當時曾流傳有一則笑話，當普魯士的軍隊正在鍊鋼時，奧地利的軍隊則在製作音樂，普魯士軍隊頭戴附尖錐的鋼盔，奧地利軍隊則仍戴著插有羽毛的捲邊帽。音樂和羽毛當然不是克魯伯（Krupp）鋼鐵產品的對手。一八六六年戰爭來臨時，奧地利的表現還趕不上丹麥。雖然奧軍曾作更頑強的抵抗，但戰爭祇持續了七星期，等到戰爭結束時，「成爲德意志心臟和靈魂的競爭」已經有所結果，普魯士是競爭的贏家。戰利品則包括了赫斯卡塞爾（Hesse-Cassel）、拿索、漢諾威以及自由城市法蘭克福。

歐陸的強權中，剩下唯一的強勁競爭對手即是拿破崙三世的法蘭西第二帝國。一八七〇年七月十九日（梵蒂岡宣布教皇無謬論的翌日）俾斯麥很技巧的促使法皇對普宣戰，因此開釋了他侵略的罪責。俾斯麥以史無前例的兵力和速度作爲回應，而這種情況就是七十年後所稱的閃擊戰（Blitzkrieg）。普法戰爭中，兩軍鏖戰在一八七〇年九月二十日以前即告結束，歷時僅六週，唯有痛苦慘烈的巴黎圍城戰較爲曠日廢時，拖到翌年元月才告結束。戰爭終了，拿破崙三世被俘，他的第二帝國瓦解，政情複雜幾乎走向全面內戰的法蘭西，勉強團結在一個結構脆弱而頗不穩定的共和之下。至於普魯士王國方面，則和它的衛星國諸侯國結合成一個從不見於世界地圖的新政治實體。一八七一年元月，當他的步兵正以刺刀結環巴黎周圍，而他的砲兵也正不斷轟擊該城之時，威廉二世在凡爾賽宮即位爲德意志皇帝。新生的德意志帝國，即第二帝國，說來是喚起了老霍亨史陶芬王朝的回憶，可是它卻與教廷毫無關係，同時它的首都不在萊茵河畔，而是普魯士的都城柏林。自此以降，無論在各方面，普魯士即是德意志的同義詞。它的軍事組織甚至連軍裝也都成爲其餘地區的典範，英軍許多部隊紛紛改採有尖錐的頭盔，此風甚至流傳至今。例如英國警察的頭盔，基本上即是截除尖錐後的普魯士頭盔。

名義上，新德意志帝國是由各王國和諸侯國組成的邦聯。各地仍保有其半自治的統治者。舉例來說，巴伐利亞路德維希二世仍繼續掌理他那華格納式傳奇的領地。然而第二帝國絕不容忍任何不聽命的組成分子。一八八六年，儘管俾斯麥力持異議，路德維希二世曾如今日世人認知，慘遭普魯士特務祕密的輕易的謀刺身亡。甚至有人認爲奧地利皇儲魯道夫大公(Archduke Rudolf)的離奇死亡也顯然與普魯士的政策有關。魯道夫於一八八九年被人發現和情婦雙雙斃命於梅耶林(Mayerling)的狩獵木屋中。

新帝國是一個奇特而且有時還相當混雜的政治實體。許多小諸侯國仍繼續保有其往昔的形態。就像格林童話中古雅美麗的小邦，仍有如薑汁餅般好看而不值錢的城堡和夢幻式的生活，似乎自中古以來即無所變化。這也就是湯馬斯‧曼(Thomas Mann)早期作品，一九〇九出版的《皇帝陛下》(*Royal Highness*)一書中所展現的德國，一個個炫目的古老小城櫛比鱗次呈現眼前，英國旅客尤其作此觀感。然而那裡也有資產化的世界性大都會，比如漢堡、法蘭克福、科隆(Cologne)，當然也有坐落在魯爾(Ruhr)的大型工業中心。

在締造帝國的前幾年中，普魯士曾認眞的觀察美國內戰。無論在北軍和南軍的陣營中，都可看

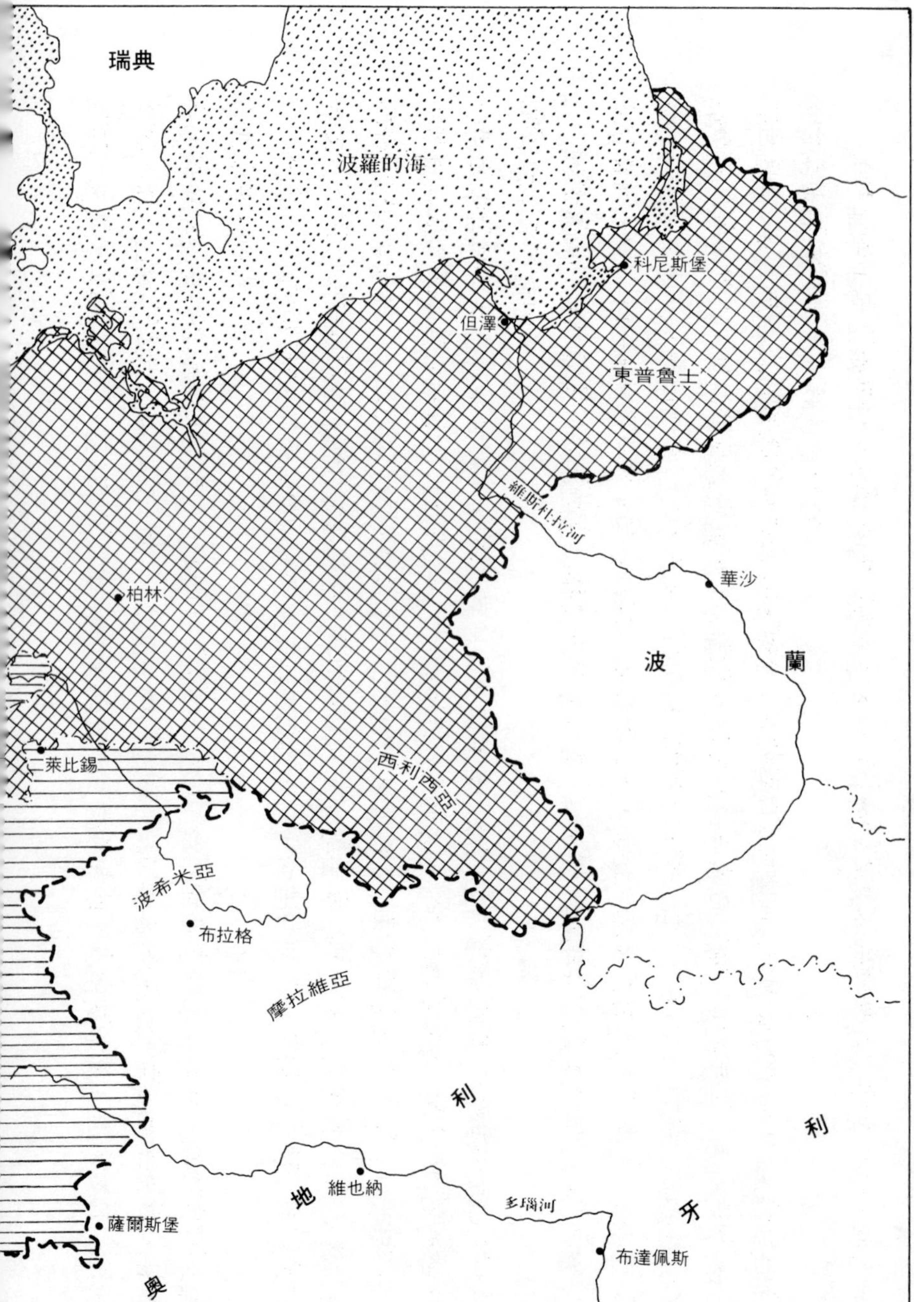
瑞典
波羅的海
科尼斯堡
但澤
東普魯士
維斯杜拉河
華沙
柏林
波
蘭
萊比錫
西利西亞
波希米亞
布拉格
摩拉維亞
利
利
維也納
多瑙河
地
牙
薩爾斯堡
布達佩斯
奧
匈

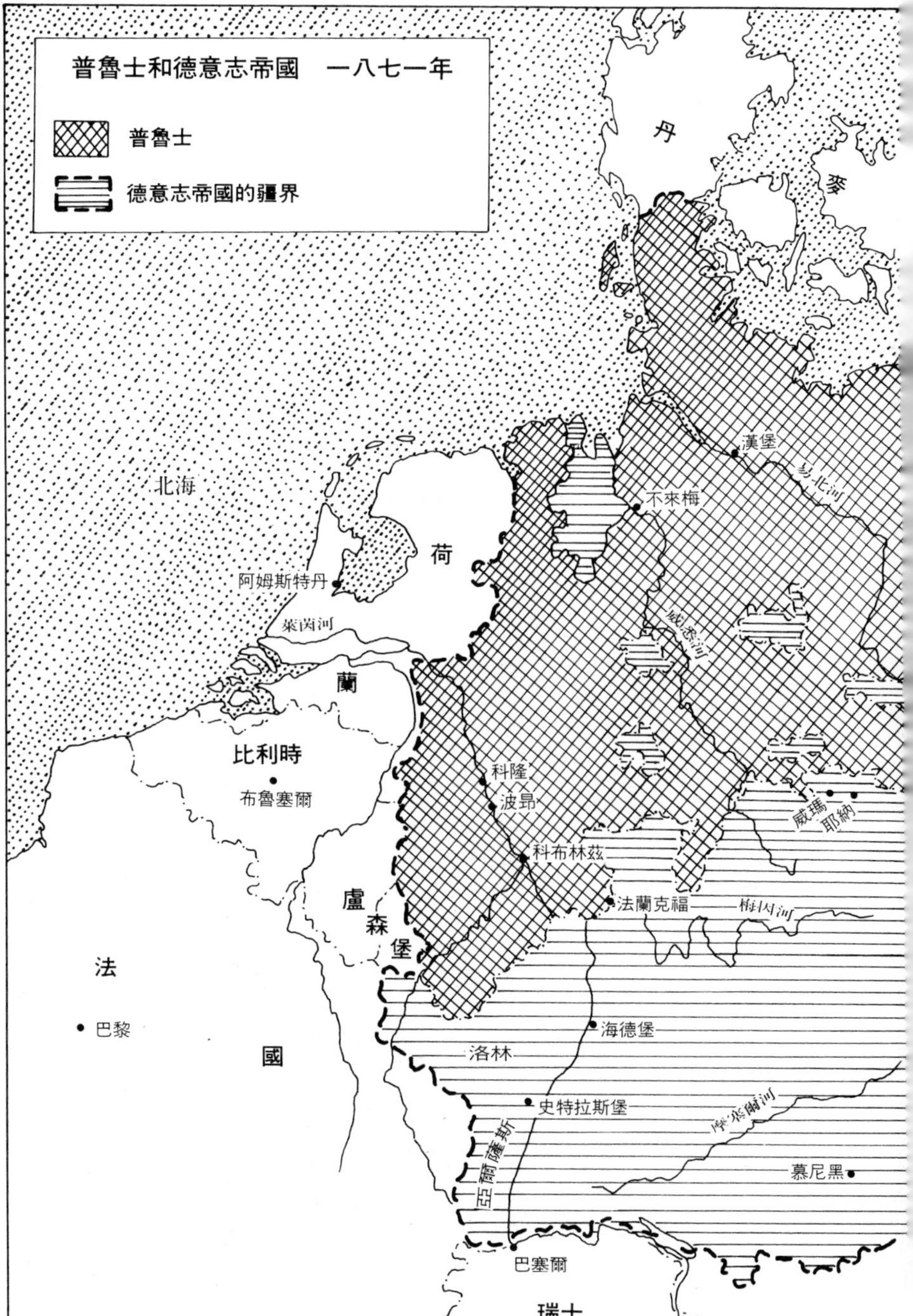
普魯士和德意志帝國　一八七一年
普魯士
德意志帝國的疆界
丹
麥
漢堡
易北河
不來梅
北海
荷
阿姆斯特丹
萊茵河
蘭
威悉河
比利時
布魯塞爾
科隆
波昂
科布林茲
威瑪
耶納
盧
森
堡
法蘭克福
梅因河
法
巴黎
國
海德堡
洛林
史特拉斯堡
亞爾薩斯
多瑙河
慕尼黑
巴塞爾
瑞士

到來自普魯士的觀察員，正忙著與參謀們廝混。自美國的內戰，他們認識了現代化兵器和新式火砲的長處、鐵道運輸的重要，了解德國急需工業化。俾斯麥刻不容緩的將教訓化爲實際。在他更新戰爭機器並轉向對付丹麥之際，他也正在積極建造鐵路。在這一方面，德國可與美國匹敵，而超越了英國、俄國和法國。其他國家的鐵路衹是設計來聯繫主要城市，而德國則專爲應付軍事戰略所需。

美國內戰時，曾有人向南軍的佛瑞斯特(Nathan Bedford Forrest)將軍問道，軍事勝利的關鍵何在？佛瑞斯特以堅定、簡潔的口吻，格言的句法回答說：「最大的人力最快的到達戰場。」(To git thar fustest with the mostest)德國的鐵路系統即完全遵行此一原則構築而成，裨能加速動員，並在最短的時間內，將最大量的部隊運送到前線。一八七〇年，普法戰爭前夕，法國動員方式仍然散漫無章，自拿破崙以來即不曾有所改善。德國卻以驚人的速度，在兩天之內，利用鐵路系統，將二十五萬大軍運送到邊境，然後同時進發，一舉攻入敵方領土。幾乎所有的人都以爲一旦戰事爆發，戰事必在德意志領土上進行。結果適得其反，所有戰鬥均在法國領土上進行，並以包圍和砲轟法國國都巴黎達到高潮。

英國工業化大約花了一個半世紀。至於美國，雖因內戰需求而大舉加速，但也花上英國一半的時間。法、俄、義、奧匈和其他國家進行的速度較英、美爲慢。而德國，僅在四分之一個世紀之內，積極推行工業化，終能使它躋身當時超級強國行列，國力同於美國，僅次於大英帝國。一九〇〇年時，在鋼鐵業上，已經超越英國，居全歐第一位。這時，德國也開始和英、美、法等競爭，拓展海外殖民地。它的勢力範圍一度及於墨西哥、今日西南非的納米比亞(Namibia)、摩洛哥(Morocco)，曾在此與美國衝突，不過終於化解）、中國（大隊德軍平定拳亂，譯者按：德軍抵華時拳亂已定）。二十世紀頭十年中，德國又開始一項當時世人無法想像的行動。在新任海軍部長鐵比茲（Alfred von Tirpitz）元帥主持下，德國開始建造能在大洋上戰鬥的艦隊，目標是足以能向英國海權挑戰。一九〇六至一四年間所謂的無畏艦競賽（Dreadnought Race）樹立了二十世紀政治形式，此即冷戰期間核子武力競賽的先聲。德國的工業化是國力之所出，但卻超越了社會和政治的成長。結果就像是產生了一個早熟又好逞威風的年輕人，手中正揮舞著槍械。

註釋

❶翁德（Wunder）：《史陶芬堡家族》（*Die Schenken von Stauffenberg*），頁七一。
❷同上，頁一〇一。
❸同上，頁一〇〇。
❹同上，頁一〇五。
❺同上，頁八〇。
❻同上，頁四六二。
❼同上，頁三二一。

第三篇

克勞斯・封・史陶芬堡

5 對格奧爾格的崇拜

克勞斯・封・史陶芬堡生於一九〇七年十一月十五日，較其孿生兄長貝索德和亞歷山大小兩歲。當時正是輕率、快活流行之世，同時一股好戰之風也正在這個新加入超級強權行列的國度裡萌芽。克勞斯父親爲亞弗烈・封・史陶芬堡伯爵，母親卡洛琳則爲格奈森瑙的曾孫女——郁庫爾女伯爵，史陶芬堡家族傳統上屬於羅馬公教，但卡洛琳則爲新教徒。

自霍亨史陶芬時代起，史陶芬堡家族即是帝國自由武士，對於這個身分也相當自持，甚於任何傳統的貴族頭銜。但是到了克勞斯曾祖父法蘭茲中將在世時，終於有了改變。一八七四年，正是這位巴伐利亞世襲資政七十歲大壽以及出任巴伐利亞國會議長二十五周年紀念之日，國王路德維希二世曾問及他，爲這個時日，賞賜什麼才合意，這位老人對君王的回答是：「除了添加頭銜以外，什麼都好。」結果還是賞封一個伯爵頭銜❶。

克勞斯的父親亞弗烈曾任巴伐利亞聖喬治修會的統帥，並在符騰堡騎兵團中任少校一職，史瓦賓在拿破崙戰爭之後即併入了符騰堡王國。一九一〇年至一八年大戰結束之間，亞弗烈則任符騰堡王國大將軍及最高元帥。符騰堡王國在第二帝國成立以來，始終保持名義上的獨立和王位。一九一八年，當第二帝國瓦解，德皇退位之後，身爲符騰堡君王，也是歐洲最古老王族的魏特斯巴克(Wittelsbach)被遭罷黜。亞弗烈的職務亦然，隨之罷黜。雖然他對於戰後的威瑪共和(Weimar Republic)並無太多好感，不過他仍然出任昔日舊邦的大將軍和財政部門主席，直一九二八年退休爲止。他曾被人們形容成一個虔誠卻非政治性的天主教徒。一個保守的貴族，長於文告和宮廷儀節，但此種特色並未妨礙他成爲一精於手工藝的人和一個自己田產上的內行園丁。就和許多同階級人士一樣，在感性化的場合會有所畏怯，典型反應則是用高級幽默來予以諷刺。

克勞斯母親卡洛琳曾是符騰堡王后的伴婦。予人感覺是一位浪漫化、理想化、好幻想、不實際，同時文學素養深厚的女性。對於莎士比亞、哥德，以及若干十九世紀前期、中葉的德國偉大詩人如席勒、諾瓦利斯(Friedrich Novalis)、霍德林(Friedrich Hölderlin)、海涅(Heinrich Heine)等人的作品充滿了無比的熱情。由這些作品中，她找到了庇護所，可以逃離她以爲厭煩、拘束的宮廷禮儀。在這種所謂的實際事務上，據說她的表現是天眞無知，經常演出鬧劇來收場。

符騰堡的王制廢於一九一八年，此前史陶芬堡家族係居於斯圖加市舊宮二樓公寓中。該建築擁有巨大的塔樓，且屬文藝復興時代式樣。王朝傾覆後，全家遷往位於斯圖加以南六十哩勞特林根(Lautlingen)的家族世襲莊園與田產上。由此再向南六十哩即爲康斯坦湖。農莊介於史瓦賓阿爾卑斯山麓與其下平原的通路之上，而河流及鐵路則蜿蜒其上。即使今日充滿交通噪音的喧囂，然而整個景象仍是悠閒的田園。處處是蘋果園，其間則散布著苜蓿草原，乳牛放牧其上。平原四周皆有山丘隆起，山坡則布滿濃密墨綠的松林，偶爾有山毛櫸、樺樹、落葉松、梣樹介於其間。地平線的遠處則現出城牆與城樓。勞特林根通往斯圖加的道路，則貫穿於霍亨索倫山影之間，此山狀似圓錐，山頂則有一幢童話式的大廈，建築於十九世紀，迄至近日，一直是腓特烈大帝的遺體所在。

勞特林根和附近各個村落，房舍皆屬阿爾卑斯式樣，有陽台、有木窗，還有高度傾斜的屋頂。史陶芬堡莊院建於十九世紀，房舍四周圍有古老的白灰城牆，其上防禦用的城樓依稀可見。整棟建築是一座塗以白漆的大型莊舍，坐落於村落中央，緊鄰教堂，今日已改闢爲一座音樂史博物館，經常舉行演奏會。史陶芬堡孩提及青年時代，莊院四周環有當地農人、工匠的茅舍。家族與村衆結合成一個緊密的社群，卡洛琳夫人則不時親赴鄰舍探視病、老。此份謙恭並非出於貴族義務而不得不爲，乃是來自根深柢固服務觀念和眞誠同情，以及敦親睦鄰的心願。

克勞斯自十一歲起，就經常處身於前述環境之中。他曾正式編入斯圖加艾伯哈魯威格(Eberhard-Ludwigs)學校就讀。此校是一所創設已達二百五十年的名校，尤其以培育史瓦賓地區人文傳統著稱。荷馬、柏拉圖、莎士比亞和哥德等人作品，在學校課程中均佔有特別重要地位。對於席勒重視自由的言論、霍德林倡導的史瓦賓特質、格奧爾格的詩稿，校長則多有讚譽。孩提時代史陶芬堡體弱多病，時常爲頭痛喉病所苦，不克就學。由於經常發病(尤其入學艾伯哈魯威格的最後兩年)，不得不歸返勞特林根靜養，然養病期間亦聘有家教進學，同時更耽溺於當地自然景觀和人文歷史之中。

一九一八年秋，狄奧多・費澤(Theodor Pfizer)與史陶芬堡兄弟相識，當時克勞斯十一歲，與兄貝索德、亞歷山大同班上課。費澤爲史陶芬堡兄弟童年至交，日後皆拜入格奧爾格門下。一九五七年費澤出書，追憶昔年與此貴族三兄弟共度的青春歲月。他曾描述三兄弟深受故鄉吸引的情況。「史陶芬堡兄弟皆根植於斯土，在當地空氣中綻放。……」❷他們嘴中的史瓦賓，即爲文藝復興人文傳統的眞正傳人。對於席勒、霍德林，以及十九世紀詩人兼小說作家默里克(Eduard Mörike)皆源出此地，而深以爲傲。費澤也曾描述他與三兄弟經常累時漫步當地山林情景。他憶及克勞斯最深愛地方即是托費森(Torfelsen)，位於他家莊園南緣，屬一彎斜嶺，其上山石突兀，超然拔乎四周山毛櫸林之上。費澤回憶說，每當行抵此地，沐浴在山丘河谷美景之中，克勞斯總愛靜坐沉思。「我們即在此處談論未來、談論新生德國遭逢的痛苦發展、國家當有之任務，如何貢獻一己之力，還有個人期盼的生涯若何。」❸

勞特林根深植史陶芬堡心底之物，非僅湖光山色而已，還有貴族身分之自覺。身出貴族，常以作爲當合於貴族爲念，那怕僅藏諸潛意識之內，此念亦不曾稍懈。對他而言，貴族不僅是一項崇高社會地位、一項空名、一項似外袍可供穿戴的東西，也是他自身存在的基本前提，就像天職、像使命、像永恆爲民服務的義務。它是必須不斷遂行的職責，一如不停償還負欠於社群之債務，並藉此交換社群認同之特權。簡而言之，此即互惠協定中不可分割的部分，個人萬不可僅因機緣和命運生在不同的社會地位而得以享受其附帶的特權。他必須對衆人負責，衆人期盼於他者，不僅是父式關愛，同時還有手足間的友愛，既然有得之衆人者，亦當對衆人有所回報。

史陶芬堡認爲僅是領地——尤其是家族世襲的祖產，並不足以自恃，也不足以作爲個人存在的表徵，它僅是達到目的的手段而已。它的實用價值是藉以保障某種程度的生活標準，但非爲個人，乃是爲了家族、世系的延續。領地可以保障子孫接受足夠的教育和訓練，以承擔其應有之責任。此一責任即是該階級與生俱有的領導義務。因此，貴族有遠比管理產業更爲重要的職責，而其中最有價值、最可供評批者，即是對於社群的服務。

一九三四年，年僅二十七歲的史陶芬堡曾致書其妻族兄說：「名副其實貴族的態度——亦即我們首要之務，即是服務國家，不論我們身操何業皆然。」❹在另一場合，他又說出眞正貴族應有態度的關鍵特質即是堅毅。「當人在無條件服從自我時，不論己心存有多少疑惑，堅毅將是他進程的量表。……」❺同時他還以爲，凡曾經接受與他同等教育之士，若不能具有等同的責任感和服務心，他必爲該人悲哀，以爲「該人之自矜不過是愚昧自大，該人之友善表示也僅是出於令人生厭的自私自利」❻。

本書筆者曾做過的訪談之中，克勞斯兒子之一，伯索德・史陶芬堡少將曾就服務義務表示下列看法：「此爲家族傳統。本家並非眞正軍人世家，而是公共服務世家。敝人絕對服膺公共服務理念。」並就其觀點，乃父「實爲德意志強烈愛國者，是對德意志而非普魯士」。至於刺殺希特勒之圖謀，「並非全爲自家之福。」有若干家族深覺：「有必要依密謀者所樹立的榜樣而活的壓力，卻不眞知此典型所涉及的內涵。」史陶芬堡家人從不會感覺任何壓力，對他們而言，密謀完全出自自主控家族思想的傳統邏輯。他並且下結論說：「就我個人的體認，這種感受即是貴族氣質的一部分。」❼

曾與史陶芬堡共謀的貴族分子，其中倖存者也顯露了相同的態度。一九九二年，布奇於他去世之前，曾描述他親眼目睹東線後方親衞隊大批屠殺猶太人的場面，感傷的表示：

若干傳統的和諧在這裡被摧毀了，當時我們雖親眼目睹，但是我們卻一句話都不能說。有些東西就在當地破碎了。我還活著，這是責任也是罪孽。❽

與克萊斯特的晤談中，他率直的表示，當他第一次發現國家變成謀殺者時，心中恐怖至極。他說：「政治的基石應當是道德。因此我們對於那時德國發生的事深感歉疚。人們不可責備正規軍人，他們對於實際發生的事，所知太少。可是卻可以責怪位居要津的人士，他們知道發生了何事，而卻對之無所作爲。」❾談到德國貴族方面，克萊斯特一樣強調服務。

德國貴族大異於英國。他們在財富上不及英國貴族，但所受教養都強調服務的重要。……他們均以服務爲尚。服務目的不在追求財富，不像英國貴族，視殖民地服務爲致富手段，足使家族數代不愁吃穿。而德人並不指望返家的人帶著財富回來。❿

克萊斯特理想中貴族義務是經由君主政治體系，君主是人民的第一公僕。他一再強調他說的君主是國王，而不是奧皇或德皇。「事實上，德皇也是一邦之國王，而國王身分比德皇的身分重要。」⓫第一次世界大戰爲德意志帶來了巨大災難，並不是德意志帝國因而瓦解，也不是德皇因而退位，而是它促成德意志各邦王政體系的崩潰。

道德至爲重要，在君王爲首的階級制度時代，其觀念上以不誠實即是違反了未見諸條文的律法。這種律法並不是永遠的那麼聰明，甚且經常是意識褊狹，但是它卻使得生活單純易過，因爲每件事都有其固定的尺度。生活上困難叢生始於君主政體消亡。這種律法變成了反抗運動的一部分，但祇是一部分。⓬

凡是認識史陶芬堡的人都認爲他即是貴族服務理念及包涵前者在內的貴族典範的具體化。而這些又都是他領袖才能的支柱。一九三八年流產政變的策劃人，也是一九四二年方去職的德國參謀總長哈爾德將軍曾作下列解釋：

我承認史陶芬堡是一個天生的領袖人才。他的整個生活觀都根植於他理念中對上帝的責任。他不能滿足於神學上的解釋和討論，而急於有所行動。……我個人觀念中的天生領袖應該是行爲和思想都不允受到外界影響的人。一個天生領袖應該有勇氣和意志來用他個人的責任感去解決生活中的困難。如果一個天生領袖人物的自由意志決定要爲他的國家或其他理想提供服務，那麼在領導才能與服務信念之間並無不合之處。⓭

史陶芬堡個人意識中的貴族典範，除了必備的服務觀和責任感外，還得加上他對於自己與歷史之間的關係，存有某種獨特的自覺。此種自覺可自湯馬斯·曼一九三六年的一篇論文中得到了解。文中他闡釋了被他稱之爲「神話意識」的東西。那是一種特殊類型的心理狀態，某些人即藉此來爲自己定位。

古代的自我觀和它對於自身的良知大異於今人，排他性較少，定義上也不那麼尖銳。它的背面是開放的，它能承襲既往，同時不斷的予以重複，使既往仍能重現於世。⓮

每當危機來臨，古代領袖便會自既往尋求類似的狀況，裨能使他有所借鏡。祇要曾為歷史、傳統，甚至自己祖先試用過，並且獲得實效證明的先例存於己心，就不會有裸身或單獨面對今日時況的感覺，而是以某個時代整體去面對時況。「因此他的生命是在一種復甦感之中，是一種古色古香的態度，也唯有這種神話性的生命纔能帶來復甦。」⓯

湯馬斯・曼舉例說，亞歷山大即自覺踏著波希戰爭馬拉松之役希臘統帥米爾泰德斯(Miltiades)的步子；凱撒將自己比擬成亞歷山大。「然而這種『模仿』的含意，遠超過了今日字面上的含意。這是一種神祕的比擬。……」然而它確實是古人的一種特質。「……它一直保存至近代，凡是心理上存此態度，它就會永遠持續下去。」⓰湯馬斯・曼並註解說，拿破崙的領導魅力即主要來自他刻意的比擬古代偉大的指揮官。

難道我們不是經常被告以拿破崙這個人物是由古代人物蛻變而生！他懊悔當代的大眾心理不允許他像亞歷山大一樣宣布自己為宙斯或阿蒙神(Ammon)的兒子。我們不必懷疑，在他向東擴張的時期，曾將自己認同為亞歷山大。一旦當他轉向西進時，據說他宣布「我即查理曼」。值得

注意的是未說「我如查理曼一般」，或「我處於與查理曼相同的情況」，而祇簡單的說「我即是他」。⓱

最後湯馬斯・曼結論說：

於是生命，有意義的生命，在上古時代即是用血肉來重新結構神話，它參照神話、訴諸神話。唯有經由參照既往，生命纔是眞的、纔是有意義的。神話即是生命的正統化，祇有經由它或身在其中，生命才能找到自覺、庇護與奉獻。⓲

湯馬斯・曼陳述中，最爲關鍵的字句是「正統化」。一個人若要使自己的行爲散發出「正統」的芬芳，就必須訴諸和認同光輝燦爛的前例或先進。舉例來說，新約中的耶穌不也依舊約中先知來樹立行爲模式，以期獲得正統化。雖然是非常邪惡的方式，希特勒不也是蠱惑德國人民，視他爲聖經中彌賽亞(救世主)和霍亨史陶芬諸帝的轉世化身等，來增加他個人的領袖魅力。即使在今日，佘契爾夫人(Margaret Thatcher)也神話似的比擬邱吉爾、伊莉莎白一世和鮑狄西亞女王(Boadicea，編註：羅馬時代，不列顚愛西尼亞族女王，曾領導當地部落反抗羅馬統治)而獲利。此即何以今日美國總統柯林頓(Bill Clinton)企圖使人將他與甘迺迪(J. F. Kennedy)作神話式認同的理由。此種比擬認同能運作出權威，不論效果如何，總之他們看來身後有正統的支撐，有既往的、歷史的、傳統的正統支撐者，這就像湯馬斯・曼所說的生命找到了「自覺、庇護與奉獻」。若是未曾訴求神話認同的領袖，如布希(George Bush)或卡特(Jimmy Carter)等，看來就比較缺乏權威，正是因為他們缺乏同類型的正統。

至於克勞斯・史陶芬堡這類人物，在湯馬斯・曼界定的神話意識上，涉及的東西較多：一種對自身的深層自覺，不僅是一個存在的個體，而且是一個流傳迄今的古老傳承體在現世的執行，在鬼魂似的衆自我、先覺者、嬗遞者構成的大世系中一個短暫生命體，以肩負起承先啓後的大任。人祇是這個過程或進程中的一部分，人的義務實源自此，而非出於某個時段中出現的那個特殊的短暫生命形式。若由這個層次來透視，死亡幾乎是附帶的。死亡本身，尤其是對那些為高貴目標自我犧牲者而言，並不是結束，而是一個傳承體中不可分割的一部分。

若由他的信件、言論、行為、態度、行動來看，很明顯的史陶芬堡的自視完全符合湯馬斯・曼所描述的「神話意識」。他自覺本身與家族、與德意志的關係，也正是如此。像湯馬斯・曼舉出的例證，拿破崙自視為查理曼在十九世紀的化身轉世。史陶芬堡自幼即自許為格奈森瑙、瓦登堡，還有中古後期服務於霍亨史陶芬諸帝麾下衆史陶芬堡武士等，在二十世紀的化身轉世。成年之後，他的態度不復單純如前，變得更為精練、深奧，但仍然抱持了格奧爾格對他的鼓舞，畢生均以行動作為主要原則。把自己看成一個重要人物，不論是現在重要或是未來重要，這種衝動當然也可以視之為是「妄想偉大症」。不過此處覺得最好引用偉大的奧地利小說家慕席爾的話來作結語。

誠然，此種期許可能是虛榮與愚昧的表徵。但若以它是正當、合宜的期望，那也不假。沒有它，或許就不會有這許多的偉人出現。[19]

孩提時代的史陶芬堡即深深浸染於貴族的服務觀與責任感之中，而此二者即是他整個生涯的動力，曾表現於他在威瑪時代和希特勒時代陸軍中的服務上，表現在大戰時期他的作爲上，和他領導的德國反抗運動上。此外，他在孩提時代即開始培育的特質中，還有一項亦曾強烈的主導了他的生命，此即「意志力的崇拜」。當他還小，尚無能力閱讀哲學上有關這方面理論之前，他即本能的建立了一種決心和不屈不撓的觀念，這已經達於意志力的範疇。雖然一再罹病並經常喉頭發炎，但他絕不允許自己因而倒下，反而以一種堅定的思慮，用意志來恢復健康。一度身體脆弱的小孩把自己轉化成運動好手，以精力和恢復力著稱。在勞特林根時，他經常協助當地農人收成。對於他能和村中男孩一樣精力充沛的在平地和山上以鐮刀割禾，深以爲傲。也許祇是出於青少年的心懷，期望能被人接受，但是也反映出克服生理虛弱的驚人能力，所賴則是無比的精神、心智和意志的運作。也即是這種力量使他在日後成爲奧林匹克運動會德國騎術代表隊的騎師。在這裡，他可以表現出不知疲倦的精力，盡情發揮體能，與他同隊的其他代表莫不驚訝，皆以此爲他最傑出的特質之一。這種特質驅策著他，使他在北非負傷療養期間，拒絕服用止痛藥劑。他所承受的折磨，若發生在一個無意志力人的身上，就會造成終身殘廢。史陶芬堡讓人回想起納爾遜(Nelson，譯者按：納爾遜爲拿破崙戰爭期間英國海軍將領，大敗法、西聯合艦隊，但以身殉。納氏獨眼獨臂，且有瘧疾纏身)。

充滿行動和體能展示的生命，使史陶芬堡能承受痛苦，也夠資格自傲，但這不是他唯一或主要的活動。主導德國及西方文化傳承的史瓦賓人文傳統，也是這位年輕貴族接受的訓練之中不可分割的部分。至於卡洛琳夫人對文藝的熱中，其子皆深受感染，視文藝活潑可親，而不是學術末流。她與若干貴婦組成「里爾克熱愛者俱樂部」(Rainer Maria Rilke's doting fan club)，她們皆以熟識這位詩人，並能與之通信，引以爲傲。因此史陶芬堡三弟兄皆好浸溺於美學事物，亦屬當然。

兄弟三人皆熱中於詩歌、哲學、歷史、繪畫和音樂。史陶芬堡家經常有音樂之夜，克勞斯演奏大提琴，貝索德彈鋼琴，亞歷山大則拉小提琴。克勞斯上學的時代，曾一度表示想成爲專業音樂家，甚至成爲作曲家。那時他也曾對建築產生興趣，大約在十八歲之前，他一直夢想成爲一位建築師。一次大戰結束後，三兄弟的父親亞弗烈以該地已淪入共和分子之手，而拒赴皇家劇院，但三兄弟卻是劇院常客。三人均參加學校劇場。曾參與《凱撒大帝》(*Julius Caesar*)一劇的演出，克勞斯飾演魯奇烏斯(Lucius)，亞歷山大飾演布魯特斯(Brutus)，貝索德則扮演凱撒的鬼魂。在演出席勒頗具煽動性的劇本《威廉泰爾》(*Wilhelm Tell*)，克勞斯扮演那位反現狀的革命性人物史陶法赫(Stauffacher)，其實簡直是在排演日後眞實歷史中他所扮演的角色。

不錯！暴君的權力是有限制的！
一個受壓迫的人，在他要求正義的呼聲白費時，
同時又了解負擔太沉重乃至無法肩負時，
衹有大膽的解決，他纔能登上天堂。

去掌握那向來就該屬於他的權力吧！[20]

二〇年代，在德國青年中最具影響力的潮流即是候鳥（Wandervögel，英語文氣一點譯爲 Wandering Bird，平白一點則是 Birds of Passage）運動[21]。這個運動部分源自貝登鮑爾（Robert Baden-Powell）在多年前創辦的童子軍運動。但它異於童子軍，候鳥哲學與傳統的社會美德關係較少，而所含的形上觀念則比較多，是一種單純的多神論。在後來發展中，它被新興的納粹黨所接管，並將其導向到罪惡的目標，而被烙上邪惡大印。可是在二十世紀最初的二十五年中，這個運動的確是天真無邪。

儘管父親不贊成，克勞斯和貝索德卻參加了候鳥運動拓荒者的青年組，即「新途徑搜尋者」[22]。透過此種管道，他們開始露營旅行，玩投擲標槍遊戲，在營火周圍大唱民歌，背誦格奧爾格的詩句。當時格氏在德國的聲譽甚至蓋過了里爾克。里爾克有波希米亞—奧地利背景，格氏則德國人，土生土長的萊茵河沿岸居民。因此他那象徵意味的文句、他那啓示錄傾向和神話式多神觀感，自然使他深受青年們親近。

對史陶芬堡兄弟有重要意義的另一名當代作家則是赫塞（Hermann Hesse），他也是史瓦賓人，一個有「地緣關係的靈魂」。赫塞早期的小說《彼德康門辛》（*Peter Camenzind*，一九〇四年出版），可能是描繪史陶芬堡摯愛的史瓦賓風光最佳散文作品。一九一九年出版的《德米安》（*Demian*）則是史陶芬堡那一代青年的聖經。至於傳統式的重要作家，爲史陶芬堡兄弟看重的則有哥德和霍德林。

在某些人的評價中，以十九世紀德國詩人而論，霍德林的地位在諾瓦利斯、海涅，甚至哥德之上。他對格奧爾格的影響甚鉅。霍德林一如赫塞，也是史瓦賓人，他能將德意志獨有的素材和古典希臘神話和傳統中最傑出的元素融合在一起，因此造成他在史陶芬堡兄弟心目中佔有重要地位。一九二二年耶誕節，克勞斯裝飾教室時，就樹上燈光照射下，他朗誦了霍德林詩句，無意間很異端的將聖保羅哥林多書與之並置。

二十歲前後的克勞斯，在他人眼中是一個有點狂放不羈的青年。那時他即已經顯露騎士的豪邁，對於禮節、儀容有些漫不經心，這也構成他日後生涯中的一項特色。他經常懶於刮鬍剃鬚，至於理髮和校服穿著是否貼妥，也不很在意。同樣也就不在意他人的儀容服飾的不整。由當時照片上來看，側面觀察是一張狹長臉，若由正面觀察則顯得臉較寬些，面容則對稱調和，顴骨略高，下顎生得有力，同時略有一點凹痕。頭髮是黑色，略有曲鬈，成大波浪形，若是不覺其煩的去理個髮，頭髮則緊貼在頭皮上。他的眼睛則屬一種冷酷的深藍色，一般看法皆以此爲他生理上最突出的特質之一。十餘歲時的史陶芬堡，已經具有日後哈爾德將軍所評述的特質。「習於自作決定，並讓自己觀點爲他人接受——此即出頭領導或感覺有義務出頭領導，在他眼中，兩者是同一回事。」㉓

他對他人的態度主要是根據他對該人天生氣質所作的評估，而非該人行爲是否偏離傳統。對於個性浮誇的人，不論他們如何主動與他親近，他總是保持一份冷淡疏離。他很少重視其他人的弱點。然而對於好欺瞞、不誠實、喜好暗中耍手段的人，他則會表現得很粗暴，甚至有些殘忍。索馬倫(Ludwig Thormaehlen)曾是格奧爾格學圈中一員，一九二四年曾與史陶芬堡相識，根據他的說法，克勞斯在氣質上與他的孿生兄長差異甚鉅，「他那爽朗開放的外在表現，在旁人眼中產生了一種踏實、可靠的形象。」㉔索馬倫並以當時藻麗的語法，作了更深一層的介紹：

他雖然年輕，但卻精力四射，準備隨時推動身邊周遭的一切事務，給人的印象是絕對可靠。……才思敏捷，行動迅速。凡是他情感上、腦海中，或是環境中顯示應當去做的事，史陶芬堡只要一經衡量，就會決定立即全力以赴。對他來說，在思考與著手之間，在體會與行動之間，並不存有任何區別和時間上的中隔。他也許不具有貝索德那種謎樣深度，也不具有亞歷山大那般的多才多藝與充實。但是他卻是被塑造出無所抑制的氣質，純潔而強健。他簡直就是上蒼將勇敢、自覺、男性生氣加以完美均衡調和下具體結晶人物。

每個人不僅是喜歡和讚賞克勞斯而已，凡是他所到之處，必定引發衆人的喜悅和熱情。衹要他一出現，周遭的人必定都會感染到他那沛然的生氣、對自我的肯定，和所有他感到值得一試的價值理念。……㉕

一九二六年三月五日，克勞斯通過了國家舉辦的「學習成就公共測驗」（Abitur），使他能合格接受更高的教育。此時，他已經放棄成爲音樂家或建築師的想法，轉而決定在軍界建立自己的生涯。由於事出突然，舉家爲之震驚，親友亦然。其父亞弗烈則大表反對。正常情況下，軍事生涯不會辱沒家門，可以和家族尊嚴相得益彰，這位老人可能會予以同意，但是老人家蔑視威瑪共和的那批政客，視他們為「遊手好閒的無產階級，連人都做不好的東西」。若是其子參與任何共和國的軍隊，尤其是由那批東西主政的共和國軍隊，前途必將晦暗㉖。

克勞斯的表現則非常堅定，顯示慣有的達於傲慢邊緣的自信。依第一次大戰後凡爾賽和約的規定，威瑪共和的軍隊受到嚴格限制，禁止擁有飛機和戰車，同時人數也限制在十萬人，若與歐洲其他強權相較，實在微不足道(平時，英國陸軍人數向來很少，但與德國相較仍然堪稱強大。而法國陸軍則高達六十萬之數)。共和陸軍人數受限的必然結果將是較多的候選人競爭較少的實缺。儘管史陶芬堡幼年紀錄是體弱多病，但他卻自信有足夠的資格，或許是足夠的能力，獲得少數的實缺之一。當問及何以放棄建築師願望時，他回答說，現在想法認為建築師太將目光集中於物，對人的關注不夠。他並解釋說，軍隊可以提供機會來策劃如何治人，同時還可以遂行服務社群的責任。

史陶芬堡志向轉移，部分原因顯然出於詩人格奧爾格的影響。詩人與三兄弟首次結識於一九二三年，當時克勞斯年僅十六歲，正處於可塑性強的青少年期。而那次會面和彼此關係的持續進展，毫無疑問成為克勞斯年輕時最有影響力的經驗之一，從此塑造了他的未來發展、他的態度、他的價值觀，和他的整個世界觀。依據索馬倫的說法，「對克勞斯來說，格奧爾格的一切，包括他倆的關係，始終是他生命中最具決定性的因素。」㉗

格氏在當時的聲名有些模糊。有時被視為當代最偉大的德文詩人。他有生之年，在文壇上的地位可與葉慈(W. B. Yeats)或艾略特(T. S. Eliot)媲美，但他也被視為一個先知或朝聖博士，同時他也被視為信仰上的導師和神諭使者。在屈指可數的知識分子中堅之中，他是祭酒，而初入文化界對他敬畏有加的新手，皆視他爲大法師。在柏林、慕尼黑，尤其是海德堡，他都設有學圈，分子則是一小群來自全德各地最聰慧、最富想像力，也最有活力的青年，他們即是他眼中的國家未來希望。面對這批菁英，他發送由他所著，經常帶著神祕和謎樣色彩的宣言，並出版含意幽深的詩稿。這些作品逐漸成爲那一代的文化燈塔。

此外，「格氏以爲詩人即是天命的國家內在力量保護人。」㉘他這種對自己在現世角色和使命所懷的崇高意識，難免會激起敵意。於是有關他的謠言隨之四起。在班奈特（E. K. Bennet）教授所寫的一本有關格氏的著作中，曾說：「格氏熱中於權力，即使是在理想中高度自律的個人生活之中，亦顯露此點，而且還是公然的宣示。」㉙事實上，他那高傲貴族式的冷漠，加上他一再堅持的「靈性的貴族」或「精神上的貴族」，自然很難被當代的左翼知識分子接受，比如那些社會主義的擁護者托勒（Ernst Toller）、德布林（Alfred Döblin）、韓瑞克・曼（Heinrich Mann），以及年輕的布萊布特（Berthold Brecht）等。至於對那些較爲大衆化、較易接近、更爲傳統形式文學的愛好者，則以爲格氏太過於考究、太特別、太艱澀。然而對於平等主義祕教思想的附和者來說，史泰納（Rudolf Steiner）即曾指稱格氏太過霸氣，「他即是他自己文化帝國的開創者。」他們雖然尊敬他，但卻保持相當距離。據史泰納他們在倫敦機構的成員之一的說法，格氏和史泰納曾在若干場合晤面。史泰納對於這位詩人的想法相當贊同，但卻覺得他像是一個太過自傲的希臘神祇。不過這相當正常。當時史泰納予人印象是坦率不猜防，謙和而有禮，正屬於里爾克一類人士的典型作風。格氏予人的印象則是過於武斷專橫、猜防隱匿。由若干格氏的照片來看，前述特徵一覽無遺，幾乎達到自我陶醉的程度。細數近兩個世紀中文藝大師，很難找出這樣強烈形象的人。最有損格氏個人形象的攻訐，則是指斥他為同性戀者。一般咸信他搞同性戀，此說迄今猶未停止。確實也曾有少數女性加入他的學圈，不過多屬次級角色。其詩篇中，同性戀傾向的宣示，多數甚為明顯。此外，關於他舉行同性戀狂歡祭典的謠傳甚多。謠言可能出於他不時舉辦一些涉及特殊儀式、焚香敬禮、精緻道袍徽飾的陰森詭異典禮。在眾人印象中，認為他在多方面與英格蘭金色曙光學會(Order of the Golden Dawn)同性戀的特殊表徵十分相似(該團成員包括一些正向大師之途邁進的人物，如葉慈、柯南道爾〔Conan Doyle〕、梅琴〔Arthur Machen〕，以及燦爛生涯剛起步的青年克羅萊〔Aleister Crowley〕)。

格氏本人從未企圖消解或糾正前述觀點。甚且在某些方面還鼓勵此說的流布。他以宗教方式來主導他的學圈，弟子必須向他宣誓忠誠，要把他當成專制的師父。甚至有時他還會干涉弟子們的私人生活，對弟子的私務作出專橫的判決，主動的代他們作決定。他要求弟子立誓不得把祕傳外洩，他把詩歌的朗誦和寫作變成一種宗教式儀式，以梵香來配合的神聖典禮。格氏通常「坐在長桌的一端，一些年輕男子則坐於兩側，依次起身以誇張而無表情的聲音朗讀他的作品。」㉚

凡是申請加入學圈者，都必須經過入會典禮和儀式，包括一項吃重的工作，寫出一首有價值的好詩。學圈分子全都依個人特質給予學名，不過史陶芬堡則始終保持本名，此點意義甚大。格氏甚至還創造了一套特殊的私用語言，並利用它來寫了好些激勵的詩篇，期望他的弟子能有所熟練。這種語言和西班牙語或葡萄牙語關係甚深，經常穿插於他的德文詩篇中：

CO BESOSO PASOJE PTOROS
CO ES ON HAMA PASOJE BOAÑ.[31]

目前所知，以前所指斥格奧爾格的種種詭異和異國風格的誇張，就某種程度來說，已屬無稽。戰後亞歷山大・史陶芬堡曾在一次演說中提到：

> 前次有人說到某種儀式——包括華麗道袍、焚香、祕密典禮。不論當時謠傳中說些什麼(毫無疑問誇張過度)，我們反而都無緣一見。當時生活非常正常，一日三餐，鄉間散步，晚上討論，所有的事都很單純……祇有在主要的詩歌研讀會時，纔會出現一種特別莊嚴的氣氛，而這一點也是十分容易了解的。……[32]

這三位史陶芬堡兄弟的母親，聽到各種流言後，難以保持沉默。由於卡洛琳夫人本身對詩歌的熱愛，當然早已熟悉格氏的作品，可是她的三個兒子跟著他學習，則完全另外一碼事。伯爵夫人曾進行私下調查，甚至僱用了一位私家偵探。最後，她親赴海德堡去晤見那位大師，以確定他不像是在教導他的孩子墮落。在伯爵夫人的詢問之下，格氏毫髮無傷[33]。即在她與詩人會面之後，卡洛琳的疑慮消除，同時也印象深刻的投以信任。最後的結論則是她的孩子不可能找到更好的導師。史陶芬堡最新的德文傳記作者，也爲格氏開脫：

> 對於同性之間激情的批判，不僅是浮面化的，同時也不正確。該學圈的確是由青年男孩組成，

> 故前述誤會的產生可以想見。……他們學習希臘文化，特別是柏拉圖的言行，無疑的爲那些出於臆測的雜事鋪下基礎。同時同性激情關係也於該學圈學友的詩篇中有所暗示。以史陶芬堡三兄弟而言，這些全屬心智上的事務，而克勞斯日後曾在軍官朋友面前，以有力而清晰的表達爲那位受柏拉圖讚美的希臘愛神有所辯白，而大家都被他説服。如果臆測格氏曾做出詩文中所暗示的事，必失之大矣。……[34]

其他證據似乎也足以駁斥不利格氏的攻訐。以整個大環境來説，畢竟不是腐敗柏林的酒店(cabaret)社會，而是符騰堡這個保守的地方社區。同性戀在當時不僅是個汚名，同時也是刑事罪。而史陶芬堡家族不僅是一絲不苟的守法者，同時對於任何可能有辱家族聲譽的汚點都非常的敏感。那怕格氏學圈祇要有任何蛛絲馬跡足以證實謠言所傳，可以肯定卡洛琳夫人絕不會允許其子參與其中。

貝索德和亞歷山大於一九二三年夏季加入，克勞斯則在一九二四年底，十七歲時加入。在參與這個獨特學圈的接待會上，入會者與迎新者皆顯示了高度熱情。史陶芬堡兄弟早已心儀格氏作品，三人皆能隨時將大師的作品琅琅上口。至於其他弟子「似乎由史陶芬堡兄弟身上看到某些高貴卓越素質」，把他們視爲古代英雄的轉世，視爲曾在霍亨史陶芬諸帝麾下的武士。格氏和學圈中其他分子都曾寫詩特別表彰貝索德。而索馬倫曾極度頌揚克勞斯，他説：

> 由他身上可以明顯看出他的前程。格氏對於這位青年的降臨，其欣悅程度可想而知。……對於有潛能的青少年來説，格氏一直是一個熱情的守護者，……克勞斯是在人文教育環境下成長，

在詩歌的哺育下拉拔的，知識與創意渾然天成。詩歌是他的生活所需。他對格氏的敬愛不容置疑，相當直接而不帶任何不健康傾向。……他不常出席，但每次到來均能使詩人精神開朗。他帶著直接而有衡力的態勢——正符合他那個年紀應有的表現，以與在座人士同程度的保留和機智，參與每個對話。他和貝索德一樣，以他自己的方式，自在而自尊。他不認爲有誰比他高貴，但也不認爲有誰比他低下。……與格氏的交心，他熱切而直往。立刻露骨的交出了忠誠的誓言，就好像一個大家族中互相敬愛的成員之間所呈現的情況一樣。㉟

對格氏的忠誠誓言，三個兄弟都感覺相當重要，而以貝索德最爲固守。由於缺乏克勞斯的強烈自主個性，在個人事務上若干決定都曾尋求大師的贊同。一九二七年至二八年間，他人在巴黎，當他預備啓程前往南法度假時，他曾提出理由向格氏請示許可。一九三一年他曾與一位格氏不贊同的女子訂婚。翌年春季格氏(正遭放逐而在瑞士)召喚貝索德進行一次強而有力的質詢。顯然是出於大師的訓令，貝索德遂將婚姻作罷，直到格奧爾格過世，他纔與那位女子成婚㊱。格氏辭世多年以後，貝索德仍把對格氏的忠誠置於他對國家的義務之前。

史陶芬堡兄弟曾簽下一項祕密約定，其中規定主義超乎個人關係之上。要求對承諾全力以赴。約定的內涵是一個理想。格氏學圈加諸人身，尤其是這批青年的，即是日後由密謀所展現的精神：祕密德國。㊲

身爲格氏學圈中一員，史陶芬堡三兄弟隨即大量研讀討論文學、哲學、美學，以及今日稱之爲神祕主義等方面的著作。他們吟頌詩歌，也致力於詩歌創作。以貝索德爲例，直到成年之後仍然一直保持這種興致。不過就所知，十八歲以後，克勞斯即不曾在詩歌創作上下功夫。然而格氏學圈中還有許多其他活動足以吸引激勵他。格氏自身興趣廣泛。學圈中也就經常以他的一項興趣作爲閒聊、討論和析辯的主題。而大師也經常帶頭「偏離正軌」(divagation，套用格氏的老師法國著名象徵主義詩人馬拉梅〔Stéphane Mallarmé〕之術語)，此舉每每成爲鼓舞弟子的一項利器。除了會餐，漫遊也是學圈中經常活動之一。海德堡和左近的田鄉、萊茵河畔各個膾炙人口的歷史名勝、風景優美之地，都是他們漫遊的去處。潛藏於克勞斯心海中有關萊茵河的種種神聖性質、歷史傳統以及傳奇往事，往往又與大師各項神祕說詞有所共鳴。大師威儀十足，可是不曾令克勞斯卻步。他盡力調適，以期配合學圈整個環境，讓自己能在其中悠然自得，而且眞正成爲該團體不可或缺的一分子。

在表示歧見時，他總是那麼的坦誠。每當提出批評，則表現了高度幽默。一旦遇上正當要求，他總是以積極態度給予贊同支持。㊳

每當鼓吹爲藝術而藝術的美學主張時，格氏是一位自命大師。在宣揚個體的完美化和高雅化時，他則是一個神祕主義者。然而他也是一位鼓吹身體力行的狂熱分子。他蔑視政治，卻對德國文化和整個西方文化前景有無比的關切。每當被人問及在他自己心目中他本人最重要的使命爲何之時，他的答覆不是「我的朋友」，即是「我的弟子」㊴。心底上，格氏自視爲奇隆(Chiron，編註：希臘神話中最聰明而有智慧的人馬神）或畢達哥拉斯（Pythagoras）同類。從具有高貴情操人士中，遴選一批菁英，造就他們成爲堪當大任的領袖人才。此即他心中最眞實的宿願。他一直強調對社會的責任感和服務觀，以及以少數開明之士充做社會的燈塔。這與史陶芬堡兄弟得自家族的價值觀和人生態度完全契合。格氏的調教之下，不僅強化了這種價值觀和人生態度，同時還爲他們指引了更明確的新方向。尤其是他對於行動和人際關係的重視，構成克勞斯放棄建築師改走軍旅生涯的重要因素。

一九二四年十月二十四日，也是他決定踏入軍旅前夕，克勞斯曾致函格氏，披露他對大師某篇作品的觀感（函中文句直可與大師非正統的文法較勁）。

讀此書時，我體會到了數夜不能成眠的滋味，也感應到了生命寄求的悸動和大聲吶喊的衝動。霎時，生命突然以更爲清晰的形式呈現眼前。面對其中不言而喻的巍峨人文意境，往昔則如錐心刺骨般的翻湧於心田。幾曾何時，鮮紅熱血竟變得如此淡然，言語變得如此無味，而生命也變得如此的缺乏理智。大師！這篇詩稿讓我學到的太多太多了。

您即是大道，我心悅誠服。40

函中最末一句係引自格氏一九一三年的作品。似乎也是格氏在史陶芬堡面前所吟頌的第一句韻文。我們不難想像，格氏的字句如何像魚鈎一般浸入這位年方十七貴遊子弟腦海深處。

您即是大道，我心悅誠服

因爲您那面對自己、我還有他人的方式
以及您遂行己任並喚醒了忠實的心靈
您像一艘大船，滿載著眞實
其間能有成果的將會成就全體
若是今天您不把它抓住，就永遠甭想抓住㊶

一九二四年八月，克勞斯去函格氏前兩月，亞歷山大曾寫下一首篇名〈戰士〉的詩。詩中描繪了幼弟對於是否應該從軍問題的掙扎。

你隱匿了心中熱切的期盼
憂鬱襲上了你那少年的眉梢，那不該是你
是什麼奪走了你少年的活潑
使走在身邊的你變得如此的嚴肅和沉默

在你尚未完全失神和攪亂之前
你顯現的憂傷，已經攪亂了我們
在沉默的寬容下，我瞧見你胸口的激盪
難道是命運奪走了你那甜美的愉悅

這仍是眞的，每次痛苦衹會更加證實我們的價值
一個童子軍找到了一個心甘情願的護衛
我從未發現有這般溫柔的關懷
也從未發現有這般熾熱的夢想

嚴肅的面容、焦急的旁觀者
在鄉野中聳立的城市
你佇立在教堂圍牆的陰影之下
疑惑的舉起你的手

噢！自我回答，沉默的伴侶
你影像還是如前般的騷動、似火炭般的在燃燒
然後一個頭戴王冠的騎士到來
我們似夢般的期望召喚著君王

它們分享製造痛苦的命運

高貴的歌曲、永不休止的熱情
在如此遙遠事件之後……直到你注入你的心靈之中
雖然已漸萎縮，兄弟仍能體會㊷

詩中提到的那個滿臉疑慮一手上舉靜靜佇立於教堂石牆陰影之下頭戴王冠的騎士，事實上是一尊被人稱爲班堡騎士的雕像。它坐落在班堡十三世紀造的主座堂之內。就在左側唱詩台架的東端，與教堂側翼交合之處。這尊雕像咸信豎立於一二四〇年，是日耳曼石雕藝術中的傑作，至於雕像究竟代表何人？迄今仍無定論，部分人士相信他是日耳曼皇帝亨利二世的妹婿匈牙利王聖史蒂芬(Saint Stephen)。

亞歷山大·史陶芬堡所以會提到班堡騎士，完全是模仿大師的腳步。即在一次大戰前夕，格奧爾格就曾在一篇名爲〈班堡〉(Bamberg)的短詩中，提到這尊雕像：

你這位最冷漠的人，當有需要時也會有所反彈
自你所屬民族的旁系產生一支正統後裔
難道廟宇中你的這尊騎在戰馬上的肖像
不曾顯現出好似法蘭克人王者的高傲與滿足
雕像——既非吉伯林(Ghibeline)或格爾夫(Guelph)

在帝王宮室中，雕像所顯現的
是一個沉寂的藝人超越了他自己
因為等候上帝等到發呆而乾脆自己來做㊸

班堡騎士在克勞斯心目中具有相當神祕意義。這一點我們或許不會覺得訝異。這尊雕像不僅勾勒出他所仰慕的騎士價值觀念，同時在外貌體形上也和他十分相似。他就活像是上帝對那位不知名的雕刻家的作品注入了生命。不論是格氏學圈或後來在軍中，朋友們都戲稱他為「班堡騎士」。甚至連那位素以反神祕著稱的英籍軍事史家惠勒班奈爵士都不免為活人與雕像間的神似大感驚奇。在惠勒班奈大作——《權力的報應：德國政治史中的參謀本部》(*Nemesis of Power: A History of the Germany General Staff in Politics*)之中，作者即曾將該雕像和史陶芬堡二者照片並列。不知眞相者，顯然會以為該雕像係以史陶芬堡作樣本雕成的。

註釋

❶克拉馬茲書，頁一九。
❷費澤：〈史陶芬堡兄弟〉(Die Brüder Stauffenberg)，收入波林格(Robert Boehringer)編：《親密的珍貴友誼》

一書中，頁四八九。

❸同上，頁四九九。

❹霍夫曼：《克勞斯．封．史陶芬堡及其兄弟》，頁八五。

❺同上。

❻同上，頁九三。

❼一九九二年斯圖加市與貝索德．封．史陶芬堡少將之訪談。

❽取材自一九九一年貝勒(Hava Kohav Beller)製作之電視檔案節目〈無休之良知〉(The Restless Conscience)中的訪談。筆者亦於一九九二年十二月七日與布奇少校晤談。他曾告訴筆者他認爲個人生命中最深奧時刻。當他張開眼睛時，他認清了德國眞實情況和全盤的恐怖。他以相當奇特的字眼來描敍他的覺醒。他說事情發生開始於一九四二年十月，當時他正服役於烏克蘭地區。

他說：「我有幸能親見杜布諾(Dubno)機場數百名裸身的猶太人遭射殺。從此我知道我該有所作爲。我告訴自己說，我們必須毀棄誓言的約束而幹掉希特勒。他即靠誓言的約束力而俘獲德意志青年的菁英。」

此後，透過他的朋友波茲坦第九步兵團軍官蘇倫堡之引介，布奇加入了反希特勒密謀。

布奇負傷多次，獲勳亦多。他在法國失去一隻拇指，因而獲頒騎士十字勳章。一九四一年冬季近莫斯科之處，肺部負傷。一九四二年，他在羅馬尼亞團隊中任軍官，轉戰於烏克蘭、克里米亞。也曾參加列寧格勒圍城戰。就在圍城期間，布奇與同僚，包括克勞辛上尉、維斯塞克(Richard von Weizäcker)中尉(日後曾任德國總統)等，有一天晚間坐在指揮官盤據的別墅內飲酒吃菜。當時指揮官不在別墅內。面對他們牆上，懸有希特勒肖像一幅。突然間，有名軍官掏出手槍朝著肖像射擊，在希特勒像前額部位還有背後牆面上，留下槍眼彈痕。

霎時內，現場一片死寂。接著維斯塞克冒出了一句話說：「在我們討論該如何辦之前，最好所有人都開槍射它。」於是大夥紛紛舉槍朝肖像射擊，留下了六個彈孔貫穿肖像，接下來又是一陣寂靜。最後他們決定取下肖像換上另外一幅相同作品。同時這還可以遮住牆上彈孔。不幸，他們卻發現，沒有相同肖像，而他們所毀的那幅就是全團所分配到的唯一一幅。

於是大夥再度靜下來反省剛纔的作爲。大夥待會該如何面對他們那位警察出身的指揮官。然後有人想起德軍中一條規則：若是官階較高的軍官和任何一個下屬軍官打架，則官階較高者將立即調職，不必經過任何調查。

於是該日夜深時，他們聽到部隊長正踏著雪地歸來之時，他們立刻衝到室外，然後借酒裝瘋，把長官痛打一頓。隨後即各返寢室。翌日，大夥懷著緊張心情向長官致歉。而長官卻說他本人一直在從事黑市買賣，以爲他們發現此事，認爲此事已使全團蒙羞，而揍他洩憤。這位長官此後絕口不提這個意外事件，同時也沒有將別墅牆上何以有槍眼之事的原委上報。

一九四三年十二月，布奇再次身負重傷。他失去一條腿，而另外一條也不健全。由於親衛隊醫院設備較好，他即在某親衛隊醫院中療養近一年，而這完全因爲他是獲頒甚多勳獎的軍官。

在醫院中，他結識了一名護士。這位護士曾心懷恐懼的告訴布奇她所發現目睹的慘事。她說醫院的外科主任是名狂熱納粹分子，曾進行若干藥物實驗。有一次曾將一片肩胛骨移植到一位親衛隊軍官身上，而這片肩胛骨則來自集中營某名人犯，該人即是爲這個緣故而被處死。

一九四四年七月二十日，布奇仍身在醫院。他由收音機中聽到有關史陶芬堡的炸彈和行刺失敗之事。有一位納粹高官衝到收音機旁，大聲怒吼「這個血是藍色的豬和逆徒」。

翌日，照顧布奇的護士之一以極度氣憤由柏林返回醫院。頭一天下午，她正好去她那位身爲親衛隊軍官丈夫的辦公室。一時電話鈴聲大作，她丈夫聆聽電話之後，衝著她說：「現在事情開始了。」他隨即找出鋼盔和手榴彈，並在窗旁做了個姿勢。整個下午他都在準備防範反希特勒部隊進攻該辦公大廈。

七月二十日夜，布奇則是一頁一頁將通訊錄吃掉。此時，他的行囊中仍藏著那顆原本要在制服展示會上行刺希特勒的炸彈。還得過些時候纔有朋友設法幫他丟棄。政變前三日，個性外向的克勞辛上尉曾來醫院探視布奇，而且還在周遭親衛隊中贏得不少人緣。在公諸於大衆的逮捕名單上，克勞辛赫然名列榜首。若干時日後，曾有若干負傷親衛隊軍官邀布奇一塊喝酒。他們告訴布奇說：「你看你那位朋友留給我們多好的印象，弄得我們還致電元首，請求不要將他問吊。」克勞辛之父原是一位納粹信徒，也是布拉格大學校長，就在克勞辛問吊翌日，舉槍自盡。

布奇出院之後，曾獲頒小汽車一輛。車經改裝，乃至傷殘在身仍能駕駛不誤。一九四五年三月末，布奇前往柏林取車。正當他返家途中，遇上一位全副武裝的上校，自稱是柏林這一區指揮官，告訴布奇他的車輛已無燃油，布奇聞訊後大感沮喪，因而載這位上校一程。

行程經過一列電車，車廂中堆滿了廢車胎。布奇大覺驚訝問說，這是要做什麼。上校回答說那是阻擋蘇聯戰車。布奇不解的問道，這種障礙物能擋上多久。上校回答說：「大約六十秒，其中五十九秒是他們停下車來大加嘲笑，然後以一秒時間闖過。」上校又接著說：「不過沒啥好擔心的，我們還有祕密武器。」布奇祇能好奇的望著他。上校又說：「你聽過 V-1 和 V-2 武器罷！我們可還有 V-8 呢。」布奇著實不知這是何物，想問個明白。上校嘲弄著說：「阿道夫俱樂部啊！」此刻布奇終於了解大勢已去。

戰後布奇曾見過一位藥劑師。當納粹領導階層知道他們將可能戰敗時，即由這位藥劑師爲他們準備自殺毒藥。戈林與希姆萊自殺時所用，即爲他所調製的藥品。布奇問說，這些領導人物何時提出這類要求。答案是一九四四年初。

❾一九九二年十月十五日慕尼黑，與克萊斯特之訪談。

❿同上。

⓫同上。

⓬同上。

⓭克拉馬茲書，頁六九—七〇。

⓮湯馬斯．曼：〈佛洛伊德與未來〉(Freud and the Future)，《論文集》(*Essays*)，頁三一九。

⓯同上。

⓰同上。

⓱同上，頁三一九—二〇。

⓲同上，頁三二〇。

⓳慕席爾：《沒有品質的人》(*The Man Without Qualities*)，第一幕，頁四五。

⓴席勒：《威廉泰爾》，頁五五（第二幕，一二七四—七八年）。

㉑有關候鳥團體參閱：拉席(Rudolph Raasch)：《德意志青年運動：一九〇〇—一九三三》(*Deutsche Jugenbewegung 1900-1933*)，法蘭克福，一九九一出版；牟塞(George L. Mosse)：《德意志意識危機》(*The Crisis of German Ideology*)中〈青年運動〉(The Youth Movement)一章。

㉒克拉馬茲書，頁二三、一八六（註一六）。

㉓克拉馬茲書，德文原版，頁二〇。

㉔索馬倫：〈奧爾格之友史陶芬堡伯爵〉(Die Grafen Stauffenberg freunde von Stefan George)，收入波林格編：《親密的珍貴友誼》，頁六九三。

㉕同上，頁六九四、六九五。

㉖霍夫曼：《克勞斯·封·史陶芬堡及其兄弟》，頁八三。

㉗同㉔，頁六九五。

㉘葛德史密斯(Goldsmith)：《格奧爾格早期作品之研究》(*Stefan George: A Study of his Early Work*)，頁一。

㉙班奈特：《史蒂芬·格奧爾格》(*Stefan George*)，頁一八。

㉚史考特(Scott)：《鬥爭原因》(*Bone of Contention*)，頁一一一。

㉛格奧爾格：《文集》，頁二九五。

㉜克拉馬茲書，頁二六—七。

㉝費澤書，頁四九二。

㉞霍夫曼：〈史陶芬堡與格奧爾格：行動之道〉，頁五二八。

㉟同㉔，頁六九五。

㊱霍夫曼：《克勞斯·封·史陶芬堡及其兄弟》，頁七六。

㊲同上，頁七八。

㊳同㉔，頁六九三。

㊴克拉馬茲書，頁二五。

㊵史陶芬堡與格奧爾格往來信件均收藏於斯圖加市符騰堡地方檔案室格奧爾格檔案集之中。本函刊行於霍夫曼：

《克勞斯・封・史陶芬堡及其兄弟》，頁八〇。

❹❶格奧爾格：《文集》，英譯本，頁三四三。

❹❷費澤書，頁五〇一。

❹❸格奧爾格：《文集》，英譯本，頁三〇七。

6 新帝國

若說有任何事足以振動他個人的心弦，班堡騎兵團(der Bamberg Reiter)則是其中之一。事實上，它也預示了史陶芬堡的前程。一九二六年四月一日，他十九歲那年，加入了他舅父曾服役的部隊：第十七巴伐利亞騎兵團，由於駐紮於班堡，亦稱班堡騎兵團

由於凡爾賽和約強烈的限制兵力之下，德國陸軍更爲加強它的訓練計畫。軍官候選人必須先由普通士兵幹起，這位年輕的貴族並不一直以此與其心願相符。就在入營數星期後，曾致函其父說：「像我們這類人，若長久處於普通人群中，很難有所作爲。」❶同時他也表示過，他不敢預想自己軍人生涯的初期能很稱心，是以那時他無任何表現，也屬當然。一九二七年八月十八日他升任槍兵伍長，同年十月十五日又升任候補軍官，翌年八月一日晉升士官，一九二九年八月一日升任士官長，一九三〇年元旦任少尉，一九三三年五月一日升爲中尉。

在他供職班堡騎兵團時，諸項發展之中之一，即是他能耽溺於對馬匹的愛好之上。

> 無論是乘騎或訓練，他都有無比的熱情和天賦的才華。他被分配到一所農莊住宿，有天在一群拉車的馬匹中，看到一匹牝馬，他立刻讚口不絕，說牠有迷人的個性。他立刻買下那匹牝馬，並訓練牠做斜行等動作，後來在一次困難的馬術競賽上，竟然贏得一項獎牌。❷

日後，他曾與岳父共同出資買了一匹名叫雅德(Jagd)的幼馬，那是他親身選購自一個種馬場，並由自己親手施予訓練。他曾入選爲德國奧林匹克儲訓馴馬師，幾乎可以成爲德國最傑出的馴馬師。三〇年代，戰爭腳步已近之際，他正爲設於柏林的參謀學院撰寫兩篇氣質迥異的論文，足以顯示史陶芬堡個性上的矛盾層面。一篇屬於前瞻性，另一篇則完全根植於舊日傳統。前者，提出革命性觀念，鼓吹將傘兵運用於戰場，當時此說尚不爲世人所知，但不久即成爲最先進的軍事思想的基石，並爲德國陸軍用之於荷蘭和克里特島戰場。後者則沉湎於古典騎兵作戰傳統中，曾努力將騎兵繼續用於現代戰爭實際化，並予以大力鼓吹。

一九二七年十月，史陶芬堡以軍官候選人身分調赴德勒斯登步兵訓練學校受訓，他在該處首次遇見日後密謀同志昆罕，並且開始學習俄文。一九二七年與一九二八年間的冬季，他曾經常赴柏林，探視兄長貝索德和亞歷山大，並且參與格奧爾格寓所舉辦的詩會。

在漢諾威騎兵學校，他首次結識日後的師長洛厄普(Friedrich Wilhelm, Freiherr von Loeper)少校(後來曾升至中將)，基於他先前所做的各篇報告，洛厄普任命他爲級長。以他的能耐，很快就贏得同僚與長官的器重。

他是排難解紛專家，經常扮演中間人，調和不少爭執。他總是看人的長處，在處理各種事情上，他總有高明的訣竅，把每件事做到最好的地步。❸

此時，他那驚人毅力和意志集中力又再次展現。他本身曾有過疑慮，他那童年時代的虛弱體質是否會妨礙他的軍人生涯。以前即有的慢性疾病仍然不時困擾他。一九三一年末，他一度被迫入住溫泉療養院休養。同樣，他再次拒絕因此而罷休，強迫自己在體能展現標準上超越許多身強體健的同僚。同僚中，有人報導說：

祇要是一群軍官在場，通常是次級軍官，我就會聽到史陶芬堡正在大聲宣揚他的觀點。多數情況下，他都能即刻掌握現場，立下規則。對他來說，這事相當容易，他的智能遠在聽眾之上。他是一個高度自信的人，當然也是有些炫耀，所以愛聽到自己的聲音。不過無妨，他的聽眾也樂於聽他發言。❹

一九三三年十月，他的隊長在正式的個人資料報告中，對他有更詳盡的描繪：

具有獨立、可靠的個性。同時還能自有主張，主動作決定。無論在戰術上和技術上，智能程度在平均水準之上。

無論是處理候補軍官或其他人員，或吸收訓練教材以及提升他那摩托排的水平等，皆有相當表現。

他的人際關係無懈可擊。對於社會、歷史、宗教性事務，有高度興趣。……除了以上傑出特質之外，此處必須記上屬於他的一些小缺點和弱點。他深知自己在軍事能力和知識上優於他人，因此對同僚不免會流露高人一等的神情，這可由他好譏諷他人得到證明，但他卻從不達於傷人情感的地步。

在服飾上，他有些邋遢，以他這樣一位青年軍官，他應當多留意一下外表，如此可以展現更多的精神。他經常容易感染喉頭炎，顯然他身體的抵抗力不足。不過他常以精神和意志與疾病對抗。

設若他能長此以往，未來表現必佳。❺

軍官升等考試上，史陶芬堡以優異成績過關，曾獲頒傑出成就紀念軍刀一柄。返回班堡第十七騎兵團之後，於一九三〇年元旦，正式受命爲少尉。祇是陸軍軍備限制嚴格，升遷年資自然緩慢。往後訓練更形艱苦，專業要求更爲嚴格，納粹當權之後，情況尤甚於前。軍官經常受訓，不僅要學習如何將本階職務正確執行妥當，還要學習高上一、兩階的職責。一旦德國軍備大舉擴充之時，此種做法效果立即顯現。一般軍官會自動跳升一階至兩階，屆時他們早已習於新階的職責。因此軍隊本體必須預備，一旦迅速擴編，而所部多爲新進充員之時，仍能透過指揮體系，保持最大效力。

一九三三年，史陶芬堡再次赴漢諾威騎兵學校，接受進階騎術教育。他每天騎坐四匹馬，兩匹屬學校，兩匹屬自己。此時他全力集中於馬術訓練。一九三五年他成爲義務性軍事騎術班第一名。

擊敗同隊競爭對手，成爲德國爭取一九三六年奧運馬術金牌的正式代表。

也就在此時，他結婚成家。班堡對他來說，不僅是初入軍旅之地，也是他與未來妻子相逢之地。一九三〇年，他初與妮娜・封・勒亨費德（Nina, Freiin von Lerchenfeld）女士相識，旋即訂婚。妮娜身出巴伐利亞古老貴族之門，遠親甚至包括了巴頓堡家族（Battenbergs，後來更名蒙巴頓〔Mountbatten〕）。妮娜父親古斯塔夫・封・勒亨費德（Gustav Freiherr von Lerchenfeld）是一位見聞廣博人士，曾出任德國駐上海、華沙、考夫諾（Kovno，今立陶宛首都考納斯〔Kaunas〕）等地總領事。一次世界大戰之前，身爲巴伐利亞皇室總管。

一九三三年九月二十六日，史陶芬堡與妮娜在班堡聖雅各教堂成婚。當時她十七歲，他則二十六歲。妮娜曾問他爲何選她爲妻，他回答說：「見面一刻起，即知她正是他未來孩子的母親。」❻他和岳父關係良好，也不曾過分揶揄岳母，祇是在岳母面前引用腓特烈大帝的名言：「對一位軍官來說，妻子是必要的邪惡。戰士不應該結婚，可是在和平時期卻需要有個家庭及後代。」❼就史陶芬堡的情況而言，這種需要是絕對的。他是一個溺愛孩子的父親，能自孩子身上獲得單純稚氣的歡愉。他倆共有五個子女，伯索德（一九三四年生）、海莫南（Heimeran，一九三六年生）、法蘭茲・魯威格（一九三八年生）、法勒瑞（Valerie，一九四〇年生）、康絲坦莎（Konstanze，一九四五年父親亡故以後出生）。

一九二三年啤酒館暴動失敗後，納粹一時自政治角逐場銷聲匿跡，但是就在二〇年代末期，又捲土重來。一九二八年國會大選，納粹雖祇獲得十二席次，兩年以後，卻增加到一百零七席，而一九三二年七月竟然在六百五十個席次中獲得二百三十席。此時納粹已不容忽視，年邁的總統興登堡，別無選擇，祇得邀納粹參與政府。不用猜亦知希特勒接獲邀請後定會提出過分要求。他不僅要求自己被任命為總理，同時還要求相當數量內閣閣員由納粹黨人出任。興登堡拒絕此一要求，不僅當面教訓希特勒，並且還曾將整個事況公諸於世。這次表演失敗大損納粹形象。同時加上希特勒公然為謀殺一名共產黨員的五個衝鋒隊員(storm troopers，即SA)大做辯護，更是捲起一片冷漠的巨浪。即在一九三二年十一月大選中，納粹減少了三十四席和近兩百萬的選票。

一九三三年元月，情勢明朗化，若不與政治上激進派合作，不論是極右的納粹或是極左的共黨，否則就無法組成聯合政府。於是有人建議興登堡解散國會，重新選舉，但不許納粹及共黨參加競選。這位老邁的總統以為此方案過於嚴苛而予以排斥。軍方仍維持正式中立，但在其無黨派表面之下存有嚴重的分歧，傾向共黨的祇有極少數，但是對於納粹，不論極端熱心或是極度痛恨嫌惡，皆有之。

當時德國政壇元老，前總理巴本(Franz von Papen)則以為除非希特勒出任總理的宿願得償，否則德國將無寧日。於是在巴本推薦下，希特勒成為聯合內閣的總理，而巴本則出任副總理，如此一來，他和同僚皆以為這下可以抑制納粹，其中一位甚且向希特勒暗示說，「我們終於能使他入網。」如同歷史學家克瑞格(Gordon Craig)冷眼旁觀所下的結語：「任何一本名人遺囑大觀選集都該把這句話蒐羅在內。」❽

二月三日，希特勒會晤軍方統帥，曾作冗長演說，強調德國軍隊唯有處於最嚴厲的專制政權領導之下，始能發揮最大功效。似乎有意激勵軍方，他保證將廢除凡爾賽和約加諸德國的桎梏。為使納粹得以控制警力，裨能以合法掩護納粹罷工暴動小組(goon squads)之活動，遂以戈林出掌警政。

翌日，新任總理說服退化中的老總統興登堡下令，凡有反政府嫌疑的報紙和集會都予以取締。隨於二月十七日，戈林即下令，禁止普魯士警方干預納粹半軍事化組織衝鋒隊和親衛隊的活動。三日之後，希特勒又與工商鉅子會面，告以近在眼前的三月大選，可能是十年之內，甚至百年之內的最後一次選舉。

一週之後，國會大廈神祕大火，如今，出於納粹特務設計教唆之說，已為世人接受。然而當時，很容易即可歸咎共黨激進分子惡行，恰好給予希特勒一個正大口實加以清除。翌晨，為數四千以上的共黨活躍分子遭逮捕，其中包括不少反政府的知識分子和專業人士。興登堡亦被說服簽署另一項命令，暫時停止民權，政府收掌共和內各邦原有權力。此後德國公民僅因嫌疑即可遭捕，且不經審判亦能下獄。集中營也因而遍布全國，專門管束不滿分子。

對於一九三三年三月五日大選，歷史學者已有正確描述：「在恐怖的控制之下，在各地均遭脅迫之下，納粹獲得多數席位，自在意中，然而其意義不大，共黨得票仍在五百萬之數，在國會中佔得八十一個席位。納粹的二百八十八席，佔國會席次的百分之四十三點九，其他黨派則共有三百五十九席。換而言之，此即德國大多數選民唾棄納粹之表現。

納粹並未因此收歛。截至三月二十三日，共黨代表若非亡故即是身繫囹圄，國會也正醞釀通過「便宜法規」(Enabling Act)，經由此法，內閣亦可不經國會擅自立法成為合法憲政程序一部。至此，立法與行政正式合一，而希特勒亦經票選成爲獨裁。無論外表上或實質上，希特勒均享有絕對合法權力，將他的意願加諸德國。僅兩月內，德國正在實驗中的民主最後一點痕跡也遭他徹底摧毀。當時酒店流傳一則笑話說：

唱詩班團員身價比歌王卡羅素（Caruso）還高。國會議員一年僅演出一次唱兩首曲子（國歌和魏瑟爾之歌〔Horst Wessel Lied〕），就能領到二萬四千馬克。❾

一九三三年七月，新政權與梵蒂岡簽訂協約。就在當月，國會通過另一項法律，使納粹成爲德意志唯一合法政黨。凡是有意別立政黨者，其最輕罰則也要入獄三年。至此，希特勒權勢已不容任何挑戰。但他卻有更野心的計畫，他需要武力。因此目光開始轉向軍方。

由種種跡象來看，克勞斯初期軍事生涯，他仍然保持過去典型文藝復興人的心態，而非一個單純的職業軍人。他閱讀衆多書籍，範圍亦廣，包括軍事史、一般史、政治、哲學、心理學、經濟、藝術和文學，英語、俄語亦達於流利。雖然不曾有任何資料顯示他曾正式學習法語，但由其表現，顯然法語程度亦佳。他繼續參與各種演講會、演奏會，並保持前往格奧爾格門下就學的習慣。一九三〇年在德伯利茲（Döberitz）接受特殊軍事課程訓練時，仍然設法參與格奧爾格寓所的詩會。他曾對妮娜說：「我擁有最偉大的詩人做我的老師。」❿也就是經由格氏，反納粹的種子植入了史陶芬堡的腦海。

納粹初獲支持，到納粹取得政權，益發使得格氏若干詩篇顯現了預見之明。其中最重要者，是他在第一次世界大戰之前即已完成的一首短篇詩歌。靈感來自西紐瑞利(Luca Signorelli)的名畫——〈反基督〉(*Der Widercrist*),該畫也成爲史陶芬堡和那批密謀同志的圖騰。早在二〇年代,希特勒突然崛起,邁開步伐企圖控制德國時,該詩篇顯然已被視爲先知預言,格氏和若干弟子也公然的作此說:

他來自群山,站在松林之中!
我們看到是我們自己!他和死人一起
他轉化成酒和淨水,並與死人交易

噢!你能不能聽見我在夜間是如何的大笑
我的時間聲響起,所有的陷阱都已散出
魚兒充塞於我撒下的網中,厚厚的擠成一堆

聰明的人、愚昧的人、狂怒而蹣跚的人群
踐踏了田地、砍倒了樹木
祇爲了要替那群崛起的畜牲開路

凡是天堂的奇蹟，沒有我不能展現的
它是極端不純潔，可是你們卻未曾留心它的虛假
你們衹是目瞠口呆的顯出愚蠢的感覺

在充滿辛勤與珍奇的地方，我想到了「虛浮」
自堆肥中，我造出了似黃金的物品
似香水、似甘露、似香料的物品

凡是先知所否認的，我都加以讚美
這是一種不需要耕耘、下種和辛勞的技藝
它仍能自土壤中吸取它的精髓

害蟲之王正在拓展它的領域
沒有歡樂能迴避他，也沒有財富或有利益
衹留下了叛亂的殘渣

在惡魔的光彩催眠下，你道出喝采

將所有的曙光蜜汁消耗一空
唯有到此時你纔感受到災難

於是你伸出舌頭，朝向枯竭的水槽
極度愚昧的像是一隻通過熾燃草原的雌牛
恐懼的厚顏四處大聲鳴叫⓫

格氏本人很難說是一位傳統基督徒。若說他對傳統基督教有所敵視，那也只限於它的神學部分，至於教徒所強調的自我犧牲，他則給予甚高的評價。同時他也毫無保留的引述基督教的心念和隱諭。〈反基督〉這篇詩，即部分演化自啓示錄十九章二十節所描述的角色：

那獸被俘了，在他面前行過奇蹟的假先知也一起被俘了。這假先知曾經藉奇蹟迷惑了有獸的印記和拜獸像的人。

此外，該詩創作靈感也來自使徒行傳第八章九至二十四節中出現的那位假先知的胚形——被稱爲西門大師（Simon Magus）的人，還有教會早期教士的作品和後來的基督教傳統。有部分證據顯示西門的原貌或者是西門所本的那一類型，事實上是早期的諾斯底教派（Gnosticism，編註：盛行於西元二世紀的宗教活動，主張二元論，強調個人靈性，極端禁慾主義），曾有一位早期教士伊皮凡尼烏斯（Epiphanius)即曾指控西門爲諾斯底派創始人。基督教作品和傳統之中，均指稱他爲第一個異端分子。是一個以撒馬利亞人(Samaritan)、奇蹟製造者，並以彌賽亞自居行世的人物。他魅力十足，成爲彼得那般衆人的漁夫即是他追索的目標，讓衆人的靈魂擁入他的漁網之內，唯一不同的則是他採行了一個較爲罪孽的方式。他曾向彼得提供金錢，以期換得用手觸摸即能爲人療病的稟賦。換而言之，即是期盼以金錢購得聖靈以爲己用，此即僧職買賣罪行之濫觴。他甚且懷疑耶穌，並對彼得的使徒身分權威性提出質疑。就後世資料顯示，對彼得的攻訐，以向彼得奇蹟能耐挑戰而達於頂點。在對決時，西門所行之奇蹟確實令人印象深刻，看來高出彼得甚多。然而他不同於彼得，他所行之法非得自於神聖力量，而祇是經由巫術，即或不是來自邪靈，也是來自於相當有問題的淵源。充其量也不過於弄髒或污衊純潔的表面。也就是格氏所說的「方便」：精神上等同於一種代用品或是贗品的東西。它們看起來是如此的炫目，實質上祇不過是玩弄一些詭詐的技巧，一種戲法，甚至是一些愚弄手法，或作僞。它們祇能觸及人的眼神和良知的表層，但是卻沒有任何深入的信度。

此即是西門大師在傳統基督教作品中的形象。他企圖向基督教的權威挑戰，然後加以利用來建樹自己，他即是黑道魔法師和反基督的胚形，亦即是像克羅萊這類降神術巫師或黑道魔法師的樣本。格氏詩篇中的反基督，那個集詭術和虛假大成具體化的形象，提供了方便法門，一種事前包裝直接加熱電視餐的救贖——祇不過是表面光鮮的代用品，本質上根本就屬邪魔外道。他是一位煽動大師，煽惑大批的追隨者踏上一條由華麗而低俗的精神力量所構成的大道，終將導引他們以及他自己步入毀滅。

一九三三年時，對格氏及另外一些用心觀察的人士而言，希特勒導引的道即是這種危險的道。湯馬斯・曼即曾出版一本這類危機意識的故事，名爲《馬利歐和魔法師》(*Mario and the Magician*)，布若克(Hermann Broch)當正在著手一本小說——《咒語》(*The Spell*)，該書後來以英文出版。隨著三〇年代的進程，納粹的地位益形鞏固，格氏的詩篇也就更形適切。直至一九四四年，他所作的預言大部已經具體顯現，而詩句結尾部分的天啓洪禍也就呼之欲出了。

格氏向來主張疏離存於政治與藝術之間，並且據此引伸，而以政治有害於精神生活和人道本身的各項本質。然而他對納粹的態度，似乎有時很不一致，竟然允許學圈中少數分子去擁護納粹。當然大部分分子，包括猶太裔在內則不曾支持納粹。最後，格氏則是對新政權深懷敵意。對於這個「重生」，他宣稱它和假先知的作爲並無二致，皆屬表面化、作僞、純潔僅止於膚髮而已。至於政治現實上，第三帝國完全背離了帝國傳統精神，在他眼中正如西門大師所作的奇蹟代用品背離了基督教彼得的傳統一般。

> 格奧爾格以爲他無法自希特勒身上看到他自拿破崙或凱撒身上所看到的特質。他不斷的貶抑納粹。一九三一年或一九三二年時，他曾說過，若是納粹當權，每個德國人都會在頸子上拴上一個套索，因爲一旦認爲不該活著，就可立刻拖去絞死。在批判納粹是恐怖的夢魇時，他則說劊子手永遠不會是令人愉快的人物。⓬

儘管格氏屢次出言不遜，卻也不曾觸怒納粹，他們仍視他爲一精神前導，並試圖推舉他爲納粹委員，一如他們對待尼采一樣。然而格氏這方面，對於納粹屢次利用他的名字、他的若干詩句、他的某些理念，以及若干他個人的標識——例如折邊的鈎狀十字徽等作爲宣傳工具，曾一再加以制止和表示憤慨。當他收到戈培爾請他出任納粹黨的代表詩人的邀函時，他的憤慨亦不下於先前。

一九二八年十月格氏出版一本名爲《新帝國》(*Das Neue Reich*)的詩集，他曾宣稱這是他最重要的預言詩篇。在詩集中，他企圖喚起一種文化意識，而此意識在精神上與納粹所崇尚者大相逕庭。一個月後，他召集了一次學圈會議，並以親自吟誦他生命中最重要的作品來款待衆弟子。別離的氣氛充塞整個會議，告辭與永別之情令在場者不勝唏噓。格氏含著淚水道出了他對弟子的告誡、他所預見的徵示和警兆。就在這次會議中，他吟誦了他最後的兩篇偉大詩稿——〈法肯斯坦堡〉(*Brug Falkenstein*)和〈祕密德國〉。其中尤以後者艱澀難懂，可以說是毫不透光，難以看穿。部分人士以爲，該詩篇包涵了傳送給學圈各分子的祕密訊息，是一種密碼式的指令、一種刻意掩飾的行動計畫。此說未免太過，若以格氏眞的有意隱藏某些特殊含意於詩句之中，而且祇有他的弟子纔能領會，這種推論實在太過武斷。不論這篇作品是否眞含有微言深義，總之對史陶芬堡而言，它自有特殊意義。十五年後，就在大戰如火如荼之際，史陶芬堡即是以這首詩的篇目作爲密謀的代號。而且它也是當他面對行刑隊時，自他嘴中吐出的最後遺言。

一九三一年，納粹正朝掌握大權道路大步邁進時，格氏則作了自我放逐，匿居於瑞士的米奴休(Minusio)，靠近義大利邊界，位在羅加諾(Locarno)附近。米奴休原本祇是作爲避冬之所，然而格氏居於當地時間愈來愈長。到了一九三三年，他則全心全意成爲放逐者，除了偶爾返德小住，餘時均留居米奴休。

是年五月，納粹報紙曾作大幅報導，預備邀請名詩人以作品來承擔偉大的任務。格氏被列爲詩人中最能表現新德國精神的典範。納粹當局曾經很謹愼透過一個中間管道，探尋格氏的意圖，是否願意返國主持一所詩藝學院，或是參與該詩院。若蒙首肯，官方將以公開方式致函邀聘，並予以公然褒揚，以格氏爲納粹精神與文化的導師。格氏的回覆，模稜兩可一如往昔：

> 敝人從不否認國家新政府之先世，對於敝人在精神層面曾作之貢獻，敝人也無意有所爭議。然精神之道與政治之道大異其趣。若必將二者相合，則於公衆之間終必興起最爲糾葛不清之精神。無論政府視敝作何所指，以及如何衡量其意義，均無法令吾嘴與之認同。⓭

至於成爲詩院一員之事，格氏則以冷峻態度嚴拒。他說：「半百年來，我即是德國詩界與德意志精神的祭酒，而此期間不知有詩院之存在。即或有之，敝人亦會是它的反對者。」⓮

是歲，他預備返回萊茵河畔故鄉濱根(Bingen)，與他的妹妹共度他六十五歲的生日。由於擔心當局給他來個官方祝賀，他遂修改原訂計畫，生日前四天即悄然離開他妹妹的寓所，並在七月八日於濱根他個人所有一處隱匿公寓內歡慶原本是十二日的生日。爲了避免受到納粹盛情干預，並提前返回米奴休。

一九三三年秋，格氏的健康急轉直下，初冬之際，他已病入膏肓。即在此時，他將若干入室弟子召喚到身前，並道出他最終的疑懼，他憂心過世之後，將有親衛隊或納粹黨方代表前來要求將他屍體運返德國，並為他來次官式國葬。因此交代史陶芬堡兄弟切勿令此事發生。

十二月四日，格氏去世，葬禮則於兩日後舉行。克勞斯則負責安排守靈事宜。他確實做到祇允他們兄弟和一打左右的朋友，包括若干軍中同事徹夜守候於恩師靈前，不讓任何官方代表接近。

在一所清靜小教堂正中，停放一具橡木棺材。其頂端擺著一束月桂冠，枝葉編織屬於羅馬式。棺木左右兩側各有三株月桂樹，枝葉均高過棺木。在這教堂空曠室內一角，則是守靈的至友，採用的則是泰興(Tessin)習俗，並依照克勞斯排定的班次，輪流守靈。教堂正門，入口的兩側各有兩株月桂樹。十二月五日傍晚，親友齊赴教堂，親視死者最後一面。在死者頭旁置有兩枝月桂樹枝，左手則放置若干首飾。人們依次入內，並在棺木之前放下花朵。而死者與來祭弔的活人之間則隔以月桂樹。⑮

臨終前，格氏所擔憂的納粹官方必會企圖接管整個場合的疑慮，得到了證實。的確有些陌生人前來查詢，目前已確知他們即是納粹黨方代表和駐於十七哩外羅加諾的德國領事，他們曾和米奴休市長有所聯絡，裨能探得葬禮時間。可能是出於史陶芬堡的授意，衆人告知米奴休市長的時間是下午三時。事實上葬禮舉行於上午八點一刻。當納粹官方抵達的一刻，為時已晚，以致不能發表演說，也不能作任何其他動作，祇能在墳前獻上一枝月桂和一個碩大的納粹折鈎狀十字徽飾。格氏學圈中一名女士，很巧妙的以一大束玫瑰花掩蓋了鈎狀十字徽。未幾該徽即被一不知名人士移走⑯。

費澤這位史陶芬堡兄弟的兒時密友和親信，曾對當時過程留下了簡潔的記載：

他們三兄弟均屬格氏學圈核心分子，一九三三年十二月四日群聚於格奧爾格病榻之前。他們對祕密德國的責任感，超越了他們自身期望的需索，超越了他們的生涯和家庭。⑰

即在此年，納粹掌權、格氏過世的同年，史陶芬堡在軍旅中的發展益形突出。報告中皆指出他那不凡的和藹與友善，他能贏取所有人士信任的能力，他那以中間人介入排難解紛的特長，還有他那足以挽救情況僵化的毫無猜防容易令人感染的朗笑，當然也有他那咄咄逼人令人畏縮的譏諷。

對於甚多事物他確實非常保守，這是預料中事。然而他絕不至於只因某物古老或神聖就以爲價值非凡。祇要情況看來合宜，他也會對那些未經實驗的新事物給予熱切的支持。一九三五年，當局在漢諾威騎兵學校附近構築飛機場，如此一來則剝奪了軍馬慣用的教練場。於是有人擬議將騎校遷移至柏林附近，結果引發了反對與抗議，以爲此舉將違反傳統而且會降低騎校聲譽。而史陶芬堡卻站在贊成遷移一邊。雖然他身屬騎兵一員，又重視騎兵在軍事史上的地位，可是他看出了空中武力在未來的重要性，並以此來排定他心中事物的輕重緩急。

威瑪共和的軍隊一如大部分職業軍隊，不允許政治涉足其間，嚴禁任何政治活動，不允軍人參與政黨或投票選舉。至於史陶芬堡似乎從不屬於任何政黨。他的同僚曾指稱「他有自己的黨」。對他而言，共和國軍不僅是一個軍事工具，同時也是培養領導才能的所在。再者，他也認爲軍隊是共和政權主要部分，是國家安全和聲譽的護衛。就這個觀點來說，他深信德國軍人雖然不必活躍於政治方面，但仍然必須具有政治意識。他和同一階層大部人士一樣，對於日形式微的共和政府，他難以有所熱情支持。然而由於他那種服務社群的義務感，使他不曾對共和明白展現任何譏諷和懷疑，就這一項，他即與舊帝國秩序支持者立場相反，他們對於已遭推翻的霍亨索倫王朝的懷念，乃至唾罵威瑪共和國旗爲「黑與紅芥末醬」。每當拜訪法蘭孔尼亞親戚時，他都會身著制服以往。他很清楚，在共和國軍隊出任軍官一事必定會使同等身家人士激憤不已。他們以及他的父親皆以共和政府爲叛逆，巴伐利亞王的退位並非出於自願，而是爲革命分子所逼迫下台。而史陶芬堡以身著制服表明自己扮演一個破除偶像的角色，從不心懷歉疚。

一九三三年，希特勒受命出任總理時，無論擁護者或反對者，都曾舉行公衆遊行。晚近報導，史陶芬堡曾涉入班堡親納粹分子街頭慶祝活動，這點深令爲他作傳人士大感尷尬。當時，他身穿軍裝正要趕赴晚宴。根據某些記載，他陷入大群興奮、熱情的群衆之間，然後不論無意或有意被人推擠至遊行隊伍前端。根據另外的報導，他則是刻意走到隊伍前端自居領頭地位。當然，這種行爲絕對不合於身著制服軍官所應有。而且也是共和軍方嚴禁的罪大惡極的政治活動⑱。

然而就當時大環境而言，這種行爲出現在一位年方二十六的軍官身上，是可以理解。一九三三年時，反納粹最爲激烈者，多屬軍方左派人士。他們反對納粹並非出於對納粹有深切的認識，而是出於納粹在意識形態上與他們本身所持者互相敵視之故。對於那些不傾向或不受制於任何形式意識形態人士而言，也祇有極少數的個體先知先覺人士——如湯馬斯・曼、布若克等，纔能於隱約之間眞正察覺未來趨勢。對於當時絕大多數德國人來說，納粹所提供的不啻是令人歡欣回歸法律的一項保證，是針對威瑪政府積弱不振的一帖解毒劑，是經濟復甦的一項前兆，也是對抗暗地腐蝕國家的共產主義的一根大樑。此時距離恐怖的俄國革命和內戰也不過十餘年。對於在飽受打擊中艱困經營奠立的德國中產階級而言，史達林治下之蘇聯，絕非令人歡欣鼓舞的榜樣。更且納粹在當時仍然對鄉下青年有足夠吸引力，特別是其中最聰明、教育程度最好的一批。佛洛伊德以及容格(J. G. Jung)皆曾對史陶芬堡同年的一輩懷有高度興趣和同情。經由新興較有深度的心理學，結構出一個令人振奮從未發現的世界，主宰他們意識的若干主要法則——如強調文化與精神的再生與更新、重視語言上的象徵主義，至少在表面上與納粹主義吻合。而赫塞、布若克、湯馬斯‧曼等文學人物，不也強調了相同的主旨，他們大膽的引用了佛洛伊德和容格的思想。當政界左派正在對理性知識分子宣揚那些內容貧乏的知識觀念的同時，納粹則在以巧妙手法全力推銷象徵符號，它們在深入人心與引起共鳴上，遠大於任何抽象的理念。語言符號是琅琅上口有聲的、它強而有力、所能喚起和引發的迴響要遠過於任何理性的門檻。除了對人的腦子，它還對人心和神經體系而發。它似乎能提供崇高巍峨詩意般的眞理，而詩意眞理又特別容易和政治眞理相混淆，舉例來說，就如今日厄斯特(Ulster)地區種種有關統一愛爾蘭的韻文。

在日後看來無法說明又不甚周詳的準備工夫，即能欺矇當時青年一代男女。假如納粹主義並未在我們集體意識中烙下恐怖極矣的印象，即或在今日它能煽惑的對象不止於鄉巴佬和理平頭人士(軍人)，相信會有大批的有教養、有思想、通文墨、好藝術的人士一樣會上鈎。若說六〇年代以來凡是讚賞容格、神祕主義、東方思想、比較宗教學、民謠和民風的人士，若生活在二〇年代及三〇年代初期，都會受到納粹主義若干層面的蠱惑，亦絕非誇張之詞。正如湯馬斯‧曼在《魔山》(*The Magic*

Mountain, 1924）一書中所顯示的一樣，具有傾向神祕的感性原本就有相當弱點，很容易被右傾極權主義所利用，而自然對之產生感動。

就因前述緣由，有批日後密謀分子，包括崔斯考、昆罕、霍法克等，莫不以爲納粹思想也有部分令人動心，值得贊同。類似情況亦出現於格氏學圈之中。三〇年代初期，史陶芬堡很可以認爲：「德意志人正在反抗凡爾賽和約、納粹黨正以大力製造就業機會，以掃除嚴重失業問題，並且還致力爲流落街頭人士組織各項服務性質工作。」⑲

他衷心期望，一旦納粹掌權，黨派傾軋即可結束，並能制訂堅定向前的政策。此種不耐與渴望，以今日西方民主社會而言，實爲熟悉不過。至少，他在理論上確實贊同由活力充沛的中央集權化領導原則，藉此足以在面對強力決策需求之時，不會退縮不前，而顯現出迴異於軟弱無能威瑪共和之氣息。下列說詞即可說明史陶芬堡動機高尚的一面：

> 希特勒擅於運用文字來表達若干基本而嚴肅的概念，從而導引了精神生活的復甦。結果，凡是好思考及有理想的人士均受到吸引。⑳

根據友人的說法，史陶芬堡對於希特勒的兩項特長醉心不已。一是希特勒散發的吸引力，一是他僅以熱情竟能使原本在那個腐化世界中看來無法達成的事物，霎時間變得可行㉑。一九四二年間，這位友人曾對另一個知心朋友赫瓦斯（Hens von Herwath）宣稱：

起初，希特勒的各項成就，如德國再武裝、駐軍萊茵河非軍事區等等，無不震撼他的心弦。……最令他心儀的，則是在沒有武裝衝突之下，達到這些成果。後來，當我遇到史陶芬堡之時，態度有了轉變，他對於當前進行的事則深懷警懼。㉒

不論起初他對於新政權有何種的認同，然而他對於希特勒的魅力和據此而得到的成就，絕非盲目崇尚。他曾經舉陳三項透徹而有力的分析。第一，他認爲希特勒破壞了民主政治，雖然他採用了民主程序，但也祇是表面工夫，乃至使得政府和政黨政治都失去功能。第二，西方國家在凡爾賽的決定，爲希特勒和他的論點提供基礎，足使他能以合理的公衆困境鬥士身分現身。第三，針對公衆心目中共產主義威脅而言，納粹政見的確是最具吸引力的選擇。

至於史陶芬堡涉入班堡街頭示威遊行一事，情況仍然不明，無法證明究竟爲何。某些評論者一如其部隊同僚，認爲此事全屬子虛烏有。即在大選納粹獲勝後數日，軍官團曾對街頭示威遊行有所討論。我們無法確定這次討論是針對某一眞實發生的特定事例，或針對某一假想情況。紀錄中顯示，史陶芬堡曾力陳，以當時情況而言，一位軍官若僅僅是站在遠處觀察，恐怕無法了解市民情況。同時，他還引述對抗拿破崙的偉大軍事領袖——香霍斯特、格奈森瑙、瓦登堡等人爲例。他們亦都參與政治，而不祇是扮演公共意志的工具而已。同時他們也對那些將可能變成脫繮野馬的無程序的能量加以調節、規劃、抑制、疏導。一如往昔，史陶芬堡心中的貴族責任感再次成爲主導原則，成爲道德使命量表。對於群衆的尊重以及對於暴民的不信任同時懷之於心。他曾在另一個場合表示：「導

引群衆是政治中不可避免的重要部分，這不是一件可以任意交給阿狗、阿貓去做即可的事，如此必將導致災禍。」㉓

史陶芬堡曾同意作爲衝鋒隊（SA，又稱褐衫隊）夜間演習的指導員。他一心期望，強迫衝鋒隊在夜間消耗精力，至少可在該地使他們遠離街道，使他們脫離慣有的夜間暴動，不再狂飲、胡鬧，不再有酒醉後的暴行，包括搗毀財物、毆打甚至謀殺猶太人和政敵。以強迫性夜行軍和各種需要體力的操練，讓那些人減肥，讓那些平時仰首闊步、紀律欠佳的粗人變成上氣不接下氣、累成半死不活的殘軀，對史陶芬堡來說，這還眞是幽默可行的好事。

在那個時代，史陶芬堡和德國各地的正統軍人一樣，都嫌惡衝鋒隊。對他來說，衝鋒隊這批庸才，集惡行之大成，令人深惡痛絕，根本冒犯了德意志民族的美德。他們不僅是一切羞辱的根源，而且還是德國軍隊的潛在威脅。當然這不是意味他們將可取代正規軍。他們缺乏訓練、組織以及軍事專才。可是他們卻幻想自己擁有這些特質，或者他們擁有其他某些特質，使他們在表面上看來擁有軍隊特質。結果在正規軍與衝鋒隊之間經常引起敵視和鬥爭，導致緊張情勢。到了一九三四年，雙方甚至互相懷疑對方隨時會發動叛亂。

爲了規避凡爾賽和約加諸德國的限制，軍方建立了一系列的祕密倉庫和補給基地，以逃避西方國家檢查員的檢視。各種武器分別匿藏於各個地區。一旦衝鋒隊探得這些貯存庫時，就會產生較勁情勢，衝鋒隊是一心謀獲正式武器和軍品，陸軍則努力保護庫藏，史陶芬堡至少有一次經驗，組織運輸車隊，將武器自原有貯存所運往他處匿藏，以免被衝鋒隊掠奪。

就某方面來說，衝鋒隊令人可笑，更嚴重一點說，他們是一群精神不健全的害蟲。然而衝鋒隊不斷擴編，逐漸使他們成爲不容人忽視的勢力。一九三三年，衝鋒隊已達四十萬人，四倍於正規軍。一年以後，其數量高達二百五十萬人，遍布於德國各地，穿著史陶芬堡和許多人諢稱的「狗屎色」的制服到處耀武揚威。納粹黨的分支機關遍布於每個市鎮、村落，皆由衝鋒隊成員來主持。穿著褐色制服的人士，可包括中產家庭的家長夫婦，下至販夫走卒和莽漢，甚至還有那些殺手和輕微罪犯。他們將大部分時間花在準軍事化的活動之中：如鬧劇式的遊行與閱兵、營火會議、夜間火炬遊行，以及肩荷鏟子、鋤頭的操練和演習等。他們耽溺於一回又一回的酒會，高聲唱著刺耳的愛國歌曲，以及精心規劃的同志愛的感性活動。他們也會做出許多罪惡事跡，比如辱弄政敵，以此爲口實，凡是他們不喜歡的人或是與他們有過節而未解決的人，也都遭殃。他們會搗毀商店和企業，處分夜總會店東和酒店的演員，誰叫他們膽敢諷刺那位有撮小鬍子的人。即在一九三三年大選前後，黎明時分經常可在街頭發現屍身，這些即是衝鋒隊暴民遊說與回報活動下的犧牲者。

儘管希特勒對他們無法無天的行動、他們的喧鬧狂暴，還有他們那種目無法紀的恐怖活動均有所不滿。然而在一九三三年他奪得大權之前，他確實需要他們。衝鋒隊固然使國家蒙羞，使德國國格在世人眼中大爲低落，然而他們確實能爲他打擊鎮壓敵手，他們是納粹政見的尖兵，爲納粹前途掃平了一切的潛在障礙。

一九三三年元月以來，對希特勒而言，衝鋒隊已屬多餘，甚且可以犧牲，事實上它們也的確變成累贅，必須加以切除。取得國家大權後的納粹黨，需要凝合有訓練有紀律，而且組織更形精密的工具以供驅使。爲達此目的，一支規模雖然較小，但無論效率、教育程度，乃至黨性卻高出衝鋒隊甚多的親衛隊應運而生。同時若要實現心中既有的德國擴張藍圖，希特勒需要軍隊。若要說服軍方，就必須將軍方的忠貞與興趣自納粹最大勁敵手中，也即是自那批被他們視爲祇會裝腔作勢、口出狂言人士手中轉至納粹手中。

一九三四年二月，衝鋒隊統領羅姆（Ernst Röhm），這位希特勒的忠臣，提出一項重大建議，擬議將其所部轉化爲嶄新的「人民軍」，而正規軍與親衛隊亦將併入人民軍系統之內，其控制權則當然交由羅姆執掌。軍方不僅立刻予以回絕，同時表示此議根本不可想像。從此軍方領袖與衝鋒隊益發勢同水火。該年夏季，情勢更加不能收拾。六月二十一日，軍方領袖曾力勸德國名義上元首——老兵興登堡，對希特勒下達最後通牒，除非能把促成當前緊張形勢的引線解除，否則總統將宣布戒嚴，並將大權交付軍方行使。以後數日間，軍方採行各種急切強硬措施打擊衝鋒隊。六月二十五日，軍方下達警戒，所有休假一律取消，部隊在營區集結待命。事態演變至此已甚爲明顯，衝鋒隊終被馴服，降格爲從屬地位，乖乖聽命。此即所謂「長刀之夜」的成果。

六月三十日清晨，希特勒與戈培爾自波昂飛抵慕尼黑。即在慕尼黑南方數哩泰格湖（Tegernsee）畔一所旅舍中，由於夏日慶典狂歡導致疲憊不堪的羅姆和衝鋒隊若干首腦正下榻於此。天剛破曉，希特勒與隨行親衛隊即破門而入，將一干衝鋒隊員捕獲於臥榻之上。其中數人旋即拖至屋外槍決。羅姆本人則被押返慕尼黑，打入史塔德罕（Stadelheim）監獄地牢之中，牢房小桌上則置有手槍一柄。羅姆拒絕持槍自裁，並高喊「叫阿道夫自己來開槍」。兩名親衛隊隨即進入室內，用他們佩帶的武器結束了羅姆的生命。納粹領導階層中，羅姆同性戀行爲早已屬公開的祕密。如今則成爲他伏法的主要罪行之一。有則笑話隨即流傳開來：

> 到了此刻，我們纔了解羅姆對納粹少年所說「每個希特勒少年隊員都會轉化成衝鋒隊員」這句話的眞正意義。㉔

就在羅姆與同僚在泰格湖畔驚恐之際，親衛隊也在德國全境小心翼翼的展開掃蕩衝鋒隊分遣單位的行動。柏林一地，即有一百五十名衝鋒隊員死於親衛隊行刑隊之手。希特勒正式宣稱處決七十七人。然就流亡巴黎人士資訊，則謂共處決四百零一人。戰後大審之中，則有人承認死亡人數上千。固然長刀之夜主要受害者爲衝鋒隊，但也殃及無辜。就其原因則是「弄錯身分」，這句歉疚託詞也是今日北愛爾蘭共和軍的口頭禪。無辜遭槍決的人士包括慕尼黑最著名日報的音樂評論人，祇因爲他正巧與某位衝鋒隊官員同名。此外，還有若干政敵也在此事件中喪生，其中包括軍方兩名高級統帥，前總理兼國防部長的史利舍爾(Kurt von Schleicher)將軍和布里多(Kurt von Bredow)將軍。在清除這兩位著名軍事人物時，希特勒根本在進行一場危險的賭博，所幸並未出現任何反彈或集體抗議，因此原本祇是軍方榮耀上汚點，如今則成爲他事實上的共犯。

不論德國軍官個人對於史利舍爾與布里多死亡持何態度，由於適時清除衝鋒隊這一心頭大患，整個德國均爲之鬆了一口氣。至於史陶芬堡的反應，一如德國軍方人士和中產階級所流行的意見。他將此事形容成「戳穿腫瘤」。對他以及其他大多數人士而言，身著黑衫的劊子手——親衛隊，在當時仍然祇是嫩枝，人數太少，不足以構成大患。

然而就在長刀之夜後一個月，一九三四年八月二日上午九時，那位上了年紀已顯老態龍鍾的興登堡過世。到了正午，正式公告發出，其上言：「依據前此時日……通過的法律，總統一職已正式廢除，其職掌則併入總理職掌之內，希特勒將身兼二職。今後正式頭銜更名爲帝國總理暨元首。同時也是三軍統帥。」

過去，軍人(自五月二十一日起其名稱已由共和國軍改爲國防軍)誓詞甚爲單純，僅止於「以忠誠與榮譽之心爲祖國及人民服務。」興登堡去世當天，德國全境各部隊均奉命舉行閱兵分列式操練，並奉命依新誓詞宣誓效忠：

> 謹奉上帝之名作此神聖誓言，我將無條件服從德意志帝國與人民之元首國防軍最高統帥阿道夫・希特勒。並以英勇軍人自許，隨時準備爲此誓言捐軀。㉕

牛津大學史學家克瑞格曾形容接受新誓詞即是使「軍方領袖淪爲道德上俘虜」㉖。夏勒(William Shirer)則對這種自我妥協的後果有更精闢的分析：

> 將領們截至當時仍可推翻納粹政權……此後則淪爲希特勒牢籠中的囚犯，承認他爲國家至高無上權威，並將自己羈縻於對他的忠貞誓言之內，造成他們不論祖國和自己已遭何等降格，無論情勢如何，皆因榮譽感牽制而必須服從希特勒。㉗

史陶芬堡的密謀同志布奇也曾強調這個新誓詞所造成的重大後果。這是長刀之夜給予希特勒的報酬，是回收的現象。由於爲軍方所迫而清除衝鋒隊，元首自然可以要求有所回報。

> 有關與登堡死後，希特勒何以能取得別人的效忠，外界報導甚少。而且最令人不滿的是無人將此事與一九三四年六月三十日事件關聯在一起。當時希特勒必然清楚與登堡已不久於人世，作爲與登堡的繼承人，他必須面對如何取得軍方效忠問題。他根除衝鋒隊，也就等於清除掉唯一能與軍方抗衡的組織。六月三十日事件是希特勒取得軍方忠心不貳的必要行動，……因此與登堡過世當日，軍隊隨即出面，在未經任何宣導對憲法效忠的舊誓詞和對希特勒效忠的新誓詞之間的差異之下，即宣誓效忠。㉘

布奇也描述不少人士如何巧妙的迴避宣誓。其實任何對法律有所訓練的人立刻即能區別新、舊誓詞的差異，因此在宣誓儀式中不曾舉手，認定自己不曾宣誓。另外一種逃避宣誓方式則爲假裝昏倒。克萊斯特曾眞實參與宣誓，但他立刻私下做後續宣誓，一旦遇有機會將立刻解除前誓㉙。當然，此種作爲含有犬儒主義的幽默意味，但這也證實一項事實，當局是如何要求國防軍承擔這樣嚴重的誓詞。誓言攸關榮譽，是一個士兵、一個軍官、一個基督徒、一個德國人在上帝之前所作的神聖誓言。若是違反此一誓言，即等於剝奪一個人成爲前述身分的權利。

對希特勒的效忠誓言，日後即成爲史陶芬堡密謀同志之間爭議的焦點之一。有些新招募的同志則根本迴避這個問題。對於其他人而言，以謀刺手段除掉希特勒更見緊要，祇要他一死，即可解除國防軍對納粹政權的忠誠。以布奇爲例，連他都有一種壓迫感，翻遍軍法大典，企圖找出法律上的漏洞以規避誓言的束縛，至於史陶芬堡對此事的態度，據布奇之說，他則是漫不經心，不以它有重大意義：

> 我曾和克勞斯討論過此事。他表示：要知道，我是一個天主教徒，清除暴君是我們長久以來的傳統。你的信仰中也有這種傳統，祇是沒有那麼強烈。路德不就說過，你可以殺掉一個陷入瘋狂的領袖。㉚

史陶芬堡本人到底對那項誓言抱持何種態度？他顯然是視它無意義。在任何情況下，那項誓言都無法超越他們弟兄曾對格奧爾格所作的另一項更神聖的誓言。史陶芬堡兄弟「一直保持獨立意識，長久以來他們一直有他們心中的元首。祇要他們心繫大師及大師的烏托邦祕密德國一天，他們即不會在希特勒的魔咒下屈膝」㉛。

如果說史陶芬堡曾擁抱早期的納粹主義，似乎並不是出於全然盲目崇拜或無知受騙。而像是出於善意忽略，期望納粹能走向好的一面。他對於希特勒的體認頗爲深刻，並且還說出他的看法，批評希特勒冷酷，連合法的外衣都不屑一顧，一旦老同志失去了利用價值，他即可殘忍的加以處決。他一再的表示他對殘忍行爲以及納粹領導人物欠缺教養的嫌惡，以及對於他們過分心懷仇恨的謾罵，他們張貼的那些莫名其妙的廣告，還有他們那些粗鄙的煽動手法的憎惡。

一九三四年九月十六日，史陶芬堡和一位同僚曾代表他們單位出席官方在班堡舉行的黨日演講會。演說人係惡名昭彰的紐倫堡黨部主委史齋契（Julius Streicher），他可能是最猥褻邪惡的納粹種族理論家，他的魅力來自他的淫穢，而後者尤盛於前者。由於史齋契曾公然出刊抨擊格奧爾格，因此史陶芬堡對此公早就心懷怨恨。在演說時，史齋契再度習慣性的以淫穢說詞攻訐猶太人。由於語詞過分邪惡，以致史陶芬堡深覺其謾罵之詞不可思議到無法忍受。史陶芬堡身材甚高，而他也自覺此項事實。他在同僚伴隨下，突然起立，離開座席，漫步走下中央通道，逕自邁向出口。立刻即有親衛隊人員上前攔截盤查，顯然他倆行為已經惹惱親衛隊。然而此時親衛隊還招惹不起軍方，更招惹不起像史陶芬堡這種社會地位和貴族來頭的前程似錦、活力充沛的青年軍官。經過稍許口角之後，他和同僚隨即自那群身著黑衫的爪牙中擠開一條路，走出大廈㉜。

此時史陶芬堡的思緒已經開始轉朝具有危險傾向的方向。長刀之夜後不久，他曾和他的營長私下交談。不過此時他們官階尚低，個人還無法有所作為。日後，據他同僚報導，該次交談曾論及以武力罷黜納粹政權的可行性，以及教會方面，尤其是天主教會，對此事將持何種態度等。兩人同意，由於納粹的武力和影響力，若以傳統革命，依靠群眾起義自下而上，恐怕無法推翻納粹。任何行動都必須自上而行，也就是必須依靠一小群高層人士共謀。此時，希特勒在史陶芬堡心目之中的形象大體如下：

是一個典型的現代煽動家，擁有驚人的能言善道雄辯能力。這個人經常祇是拾取手邊的觀念，並且將之化為己用，同時還能加以渲染，使其看來在政治上可行，那怕對群眾不利，他仍能盡惑群衆奉獻犧牲。[33]

儘管他對政權心存歧見，史陶芬堡從不曾公開批判。表面看來他對納粹黨不存譴責。要知譴責批判、冷嘲熱諷是一回事，而行動——尤其對他們這種低階軍官而言，又是另一回事。

註釋

❶霍夫曼：《克勞斯·封·史陶芬堡及其兄弟》，頁八四。
❷齊勒書，頁一七四。
❸克拉馬茲書，頁三五。
❹同上，頁三三。
❺同上，頁三五。
❻同❶，頁九七。
❼同上。
❽克瑞格：《德意志一八六六—一九四五》(*Germany 1866-1945*)，頁五六八。
❾格朗貝格爾(Grunberger)：《第三帝國社會史》(*A Social History of the Third Reich*)，頁四二七。
❿克拉馬茲書，頁二五。

⑪格奧爾格：《文集》，頁二五八。

⑫同❶，頁一一八。

⑬同上，頁一一七。

⑭同上。

⑮波林格：《印象中的格奧爾格》(*Mein bild von Stefan George*)，頁二〇二。

⑯同❶，頁一二八。

⑰費澤書，頁四九〇。

⑱本段資料首次刊行於弗區(H. Foertsch)：《錯失與災難》(*Schuld und Verhangnis*)，斯圖加，一九五一年，頁二二。克拉馬茲書，與霍夫曼均詳加裁量：克拉馬茲書，頁三七—四〇、一九一（註二至註六）。霍夫曼：《克勞斯・封・史陶芬堡及其兄弟》，頁一二三、五〇七—九（註一一五）。

⑲克拉馬茲書，頁四一一。

⑳同上。

㉑齊勒書，頁一八四。

㉒赫瓦斯書，頁二一六。

㉓克拉馬茲書，頁四二。

㉔格朗貝格爾書，頁四二四。

㉕克瑞格書，頁五八九。

㉖同上，頁五九〇。

❷⓻夏勒：《第三帝國興亡史》（*The Rise and Fall of the Third Reich*），頁二八三。
❷⓼一九九二年十二月六日至七日波昂：與布奇之訪談。
❷⓽一九九二年十月十五日慕尼黑：與克萊斯特之訪談。
❸⓪同註❷⓼。
❸⓵同❶，頁一二一。
❸⓶同上，頁一三二；克拉馬茲書，頁四一。
❸⓷克拉馬茲書，頁四四。

7 邁向侵略之途

一九三三年至三六年，史陶芬堡再次返回漢諾威騎兵學校。這段期間中，他曾為強制性軍區測驗和英語測驗作準備。凡欲進入參謀學院，兩項考試都得參加。考生中，僅百分之十五可以進入參謀學院，其中又祇有三分之一可以進入參謀本部。史陶芬堡皆能順利過關。

一九三六年九月，入學參謀學院前夕，他曾走訪英倫兩週。這次旅遊是他多年來的心願，剛好英語測驗成績又為他掙得一筆獎助金，遂能順利成行。在英倫期間，他曾走訪倫敦塔、聖保羅教堂、白金漢宮、大英博物館、溫莎堡、伊頓學校，九月七日，受邀前往桑赫斯特，並在當地和一批學習德文的軍校生交談。

設在柏林—摩阿比特(Moabit)的參謀本部學院通知他和其他一百名軍官於十月初入學。三個月後，一九三七年元旦，他晉級上尉。在此時同學中，有兩位亦曾在日後一九四四年密謀中扮演重要角色，一位是他早期同事昆罕，另一位則是艾伯哈•芬克(Eberhard Finckh)。在柏林就學，也使他們和其他人能經常接觸，包括家人和朋友在內。其中也有若干涉入日後事件的人物，如霍法克和外交官特羅特蘇索茲(Adam von Trott zu Solz)。

在參謀本部學院期間，史陶芬堡曾撰寫了兩份令人激賞的報告。其中一篇在論文競賽中獲得第一，標題為「本土對抗敵人空降部隊之研究」。大戰期間，這份報告一直是一九三八年以來即出任德國空降部隊司令司徒登(Kurt Student)上將的教科書。至於第二份報告卻大加鼓吹繼續運用騎兵，其中展現了史陶芬堡的大部分個性。

今日，有關我們是否應該擁有騎兵或戰車的問題，經常被提起，其實它是一個差勁的問題。需要戰車，也需要騎兵。……若不大量運用戰車，任何戰術或戰略上的突破都不太可能。但是這並不影響騎兵在戰略上的角色。討論這個問題，令人失望的是祇針對此地提供的條件來研擬，到底是馬匹還是機械車輛足以提供騎兵式的動力。其實最重要的該以我們邊疆和以外地區的條件，還有燃料供給問題來談這個問題。❶

一九三七年，法、英兩國軍事思想家還在懷疑裝甲車用於戰鬥的能力時，史陶芬堡已經認為這是不證自明的至理了，然而他仍然為保存騎兵辯護。預見戰爭將在德國境外進行，同時看出某些地區氣候與地理條件(比方說俄國)仍然合適騎兵運用。在他的腦海中，認為維持汽油供應的後勤補給問題將會造成裝甲車輛無法動彈，因而自然堅決維護騎兵部隊的存在。

然而促成史陶芬堡正視騎兵存在的最重要考量，應該是一種精神士氣的問題。中古以降，騎兵部隊為訓練指揮官提供了最佳場所。傳統上，騎兵向來為歐洲各國部隊的菁華，也是中古以來武士和騎士精神的嫡裔。雖然三百多年來，戰場上勝負決定因素已轉入步兵之手。可是騎兵一向強調團隊精神、紀律嚴格和有魄力的指揮，同時它也一直是貴族子弟的天下和那些膽大、有衝勁、有見識指揮官的儲存庫。雖然是現代，騎兵一貫傳統仍在。更且騎兵指揮官和手下在行動之際是一樣平等，不像騎馬的步兵，軍官高高在上。對於史陶芬堡來說，騎兵的實用性還在其次，心理狀態也是精神上各種特質的匯聚纔是主要前提。

> 騎兵對於高品質指揮官的依賴遠大於各兵種。若無偉大的將領，若無眞正騎兵指揮官，則騎兵不過是一項奢侈的浪費。騎兵指揮官的特質出於天賦，上蒼僅將之賜給少數幸運者。……唯有加入騎兵，這些少數幸運者方能將稟賦盡情發揮，同時纔會受到激勵來依騎兵精神行事。一般說來，唯有眞正軍事天才，始能體認騎兵功能即在承擔戰略性任務。❷

騎兵指揮官稟賦或許來自天生，但仍須經過辛勤耕耘和淬煉方能結果。史陶芬堡強調它必須「經歷長期訓練始能有成，不可能提前獲得」❸。

史陶芬堡當然是將自己視爲他理想中騎兵指揮官。若在前一世紀，他很可能就是其中之一。他也確實展現出過去偉大騎兵指揮官的特質，如勇敢、統御能力、誇示、大膽等，正像英國內戰時的萊茵邦魯伯(Rupert)王子、腓特烈大帝時的席德利茲(Friederich von Seydlitz)、美國內戰時的斯圖亞特(J. E. B. Stuart)和佛瑞斯特。然而他曾展現的是他們炫麗風格和才華，而非他們惡名昭彰的魯莽。至於本身的眞正特長乃在於後勤補給，如何確保長距離外大軍不虞供需，它需要衆偉大指揮官必備之能耐——綜覽全局，它也是一項再實際不過的企業。

不論史陶芬堡個人心目中對騎兵指揮官存有任何浪漫幻想。然而其他方面，他始終是一個清晰而實際的人。曾經常批判參謀本部的意識形態，指其目光過於集中戰術，忽略後勤、軍事經濟和技術取向。指責他們在社會、政治和經濟眞空下指導戰爭，戰爭變成拳賽或武士決鬥，而忘卻了他們指導下戰爭的整個大環境。於是史陶芬堡遂致力於突破此種狹隘格局，自行鑽研其教官所忽視的題材。在他廣泛的閱讀範疇中，如今加入了凱因斯學派的經濟學與地緣政治。即因凱因斯的影響，他終於開始將二十世紀重大人禍如第一次世界大戰、俄國革命等，歸因於經濟。他特別強調歐洲工業重心由英國轉移至德國，以及一九一四年以前德國經濟擴張對英國在各地市場的影響。於德國參謀本部學院就讀期間，他與來自美國的交換軍官魏德邁（Albert Wedemeyer，一九四四年時曾出任蔣介石和中國軍隊的參謀長）建立了特殊友誼。兩人經常互邀對方至家中小敘。此種場合中，史陶芬堡藉機與這位美國軍官練習英語，並且探問美國鋼鐵產量和它超越德國產量多寡等類的問題。對於美國總統羅斯福爲振興大恐慌時代經濟所採行的諸般劇烈作法，他屢表衷心欽佩。魏德邁亦於日後指出，雙方言談中，史陶芬堡曾不時含蓄的顯現出他對納粹政策的不滿[4]。當然，魏氏之言絕非誇大其詞。

總之，此時他逐漸變得益發抑制，益發不願使自己站到人前。這顯然是當時政治情勢使然。在過去，他好發言，經常於無意間把他對歷史的遐思帶到言談之中。在某次騎兵例行訓練時，部隊行抵霍亨威爾山（Hohentwiel），他即曾以生動語詞描敍霍亨史陶芬帝國的遼闊，並且指出，「各位此刻所立足之處，正是它的中心。」❺史氏在參謀本部學院最後一次操練，再次將他帶回故里。就在當地他曾：

利用這個時機，說服同僚共訪位於河畔的帝國大教堂。他充任領隊。旅程近尾聲之際，他就萊茵河發表感言，回溯了該地久遠的歷史。然後，他突然對萊茵河未來的角色做了預言，表示有朝一日民族國家疆界將會消失，屆時萊茵河即是歐洲大動脈。當他談到往昔時，他所表現的不像是一個知性的觀察者，而像是其中一員，曾經身歷其境，如今再次被召回重作決定一樣。因此他所描述的過去就成為現世鮮活的例證。❻

這次演說中，他舉陳歷來德、法之間的敵視。然而他預言說，萊茵河將是一條命運之河，是確定西方統合決定性戰役的舞台。然而他也顯露憂懼，以爲西歐這種自相殘殺帶來的創傷，必終將造成西歐道德、倫理和精神的破產。他析辯說，第一次世界大戰之所以未促成西方文化的崩潰，完全是因爲萊茵河最後大決戰得以避免之故。至於未來，這場決戰是否得免，則是一個令人堪慮的疑問。接著他憂心忡忡的問道，如果局勢的發展給予東方目前羽翼未豐的強權一個插手鬥爭的機會，其結果又會如何？

參謀本部學院就讀期間，經由格氏學圈中一位舊友，結識了名學者及史學家法納(Rudolf Fahrnar)博士。當時法納正在爲史陶芬堡遠祖格奈森瑙元帥撰寫傳記。因此兩人一見如故。法納筆下格奈森瑙元帥是一位隨時準備爲國家和政府改革獻身，扮演重要角色的軍官，「精神上，他絕不是一個人人覺得應該低頭的時刻也跟著鞠躬的人。時時盤據在他腦海中的祇有一件事。如何盡個人之力，成爲普魯士的救星。」❼這種描述對史陶芬堡的激勵尤大。而史氏在法納之前毫不隱諱表示，要以格奈森瑙爲典範。同時並力勸法納，千萬不要將這位十九世紀的統帥描成一個過於傳統式的革命分子，也不要描述成僅僅祇是一個群衆起義的煽動家。史氏向來堅持在凝合與導引遭開釋的群體能量時領導統御的重要性：

> 凡是反抗政權及其領導人的革命，絕不是烏合之衆的行爲，因此不宜在過於廣大的圈中討論。一旦必須採行武力對抗自己國家政權時，就必須局限於對自己責任有自覺的人士之間，更重要的，還須具備結識這種人的能耐。❽

處於時下這個強烈平等的時代，前述的主張顯然過於厚顏無恥，過於專橫菁英主義，然而身爲三〇年代德國國防軍的軍官所處之環境，則與今日大不相同。總之，史陶芬堡的個人魅力經常使他能自有冒犯他人之虞的言論中開脫。「他的魅力和隨和能使人們原諒他那強人所難和不與人妥協的態度。他那愉悅的冷靜，不令人感到挫傷，因而也就使人可以忍受他那強烈的意志。……每當發言時他都帶著微笑。」❾史陶芬堡的特殊魅力予人的不止於前述的表面效果。

> 給於旁觀者最強烈的印象則是他永遠能看到問題的全貌，並且能以此爲基石作出細膩的判斷。他的密友來自各個不同生活層面。但他們在知識與文藝的訴求上全都非常活躍。……❿

此時，他已克服困惑他童年、青年時期的疾病。「他所顯現的精神和健康這兩種不可或缺的東西，著實令人稱羨。」⓫他經常工作量是一天十六小時，他那精神集中的能耐，的確令人印象深刻。

同一時段內，處理多項業務仍能保持精神集中的特質，不久即成爲史陶芬堡的註冊商標。就其一生，最爲同僚和親眼目睹人士所津津樂道者，莫過於此事。其中又以一九四〇年法國戰線同僚托普夫(Erwin Topf)所提供的報導尤爲傳神：

由他主持的參謀會議確實令人難忘。通常會議的長短並沒有明顯限制。各組組長、各特遣隊指揮官以及聯絡官陸續抵達會場。這位身材高瘦、活力充沛、魅力非常的史陶芬堡即在現場以誠摯而又能感染他人的溫和態度接待大夥。對於與會人士是否每人都有飲料、雪茄或煙斗，他非常留意。他會將最新情勢報告大夥，然後即詢問一些問題，顯然他對於各種瑣事都非常感興趣，他所述說最新情勢，範圍涵蓋整個師分布的地區，自偵察連到野戰廚房，無不包括在內，他能從一個主題突然跳到另一個主題，凡有陸續抵達會場者，他都會立即加以垂詢並聆聽他們的簡報。這種狀況會一直持續好久，而大夥所提出的問題都沒有得到回覆，也不見有任何有關明日或以後數小時該做何事的指示，也不見有任何命令發布。就在談著話時，突然冒出一句，我想現在我們應該這麼做。於是接著就是詳細口述參謀各項命令。此時史陶芬堡左手插在長褲口袋中，右手握著眼鏡，一面沉思一面在室內踱方步，一會走到這，一會走到那，然後又走回地圖之前。他所採的方式，絕不是大夥預期參謀本部軍官下達正式命令的樣子。他絕沒有那種盛氣凌人的架子。[12]

培左德(Bernd von Pezold)上校曾對這種令人印象深刻的人事管理態度做了特徵分析：

> 就好像在下棋，他能看出以後好幾步棋，並且考慮到一切可能變化。他能很迅速的掌握住情勢，他能從看來不重要事務中看出隱含的重要意義，他能用從不失誤的直覺找出決定性因素。邏輯抽象思考能力甚強，而又富於聯想力，但卻從來不會超出實際的範疇。……[13]

一九三八年夏，他以上尉軍階完成了他在參謀本部學院的所有課程，而他的能耐則是整個國防軍高階軍官有目共睹。參謀本部組織處曾申請調用史陶芬堡，然而申請被駁回，理由是該處已有過多個性突出人物，如果讓他加入，可能會破壞該處與其他對等單位間的平衡。結果，一九三八年八月一日，他被調派至駐紮在杜塞道夫(Dusseldorf)東邊伍培塔(Wuppertal)地區的第一輕裝師後勤參謀官，師長即是日後最積極參與密謀同志之中的霍甫納少將。

輕裝師是一種混成組合，它是國防軍保守主張與希特勒堅持的擴編陸軍單位下的妥協品。它包括兩個摩托化步兵團、一個偵察團、一個砲兵團，以及配有其他火力支援的戰車加強營。日後，大戰爆發之際，這個混成師將解體，而原本的輕裝師則改編成第六戰車師。

史陶芬堡的職掌則是爲整個師來組織後勤補給。由於該師原無後勤處，所以他得從頭來起，祇能運用一切他隨手能取得的資源。有位同事曾記下他工作時的狀況：

辦公室門大開，一面抽著一根黑雪茄，一面在屋子裡到處漫步，嘴裡還不停將公事交代給打字員。隨時不停的被訪客和電話打斷，可是他卻有本事從打斷的地方繼續下去。⑭

一九三八年九月二十三日，輕裝師突然接獲命令全速向捷克進發，而集結地點則在靠近捷克的邊界附近。就在此時，九月二十九日那場不名譽的慕尼黑會議，爲希特勒外侵道路掃除了一切障礙，同時也攫奪了陸軍高階層推翻希特勒的正當理由。十月一日至十日之間，德國部隊展開了蘇台德區佔領工作。十一月二十日，捷克正式將蘇台德區割讓給德國，包括一萬一千平方哩的土地，以及二百八十萬蘇台德區德裔人口和八十萬捷克人口。然而就在一個月前，十月二十日，希特勒即已祕密下令國防軍進行佔領捷克全境的準備工作。這項新的侵略行動開始於一九三九年三月十五日。雖然此舉是明顯的破壞慕尼黑協定，然而西方列強則視此爲既成事實，勉強接受而未加反擊。

十月四日，輕裝師越過捷克邊界。名義上其目的是防範蘇台德區德裔人士任意佔領自以爲是的地區。其實是掩護未來全面入侵的前奏。十月九日，該師進抵麥斯(Mies)鎭，當地德裔人士以歡呼和鮮花來歡迎每一輛兵車。然而當部隊行抵皮耳森(Pilsen)之前的努尙(Nurschan)時，捷語居民對於德軍的到來則是充滿敵意。當時努尙地位不明，不能確定是否割給德國。爲了對此懸而未決的問題尋得確切答案，一位捷克參謀官在英國仲裁委員支持下，前來要求德軍撤離。輕裝師師長則坦率的回覆，其部隊不可能自任何已佔領的土地撤離，無法顧及領土割讓的自決前提。

輕裝師所佔領的地區，主要爲農業區。當地農技相當原始，人民多爲文盲，生活水平甚低，還比不上鄰近的森林地和山區。當微不足道的捷克駐軍開始動員進行明顯將屬徒勞無功的反擊姿態時，該地區所有活動立即陷入停滯。由於一切物質均被徵用，乃至該地缺乏馬匹及車輛進行收割與耕耘，因而陷入饑饉。自捷克其他區補給的行動早已停止，而由德國直接運補又緩不濟急。

身為師補給處處長的史陶芬堡，所採行的辦法，完全沒有侵略者的典型作風，反倒像是現代聯合國救援計畫。他在麥斯的市鎮廳召開了一次全師軍官與地方權威人士的會議，強迫他們彼此合作。當地缺乏發酵粉，無法烘製麵包，他就差軍官前往德境購得發酵粉，分發給當地民衆。他在每個農莊派遣一排人聽任農場經理指揮，以協助馬鈴薯收成和麥子貯藏，一般人皆會疑惑，如何能叫這群仰首闊步一心尋求軍事光榮的德國士兵來承擔如此卑微的勞動。他曾自德境徵用兩輛卡車前來協助當地啤酒廠分銷啤酒。為了協助當地各區之間經濟與民衆活動攸關緊要的交通，他以成本價供應燃油。他又誘勸當地權威人士採行措施防範剛開始流傳的口蹄瘟。由於缺乏褐煤，當地玻璃工廠已有停擺的危險，如此則將喪失四百個工作機會，於是他設法向卡爾斯巴德(Karlsbad)的集團軍總部申請褐煤，配發給玻璃工廠，再次運用該師資源促使工廠運轉。

同時，分派給皮耳森的牛奶和奶油，已有腐壞的危險，皮耳森的居民將無法獲得他們的基本需求量。史陶芬堡立即設法來減緩這種惡劣情況。他給予工人良民證，藉此方法他以一人之力有效的打開邊界以供補給之用，而且他還再次動用部隊將補給分送至需要地區。

蘇台德區德裔人士急需德國貨幣——德國馬克，國防軍的軍官和士兵抓住這個機會以令人羞於啓齒的低廉價格私人蒐購大量貨品。史陶芬堡對於這種剝削行為深痛惡絕。而這必須打破德國人事系統方能獲得一項全面制止大量蒐購的禁令。凡是已經購得的商品，那怕是軍階比他高的，也都必須歸還商品。

十月十六日，第一輕裝師在捷克的任務已畢，旋即奉命班師歸國，返回於伍培塔的基地。回防後，上級曾交派一份書面作業給他。史陶芬堡以異想天開的手法來處理這份作業，再次顯現了他的衝勁。某位評審官員曾將他的作業報告形容成「一份對資深軍官的充滿智慧與詼諧的嘲弄」。這份作業純屬理論性書面作業，並不涉及任何眞實部隊。其中提出一支假想武力，不顧左右兩翼，向前直進，腦中祇有一事，攻擊烏拉山(Urals)。而身爲後勤軍官的史陶芬堡受命揑造一項最不可行的辦法來維持大軍的補給，目的要他採行歸謬法來完成作業。其中有一部分是大軍行抵烏克蘭時，汽油用罄（確實情況亦必如此），史陶芬堡於此建議應該立即佔領巴庫(Baku)，因爲當地鋪設有油管。他對這個行動的提示是「主人的眼睛可使牛群養肥」。⓯就某個層面來說，這原本祇是要充作丑角下的配角，做爲涉及蒙提皮松(Monty Python)式的不合理推論的一項報告，而結果想必是弄得不少軍官祇有窘迫的去搔搔頭。

入侵捷克順利完成之後，史陶芬堡情緒頗佳，但這並非是完成征服的勝利者心態使然，而是一種解脫，誠如當時其他所有職業軍人一樣的心境，出於一場德國未完成準備的戰爭得以避免而帶來的安慰。捷克的佔領似乎證實了希特勒在外交上的能耐，可以在避免流血情況下，僅用詐唬和交涉即能達成他想要的目的。

後來情勢可看出前述的見解是多麼悲劇性的短視。然而當時卻有足夠的事實來支持這種見解。

舉例來說，希特勒曾在一九三五年下令國防軍入駐萊茵非武裝區。承擔此一行動者，祇是一般小規模試探性兵力，爲數不過三營人，而且奉到指示，若遭遇來自法軍的任何形式抵抗，就立即撤兵。根據紐倫堡大審資料顯示，當時每名德軍僅有三發子彈⑯，可是詐唬成功了。原本很輕易即可嚇阻德軍行動的法軍，竟然放棄大好機會，沒有任何舉動。

緊接於入駐萊茵區之後，則是更爲大膽的賭博。一九三八年三月十一日夜，回歸行動下，一舉兼併奧地利。德國人的殷切期望再次得以實現，德國的自尊和士氣得以高漲，而戰事並未發生。併奧之後不久，史陶芬堡曾與友人論及己見，以爲希特勒不致做出任何足以激起全面戰爭的貿然行爲。而該名友人(供職參謀本部國防處，所接觸機密較多)則暗示相反。史陶芬堡仍堅持立場，指出當前一切事件皆未訴諸武力，故堅信希特勒決策將不致挑起腥風血雨。

> 一個一再強調曾在一次大戰時充任伍長之人，應該對戰爭帶來的恐怖有足夠體認，祇要不盲目行事，即不可能朝向對抗全世界的戰火之途躁進。⑰

捷克事件似乎更加強化此種信念。固然事態多次瀕於危機邊緣，但最終結局仍然再次證明希特勒對於英法領導階層的認識正確，知道正確勒馬之處。

同時，史陶芬堡心底也開始湧起若干隱憂與惡兆。他擔心不費吹灰之力的佔領部分捷克可能會使希特勒志得意滿，乃至在下一回合中導致失算。不久，即因某些德國內在事務，使前述疑慮爲之增強。一九三八年十一月九日，第一輕裝師返抵故土不久，即有惡名昭彰的「砸搶之夜」(Kristallnacht)。十一月七日，一位流亡巴黎的猶太裔青年，因父親遭德國當局遞解波蘭而心懷怨恨，乃至槍擊德國使館官員。戈培爾則立即安排一連串全面示威行動作爲報復。猶太人產業遭大肆破壞。凡能羅織以罪之猶太人，一律遭到拘捕。警察則奉命不得干預此一反猶情緒的正當發洩。

在整個事件中，有七千五百家猶太人商店遭到洗劫，一百九十五所猶太教堂遭全面或部分破壞，二萬名猶太人遭拘捕。而謀殺猶太人的兇手皆未予處分。遭到處分者則是強暴猶太婦女的暴徒，因爲其行爲違反種族法。猶太社區儲蓄的保證金則全予沒收，緣由則是以其煽起種族暴亂而處以十億馬克罰金。日後參與密謀的吉塞維博士曾寫道：

> 整件事結果即是將猙獰與沮喪強壓在每一位好思考的德國人心頭上。沒有任何一位將領曾以爲必須將部隊開上街頭，並對街頭的騷動有所處置。軍方領袖在玩既盲且聾的把戲。其意義則甚爲明顯。任何人對於內閣出面有所行動已不存奢想。若是一旦他人也採行此種恐怖手法作爲報復，正直的德國人又能指望何人給予庇護?……面對納粹怪獸的溫馴德國中產階級，就像是蟒蛇跟前的兔子。群衆淪入絕對服從，這已經成爲一種普遍心理狀態。⑱

史陶芬堡對砸搶之夜亦痛恨不已。此念即是造成他對納粹政權態度轉變的關鍵。在軍中袍澤面前，他的評論祇單就既存反彈而發：此事件損及世人眼中德國的榮譽和令名。對這次事件他所持的反對立場有屬個人因素，有屬道德考量。他的兄長亞歷山大所娶之婦莫麗塔•席勒(Melitta Schiller)爲猶太裔。而格氏學圈成員之中亦有猶太人，且其中多人與史陶芬堡甚爲熟稔，如今全處於高度威脅陰影之中。原先他曾對之宣誓效忠的政府與元首，突然間在他之前變得極度醜陋。

一九三九年最初數月，駐紮於伍培塔基地的史陶芬堡經常邀約一批下屬至其宿舍參與他所舉辦的研討會，他亦在場主持或予以指引，裨能有助於屬下知識領域的開拓。一九三九年元月間研討會中，曾邀請他就讀參謀本部學院時所結識的學者及史學家法納博士前來擔任講座。當時法納博士在編寫他那部終將成為經典之著的格奈森瑙傳，故其演講主題亦與此相關。會中先由史陶芬堡做簡短引言，免不了一番拐彎抹角暗諷時政。法納演說約二小時之久，當他作完結論後，史陶芬堡一臉笑容的指着他那位拿破崙時代的祖先說：「你們看！現在大夥總算了解他是怎麼處理事情了！」⓳他口中格奈森瑙處理事務的方式，就是他接著要有所模仿與付諸行事者。

研討會之後，史陶芬堡和法納隨即至附近森林漫步。其間法納曾表示他對目前德國形勢的焦慮。尤其是砸搶之夜和納粹反猶主義中日漸高漲的仇恨意識。他向史陶芬堡探詢，軍方對此種情勢所持的態度究竟爲何。根據法納說詞，史陶芬堡就軍方如何計畫推翻希特勒，又如何受挫於慕尼黑協定原本道來，坦述不諱。然後他又說起另一項取代計畫，並將支持政變將領一一列舉。還指明，雖然參謀總長之職已遭罷黜，貝克將軍仍然是國防軍內部反納粹的樞紐，整個反抗運動將以他爲核心凝合在一起。至於若干其他高級將領，顯然由於他們對砸搶之夜的漠不關心，使得史陶芬堡帶著強烈不滿，悲觀的說：「當你在作新的決定時，你不會指望再三折腰的人能夠挺身而起。」⓴至於希特勒，史陶芬堡先前曾有的樂觀看法已經一掃而空。他指出事態甚爲明顯，「那個蠢蛋想要戰爭」，「準備讓同一代男性菁英遭第二度的蹂躪。」㉑

一九三九年秋，一切揣測皆因事件的發展一掃而空。不論國防軍或整個德意志民族皆耽溺在軍事勝利的激流之中，以致任何扭轉大勢的企圖皆不可行，當時的精神，尤以湯馬斯・曼在《浮士德博士》（*Doctor Faustus*）一書中藉敍事人之口所描述者，最爲傳神：

> 戰爭！若有必要，將對所有的人宣戰，要讓每個人都深信必須走向戰爭，而且終必獲致勝利。……這是已經注定的命運……我們內心滿懷著這是德意志人世紀的信念，歷史已經對我們展開了雙臂。繼西班牙、法蘭西和不列顛之後，這回將輪我們把印記蓋在全世界的面上，成爲世界的領導人。二十世紀是我們的世紀！……㉒

一九三九年九月四日，希特勒的大軍已勢如破竹的深入波蘭國境。配有二百五十輛捷克斯科達（Skoda）戰車的第一輕裝師則隸於倫德斯特（Gerd von Rundstedt）上將南面集團軍麾下，自西利西亞出擊。巨鉗攻勢的另一臂則爲波克（Fedor von Bock）上將北面集團軍。第一輕裝師迅速攻佔德波邊界附近的維隆（Wielun），隨即緊跟波蘭軍後撤腳步，東向維斯杜拉河（Vistula）猛衝。抵達華沙南側拉東（Radom）之後，旋即北折，與其他德軍滙聚，完成對七個波蘭師的包圍圈。在九月十日的一份報告中，史陶芬堡曾比較了一九一四年坦能堡之役的鉗型攻勢，當時興登堡與魯登道夫曾一舉包圍整個俄軍。

此時，有一道巨大陰影蒙在德軍勝利光芒之上。即在接近維隆的一個交岔路上，英、法對德宣戰消息傳抵師部。雖然希特勒這次行動仍可勉強稱之爲詐唬，但全面衝突之局似已無法避免。軍隊士氣大受打擊。史陶芬堡於此時則痛苦的預言，此次戰火綿延將超越一九一四至一八年的戰爭：「朋友們，如果我們想要贏得這次戰爭，端賴我們的持續耐力，這場戰爭勢必要拖上十年纔能看到結果。」㉓

維隆佔領工作引發了史陶芬堡與軍方職官系統間的首次衝突，他尤其痛恨擁入軍方的親衛隊思維模式。當時有兩名婦人遭某個士官長逮捕，理由是兩名婦人自屋子一樓以手電筒向外閃動訊號。史陶芬堡聞訊後，第一個念頭就是這兩名婦人頭腦簡單，不可能做出這類事情。她們不過是受到彈幕的驚嚇，躲在屋子裡，用手電筒照明以便移動。若在任何正常偵訊之下，上述事實必視之爲實情，但擔任審訊的主管軍官祇看了兩名婦人一眼，隨口說了一句「把她倆弄掉」，他的意思也許祇是把兩名婦人帶走或是放走，可是這名士官長卻小題大作，把這項指示看成槍決命令。史陶芬堡震怒之下，不顧他與那名軍官的友誼，準備對那名軍官作軍法審判㉔。草率而隨便的命令、毫無理由的射殺平民，對親衛隊來說，也許是正規程序，他們那惡名遠播的「打擊反動」行刑隊(Einsatzkommandos)，已經四處活動㉕。親衛隊授權他們可在戰線後方不分青紅皂白任意射殺平民，此種行爲早已激起正規軍官的反彈，此時史陶芬堡所能做的也祇是盡可能不讓國防軍軍官染上這種惡習。前述事件在他眼裡攸關緊要，不能因爲友誼就可以默許不問。

波蘭戰事是國防軍首度以機械化部隊所進行的大規模行動，其所顯現的複雜問題也是過去演習中所未見。由於事前準備不足，而且又過於依賴就地取材，以致所有的行動都因補給困難而受到絆繫。若是波蘭能堅守頑抗，或是能獲得增援，則德軍閃擊戰能持續多久尙成問題。此外，還有其他前所未見的困難，也是德方軍事策略家從未予以正視的難題，此即如何供養大量的戰俘和平民。

對史陶芬堡而言，他把這些問題當成他個人組織能力、他的後勤才華的試金石，同時他也把自己的活動遠遠超越了官方賦予他的階級和地位的限制之外，戰事甫畢，他立即發出問卷調查表給予各個階級，下至士兵，上至師長，所問者包羅萬象，由運送傷患的設備到武器裝備是否有改進必要等等。此時，他開始發現大夥愈來愈依賴他，最初他祇把這個當成職務副產品，但是大夥卻習慣性向他吐實，詢求他的忠告，其中不乏官階、年齡均高於他的人士。於是他開始扮演起懺悔教士的角色，而且這角色在他往後的生涯之中益見吃重。因此造成他深得師長信任，過往甚密。他也就成爲全師消息最靈通之士。任何官兵若要和師長打交道，不論是需要師長的耳朵或是恩澤，都得先和史陶芬堡交誼。

史陶芬堡所作所爲並不是全爲個人野心。波蘭戰事結束，他曾往見舅父郁庫爾和其友人，包括上、下西利西亞副總理蘇倫堡。郁庫爾面告以德國情勢，並深表憂慮，指示史陶芬堡不論採取某些行動或攫取一項可以使行動付諸實施的地位，總之是該有所爲了。當然，此刻行動內容尙未定案。史陶芬堡指出，儘管有舉世最佳的用心，但目前祇以一個師級單位後勤官的身分，尙不足以發起任何有成果的行動。然而在他聽取舅父訴求後，史陶芬堡帶著滿懷震驚和思慮離去[26]。

無疑的，此後他的表現似乎都反映出郁庫爾的指示，攫取一個可以有所行動的地位。此時他開始懷疑傳統觀念中對於國家和政府效忠的效力，他以爲除非隸屬於一項崇高觀念之下，否則無意義。

同時對於對國家的義務和對政府的效忠是否等同也有所思考，結果他以爲兩者無法比擬。

一九四〇年二月師部作戰官職位出缺，大夥公認這個重要職位非史陶芬堡莫屬。可是出人意表，不知爲何，職位沒落在他頭上，反而由另一位上尉史達克（Helmut Staedke）出任。剛上任的那幾天，史達克發現自己到處遭人排斥，面對了一個充滿敵意的聯合陣線。儘管失意，史陶芬堡仍盡量協助史達克，使他周圍的堅冰溶解。他對其他同事也一樣慷慨。他就曾經花了不少晚上，協助一位年輕副官準備軍區測驗。一九三九年耶誕節，他曾自動放棄休假，好讓另一名軍官返家度假。

一九三九年十月十八日，自波蘭返防回國後一週，第一輕裝師隨即整編爲第六裝甲師，翌年春季，全師操習甚勤，盼於進攻法國之時能堪大任。它與第十九裝甲師均隸於大名鼎鼎的古德林麾下之第四十一裝甲軍。該軍包括的其他部隊中，即有一支爲武裝親衛隊，師長爲克萊斯特將軍（Gen. Erwin von Kleist），但該師行動則由倫德斯特元帥親自調度。

一九四〇年四月十日，德軍以傘兵佔據荷蘭、比利時境內的橋樑和飛機場，拉開了閃擊戰的序幕。五週之內戰火完全集中於荷、比兩國西境。五月十日，裝甲軍則由德國目前進向的另一端出擊。自德國西南猛進，戰車與摩托化步兵穿越了阿登（Ardennes）這處法國軍事策略家以爲任何武力均無法滲透的地區，在法軍毫無準備情況下，五月十三日，古德林師在第六裝甲師緊隨之下，突破色當（Sédan）防線，此地正是七十年前普法戰爭時，普軍大獲全勝之處，僅僅七天，德國裝甲武力向法國沿海地區衝刺，前進了兩百哩，然後槌頭轉向北擊，與自比利時南進之德軍會師。二十五日布倫淪陷，翌日加萊(Calais)亦陷入德軍之手。英軍交通線被德方切斷，整個英國遠征軍已有陷入被包圍的危險。五月二十六日起，敦克爾克撤軍行動開始，持續至六月五日，獲救英軍約三十三萬八千名，另外附加十二萬名法軍，但遭德方俘虜的聯軍則高達百萬之數。法國殘存武力僅餘六十五個士氣低落、裝備不足的師，卻要面對一百四十個德國師。戰火僅持續兩週。六月十一日，先是法國政府宣布巴黎爲不設防城市，繼而遷都波爾多(Bordeaux)。六月十四日德軍即以正步分列式在法國首都林蔭大道上進行勝利遊行。六月十七日法國宣布投降，降約則於五日後簽訂，簽約地點即是二十二年前凡爾賽和約簽訂之康邊(Compiègne)。

此時史陶芬堡冷靜大於興奮，對於法國的慘敗與全面瓦解，甚至有些悲傷與震驚。六月十九日，他在師部寫給其妻的一封信中說：「法國的崩潰確實令人恐怖。他們可說是完全被擊潰，軍隊也完全被殲滅。該民族恐怕很難自這次打擊中復元。」㉗兩日後另一封信中，則顯現出一層憂慮與默想的情懷。他靜想，一九一八年獲得勝利後的法國一直屈從於一種虛有其表的安全觀之中。任何國家若對自身一時成就過於自負，亦必招致輕易崩潰的相同命運。

> 一週之後，又是凡爾賽和約週年紀念日。世事變遷正如白雲蒼狗，變化於瞬息之間。放眼於我們走過的三十年歲月中，即可領悟世事無常，僅祇數年穩定，情勢即能全盤逆轉。我們必須教導孩子，唯有持續奮鬥與不斷更新方是崩潰與腐化的救贖之道。我們也必須告訴孩子，停滯不前與死亡同義。唯有如此，我們纔算完成民族教育所賦予我們的主要義務。㉘

然而即在法國戰火期間，史陶芬堡個人的命運也有戲劇化的轉變。五月二十七日，第六裝甲師進據加萊而英軍開始自敦克爾克撤退之次日，他獲知自己將由第六裝甲師轉調參謀本部。這對他來說，是一大進展，表示他的才華已被高層部會肯定，然而最初，他還把它當成一件壞消息。他已經養成了面對更惡劣的敵人放手一搏的嗜好，但是隨後他一如其他人一般，立即認清參謀本部纔是他發揮所長之處。以後兩年半歲月他即消磨於參謀本部之中。即在這個指揮中樞的大環境中，他不但展現了自己，同時也就是這段時間，他認清了方向，態度益發堅決，認定必須幹掉希特勒。

註釋

❶克拉馬茲書，頁四五—六。
❷同上，頁四六。
❸同上。
❹同上，頁四七。
❺同上，頁四八。
❻齊勒書，頁一七五。
❼克拉馬茲書，頁四八。

❽同上。
❾齊勒書，頁一七八。
❿同上，頁一七七。
⓫同上。
⓬克拉馬茲書，頁五〇——一。
⓭同上，頁五一。
⓮克拉馬茲書，德文版，頁五八。
⓯同上，頁五四—五。
⓰米罕書，頁一一五。
⓱克拉馬茲書，頁五九。
⓲吉塞維書，頁三三四。
⓳克拉馬茲書，頁五八。
⓴齊勒書，頁一八六。
㉑克拉馬茲書，頁六一。
㉒湯馬斯・曼：《浮士德博士》，頁二九一。
㉓克拉馬茲書，頁五七。
㉔同上。
㉕希特勒曾下令集體屠殺。一九三九年八月二十二日於伯格霍夫會議中，他知會最高指揮部。他說：「我們的力量

依賴我們的速度和殘忍。成吉思汗曾在知情下無情促成數以百萬的婦孺遭殺害。而歷史卻祇記載他是偉大的開國雄主。衰微中的西方文明會如何說我，那並不重要。我已經下達指令，凡是膽敢有所批評的人，一律槍斃。因爲戰爭所要達到的目標不是攻擊某線，而是要敵人在生理上飽受摧殘。目前我祇有在東線纔使用骷髏頭番號單位取代那些不願意、不積極的將波蘭種和波蘭語婦孺處死的軍方單位。唯有如此方能獲得我們所需要的生存空間。……心要硬，不可懷慈悲心，要比其他人更迅速、更殘忍。如此西歐民衆就會恐懼得發抖。」演說完畢之後，戈林顯得特別興奮，「跳上了桌面……像狂人般的舞動著。」見《英國外交政策文件》(*Documents on British Foreign Policy*)，第三輯第七册，頁二五八—九。

㉖克拉馬茲書，頁六一。

㉗同上，頁七二。

㉘同上。

8 巴巴羅沙行動

史陶芬堡供職所在是陸軍總部，可稱之爲參謀本部或陸軍最高指揮部，或簡稱爲國防軍總部。與其功能重疊，且又經常衝突的另一個不同組織則爲三軍統帥部，它是全國武力最高指揮部，並不單爲管理國防軍。參謀本部長官爲參謀總長，史陶芬堡加入該機構時，總長一職係由哈爾德上將擔綱，正是一九三八年流產政變幕後精神領袖之一。而三軍統帥部則直接隸屬於希特勒本人。除了這兩個之外，其他還有一連串指揮部，比如親衛隊和衝鋒隊指揮部、戈林下轄之內政部、李賓特洛甫下轄之外交部。

整體結構而言，這種體制造成權力傾軋的混亂，每個單位又都各自爲政，……希特勒疑心病已達偏執程度。寧可不採行一個合理合情的機構統籌戰事，反而情願全盤混亂無章，如此一來即可防止權力集中在某個單一權威之下。❶

當時混亂情況已經改正無望，大部分德國軍官均持相同看法。史陶芬堡的某位同僚回述當時，有一次史陶芬堡曾對一群參謀本部選訓的青年軍官講課，他在身旁的黑板上畫下圖表，以顯示各個指揮部之間權力與補給關係。

> 初看之下，以爲他的圖表是一幅混亂的抽象畫。史陶芬堡停滯了一下。接著，他以焦慮神情詢問聽衆，像這樣的組織結構能否贏得戰爭。❷

另外一個場合，他在參謀本部學院授課時，有一次開場白說：

> 如果要我們參謀本部素質最高的軍官們去設想一個最荒謬的戰爭指揮機構，我以爲他們也無法想出一個比我們現行更爲愚蠢的機構。❸

第三帝國武裝指揮系統的紊亂，咸信是德軍逐漸遭到敗績的主要因素。而史陶芬堡在其中虛耗了兩年半的生命。他隸屬參謀本部總部，就直接參與戰爭來說，總部生活顯得十分逍遙。戰爭初期，參謀本部把總部分置於南德各地。法國戰事之後，總部移至楓丹白露(Fontainbleau)，距巴黎甚近，史陶芬堡也就得便經常前往法國首府聆聽歌劇。一九四〇年十月，總部又移駐德國佐森(Zossen)，柏林附近。一九四一年夏，侵俄之役開始後，總部東移，其後逐步遷至東普魯士，距離希特勒設於拉斯坦堡總部不遠之處。

史陶芬堡出掌參謀本部組織處第二組組長。該處處長爲布雷(Walther Buhle)上校，並非史陶芬堡頂喜歡的那型人物。後來布雷升任少將，並由參謀本部調職至希特勒的統帥部總部。一九四四年七月二十日爆炸案中，身受重傷。參謀本部同僚中，另外一位朋友則是昆罕。

史陶芬堡的職務使他能到處行走，包括前線及其後防地區。他擁有完全的行動自由權，以及隨時供他使用的交通工具，包括飛機在內。在前線時，他的工作是巡視各個單位，聽取他們的戰地經驗，他們的裝備狀況、補給和士氣問題。後防地區則是了解後備軍訓練計畫、配置充員、新進軍官人事安排、安排復元傷患重返前線單位等。隨著戰事綿延，他感覺如何使前線單位充分補給，維持並增強其戰力的問題，愈來愈難以解決。前述工作和其他無數職掌，使他忙碌不堪。以他那一處官員中，就數他的大名最常出現於一九四二年參謀本部日誌之上。

進入參謀本部半年之後，他在一九四一年元月升任少校。此時，他又深深涉入進攻俄國的企劃，而前置研究早在一九四〇年七月即已開始。打從頭起，他即對整個行動懷著悲觀看法。對於開展一個新戰線軍事行動所必須之給養，他懷疑德國是否有足夠支持能力。就戰略著眼，他以爲應該在與蘇聯較勁之前，先擊敗英國或迫使它乞和。他以爲侵略英倫計畫應予重新考量，不宜就此放棄❹。

一九四一年二月，隆美爾和非洲軍的戰車首度出現北非，以支撐墨索里尼遭到圍攻瀕於瓦解的部隊。四月，德軍又入侵南斯拉夫與希臘，月底即已佔領雅典。五月，史陶芬堡走訪希臘首府以及薩羅尼加(Salonika)和克里特島。德國攻佔克里特島即是根據他在參謀本部學院那篇獲獎的論文中所勾勒出的原則，運用傘兵一舉成擒。根據法納說詞，罷黜希特勒的可行性即在此時提出研討，不過史陶芬堡懷疑其成功可能性。他以諷刺口吻說出他的想法：「目前元首仍在贏取太多的勝利。」❺

一九四一年六月二十二日，法國投降周年慶同日，代號巴巴羅沙行動（Operation Barbarossa，一稱紅鬍子作戰）發動。罔顧與史達林簽定的互不侵犯條約，德國以一百七十五師大軍，超過一百五十萬兵員強越邊界攻入蘇聯。在史無前例的綿長戰線上，德軍展開三路強攻。北面集團軍直撲列寧格勒（今之聖彼得堡），進而包圍該城，進行圍城戰，中央集團軍則揮師莫斯科，直抵莫城近郊，俄國首府直接暴露於德軍攻擊線內。南面集團軍則於掃蕩烏克蘭全境之後，向高加索挺進。

預估紅軍爲數約一百五十至二百師，然而三十年代末，曾有大批紅軍軍官遭史達林整肅，高階指揮官中，僅少數得倖存於位，因此部隊士氣低落、訓練不足、紀律不整。在德國大軍機動衝擊之下，俄軍一敗塗地。俄軍雖擁有二萬四千輛戰車以抗衡德軍的三千五百輛，但其中多數老舊，且有四分之三根本無法動彈。以空軍而論，在數量上，俄機對德機擁有三比一的優勢，但全數八千架俄機之中，絕大多數老舊不堪一戰。

迄至當年夏末，德軍傷亡約爲五十六萬之數，而俄軍陣亡、負傷、被俘總計高達四百萬之衆，俄軍處於全面後撤情勢之中。然而希特勒和其將領卻低估了蘇聯的資源、後備人力和恢復力。蘇聯工業生產迅速撤至烏拉山以東地區，而其生產力則有大幅增長。而德方前所未知的新編紅軍單位，不曉得來自何方，不時突然出現於德軍陣前。原先預估紅軍僅有一百五十到兩百師的德軍統帥部，立即重新估算，以爲紅軍超過三百六十師，同時還有嶄新單位不時加入戰鬥。史陶芬堡的姻親及下屬赫瓦斯曾敍述一則頗堪玩味的故事。某日，一位同僚手提一瓶美酒表示當有所慶祝，「我深感訝異的問他，天曉得有何事可資慶祝，他回答說，他方纔聽到無線電播報說我方剛摧毀了編號負一百的

蘇聯軍。於是我們就飲酒恭賀。」❻

八月，中央集團軍佔領斯摩稜斯克後不久，德軍進展停滯，等待希特勒與各高級指揮部之間有關德軍該如何繼續進攻的爭議有所定案。即在七月時，正當俄軍遭到重大損失之際，史陶芬堡已經預見未來，認爲自己將會因來自各方對於充員、替補和後備的要求沮喪不已。而且這些要求很快就會石沉大海沒有回應。到了翌年，每損耗一萬名兵力，能得到的補充不過一千名充員。因此沒有任何部隊能長久處於此種損耗之下。

七月，史陶芬堡嘗親赴中央集團軍觀察，裨能獲取第一手資料。他曾在斯摩稜斯克拜訪古德林。後者對於德軍裹足不前，深表憤慨，認爲莫斯科唾手可得，俄軍根本不及站穩腳步。史陶芬堡也在波瑞索夫(Borissov)晤見崔斯考和席拉布倫道夫。八月，他又前往視察北面集團軍。

一九四一年十月初，德軍再次展開攻勢。中央集團軍向前猛撲，經過慘烈戰鬥，十二月五日，前鋒已抵達距莫斯科十五哩處，由於大雪冰封，達成紅軍無能做到的遲滯德軍進攻任務。就在這個階段，史陶芬堡兄長貝索德會見一批自稱代表民間的克萊索學圈。該學圈請貝索德號召史陶芬堡出面以謀大計。貝索德回告說：

我曾與克勞斯談過。他說我們必須先贏得戰爭再說。戰爭進行期間尤其是正在與布爾什維克一決生死之際，我們不能做這種事。等到班師回國之日，即是我們對付那個褐色瘟疫的時候。❼

其實，史陶芬堡早已開始和同僚及上司研議密謀。貝索德所回報的內容絕非出於心無此意或謹慎客套，乃是出於軍方密謀者對於民間集團的不信任與不肯定。前此克萊索學圈曾坦承自身不夠成熟，同時幹勁與專業亦欠然。

史陶芬堡在參謀本部的同僚修根(Freiherr Dietz von Thüngen)少校曾對史陶芬堡工作實況留下傳神記載：

他是個什麼樣的人？我有一些讚詞致送給他。是我們之中最優秀者，超乎平均水準，他的個性就是他最大優點。任何人祇要看見他工作實況，立即會肯定前述讚詞。每凡我打開他的房門，就會看見他正在接電話，身前一定是文件堆積如山。他用左手持話筒說話，右手則翻閱文件，而指間還夾著鉛筆。他總是那樣開朗，會因爲說話對象，或開懷大笑(出現談話中間)或有所咒詛(經常發生)，或是下達命令和立下法則，然而同時間他手也不閒著，不是簽下龍飛鳳舞般的大名，就是在文件上加簡短批示。他的祕書通常都隨侍一旁。祇要一有空隙，就立刻記下，是急件還是文件批示，是信件還是通告。在口述時，史陶芬堡永遠不忘講求精緻正確，包括那些送交參謀本部公文所要求的繁文縟節，如抬頭、信頭、編號、主旨等，都不曾錯過。克勞斯是那種同時間可以處理好幾種不同業務的人，而做每件事又都能全神貫注。他處理文件的能力驚人，簡單的說，祇消看一眼，他就能篩選出重要與次要，就他的工作性質說，這種本事助益太大。另一項驚人能耐就是全神貫注。他的清晰表達和突如其來的插嘴，總是能擊中要害，每每使得他的聽眾錯愕不已。以往我去見他的時刻，差不多都是他已經工作十二個、十四個，甚至十六個小時之後。忙了一天的電話、會議、訪客、口述、文件，還有會議記註等。他工作時步幅甚急，又全神貫注，然而忙到深夜他仍舊和早晨一般的清新爽朗。❽

由他各個同僚的報導中，可以有足夠證據看出他那天生權威的魅力是如何激勵他人，就連官階高他甚多的人都會順從他。依據赫瓦斯的說法，「最令我驚異者，莫過於他的氣勢，就連長官都承認他天生優越，而向他讓步。」❾

史陶芬堡給予同事和長官的影響，在他的傳記中，作者克拉馬茲(Joachim Kramarz)曾作了一項非常寫實的摘記。

雖然年紀尚輕，史陶芬堡很快就贏得眾人的信賴。凡是與他相識的人，想要找個人說知心話時，一定到他那裡。而這種人不限於和他同齡同階，就連自前線或後備隊走訪總部的將領，祇要一有機會，就會主動找他談話。每當他錯過午餐，立刻就會有流言說他的辦公室又有某位將領正在哭訴。原本不屬於他職責範圍之內的事，也會堆到他身上。就因此有次導致他違反希特勒的命令，而他一點也不在意。凡是他感覺有興趣的事，那怕是超出他職責之外，他都會插上一手。❿

由於職務上關係，史陶芬堡與哈爾德從往甚密，彼此信賴，絕不亞於他們其他密友。

史陶芬堡與哈爾德之間私人關係讓其他下屬軍官均感詫異。雖然史(當時)僅官拜少校，與哈爾德有二、三階層差距。但史確實是該處處長以外，唯一能隨時直接與哈爾德洽公之人。而哈爾德也經常親自召史討論公務。⓫

哈爾德觀念中，史陶芬堡是個「相當有吸引力……的天生領袖。他的外在生活完全基於他對上帝的責任感，而且對理論性解說與討論永遠不滿足，他要的是炙熱化的行動」⓬。戰後，哈爾德曾回憶史陶芬堡對當時政權的反感如何堅如鐵石。

有一段時間裡，我們不知耗費多少小時研議各種可以除掉那個怪獸的方法，而不致在過程中嚴重傷及正在火線捍衛祖國與敵交鋒的德軍，以及不致摧毀整個政府結構。……後來，希特勒決心侵俄意圖益見明顯以及正式對俄作戰時期，我們的話題隨即轉成採行何種行動方能將希特勒拉下馬背而不致使他成為烈士，還有如何方能同時瓦解納粹黨的骨幹等。⓭

史陶芬堡對於政權的仇視，既非出於權宜之計，亦非基於政治理論。依據哈爾德之言：「他所發出的批判完全單純基於以他個人之精神對抗希特勒主義所代表之精神。」⓮席拉布倫道夫的迴響更加支持前述觀點。他說：「史陶芬堡之反希特勒純屬精神因素，並非擔心德國戰敗或其他任何實質利害的考量。……」⓯

在史陶芬堡反政權態度發展過程中，他所親睹的親衛隊作為該是一大關鍵。在波蘭，他曾看到惡名昭彰「打擊反動」(Einsatzkommando)單位如何執行它們的「重大」任務。在法國，他又親耳聽到正規親衛隊和武裝親衛隊單位的凶殘惡行，包括謀殺已經放下武器向德方投降的英軍。法國戰事結束後，在對參謀本部演說中，曾提出一項非常諷刺問題，並且還附以幽默的答案：「武裝親衛隊和正規軍的差異到底何在?即在於親衛隊裝備較佳，同時沒有隨軍牧師。」⑯

不論親衛隊在波蘭和法國曾犯下多麼殘酷的罪行，若與俄國戰線上的打擊反動隊的屠殺相較，都祇是大巫之前的小巫。那怕僅距火線不過數尺之遙，靠著他們享有的無上權威，即急切的幹下謀殺勾當，國防軍人物無不對之深痛惡絕。而親衛隊惡行的尺度和標準著實導致國防軍士氣低落。一九四一年十二月中央集團軍一份報告上說：「本軍軍官團，沒有人不反對射殺猶太人、戰俘或共黨分子。」⑰而親衛隊作爲則已被視爲「德軍榮譽上的汚點」。某位指揮官曾宣稱親衛隊公開進行集體屠殺人命，已極度違反「我們習俗和禮儀上的理念」⑱。而此說即是衆多反映的典型說詞。

一九四一年冬到四二年，參謀本部將總部設於烏克蘭之溫尼查(Vinnitsa)。有位同事赴設於該地的辦公室訪問史陶芬堡，當他見到史的桌案上端竟然掛了一幅元首肖像時，大吃一驚。史立刻解釋說：「我掛這幅像就是要使進入此屋的人看到這幅像上所表露的瘋狂不具理性的神態。」⑲就在訪客臨去之前，問說究竟能不能對希特勒有所處置，應該採行什麼辦法，史陶芬堡坦率的回答說：「幹掉他。」

一九四二年七月，希特勒親自走訪溫尼查參謀本部總部，現存的檔案照片清晰顯示史陶芬堡曾與希特勒有所接觸。他們之間到底談些什麼，同時希特勒言行如何，乃至激使史陶芬堡更加痛惡希特勒，可惜都沒有留下任何正確記錄。總之，這次會面之後，史陶芬堡的言談更加激烈，就在八月間某個上午，他憤怒的說：「難道元首總部中，竟然沒有一個軍官敢掏出手槍對著那個畜牲？」⑳當年秋季，有位軍官對於親自向希特勒報告一事大感憂慮之時，史則告訴他說：「重點應該不在告訴他實況，而是送他上路，我將準備這樣幹。」㉑另外一次，當史陶芬堡和同事一塊做晨騎時，突然間，史開始痛罵將猶太人集體射殺之事，而且還堅決的表示此種罪行不容繼續。此後，每有晨騎，史都會論及誅除暴君。史會引述阿奎納(Thomas Aquinas)之說，堅信在特定條件下，誅除暴君既正當且光榮㉒。

似乎早在一九四二年夏、秋之時，史陶芬堡眞會將誅除暴君行動付諸實施。當然他沒有這麼做，主要原因就是他找到了一項更有建設性、更有創意的事業來舒展他的精力和他對於政權的敵意。這項事業彌補了他對希特勒政策的沮喪，也取代了他原有的絕望。如果事態發展是另一個方向，或許整個戰爭大勢和戰後歷史必爲之一變。

一方面因德國大軍攻擊槌頭勢若泰山壓頂急速向俄國內部挺進，另一方面則因初期蘇聯軍事能力不足而且又毫無準備，故留下爲數龐大的戰俘，僅第一週戰鬥下來，就有二十八萬七千名戰俘，以後數月，投降蘇軍非以千或萬計，一次投降經常是數十萬，幾乎可以說是整軍擄獲，未幾戰俘數目即累積到數百萬。

此種成就當然大部分歸因於德軍善戰，但並非完全如是。納粹侵俄之初，俄國百姓深懷史達林殘酷統治之痛，對本國政權絕無愛戴之心。大多數地區，如白俄羅斯、烏克蘭等，居民皆視德軍爲救星而予以歡迎。蘇聯百姓竟如此急切擁抱入侵者，紅軍的若干單位和分子勢必大舉跟進。此前二十年間，紅軍和它的軍官團，曾有過太多犧牲。所以他們無意爲主控迫害他們的那個體制的獨裁者奮戰或陣亡。儘管納粹亦是暴政，然而在他們許多人心目中都以爲不致壞過他們所經歷過的暴政，而且任何變化，對他們來說，都可能是帶來良好轉變的佳機。所以不少士兵和軍官根本就在陣前倒戈。

如果納粹能採行較爲靈巧的政策，即可輕易獲得變節者的忠誠，更可瓦解繼續頑抗者的士氣。至少也可促成俄國紅軍、白軍間的內戰再次興起。如此不僅蘇聯體制將深受其害，而德國更可大收漁利。然而根據納粹種族理論，斯拉夫人一如猶太人，屬於次等人類，不可能視之爲同志。在希特勒不健康的偏執中以爲：

> 聖彼得堡必須……全然自地表消失，莫斯科亦然。俄羅斯人該撤入西伯利亞，……對於這些上億糟糕的斯拉夫人，我們當遴選其中優秀者予以改造以合於我們的尺度，剩下者應讓他們孤立於豬欄之中，如果誰敢重視土著試想開化他們，誰就立刻送入集中營。[23]

即因前述野蠻訓令的執行，竟然將原本潛在的盟友化爲最凶猛的敵手，而納粹遂自絕於原本可以保證其勝利的人們——蘇聯的百姓與士兵。對於國防軍而言，黨官系統既愚且盲已不證自明。史陶芬堡「對於處置投降蘇軍方式尤爲憤慨。他曾激動的公開表態」[24]。

一九四二年春，甚至連戈培爾都開始以爲德國政策有所不是。當年四月，戈培爾在日記上曾寫下：

當初，烏克蘭居民曾視元首爲歐洲救星，並以最友善態度來迎接國防軍。但不到幾個月，態度大幅逆轉。這就是我們對待白俄羅斯人，尤其烏克蘭人的態度使然，踢到他們頭上的這一腳太重了。臨頭一棍，永遠不是可以令人誠服的方法。……㉕

一個月後，他又繼續記下：「個人以爲，我方政策，尤其有關東方人民者，必須有所修正。」㉖然而終無轉變到來：希特勒、希姆萊和其他黨官依舊盲從於既定的愚昧政策。一年後戈培爾幾乎是絕望的記下：「若是我們知道如何祇將戰爭帶給共產主義而不是對抗俄羅斯人民，我們勢必能挑動大部分蘇聯人民起身反抗史達林。」㉗

雖有納粹意識形態撒下的桎梏，國防軍仍然收容俄軍戰俘，並爲軍方目的加以運用，而使戰俘免於爲親衛隊處決的命運。最初祇是運用少量戰俘從事非戰鬥任務，如兵工、膳食、駕駛，以及輔助性雜務，漸漸人數增加，也就開始賦予戰鬥任務。由營級單位開始，逐漸擴編到師級單位。而這些單位最初僅限於非俄羅斯裔蘇聯士兵，如喬治亞人、立陶宛人、愛沙尼亞人等，但日後俄裔士兵也逐漸納入。

軍方努力下，先是選出高階蘇聯軍官作爲宣傳典範，然後擴及士官和逃兵。當時成立了兩個機構以便行事，一爲俄羅斯解放運動（ROD），一爲俄羅斯解放軍（ROA）㉘。最初軍並不實際存在，祇是要讓服務德軍中的俄人有種團結及身分歸屬的感覺，由於能將俄羅斯解放軍的番號及標幟繡在衣服上，俄人無不受到莫大鼓舞，截至一九四三年初，約有十三萬至十五萬的前蘇聯軍人（包括一百七十六個營和三十八個獨立連）納入國防軍服勤。主持其事的樞紐人物為哈爾德將軍的資深隨從，日後漸升為東線情報處處長，戰後一度是西德情報局局長的格倫（Reinhard Gehlen）上校。與格倫共事一批人中，就有參與一九四四年密謀的崔斯考。而格倫最信任的私交即是史陶芬堡。

由於史陶芬堡在參謀本部的職務，使他較諸任何人更為了解令人生畏的德國人力消耗與枯竭。統計數字是愈來愈可怕。步兵連的兵力早已自一百八十人下降至八十人。單祇一九四二年元月，中央集團軍損失九萬五千兵力，所獲得充員不過一萬零三百人。到了秋季，損失大過充員之數，高達八十萬。而這項數據不消多久，即會超過百萬。根據這樣的數據，即可估算出一項確切時刻表，確立整個國防軍完全消失的時刻。

就肩負塡補德軍軍力空隙大任的史陶芬堡而言，顯然紅軍是個頗具吸引力的解決之道。當然，他原即不曾相信德軍摧毀蘇聯勝利在即。此刻更不致存有任何奢望。因此在他心中升起有一個想法，或許應該利用俄裔部隊作為奧援，也許德國扶持下的這把工具，可以在內戰中傾倒史達林政權。若是不行，至少也可以減少國防軍的汚名，以及充作緩衝，予德國一段時間，使捉襟見肘的人力供給能力得以喘息進而復元。而且可為另一項鴻圖偉業帶來更佳前景。

十五萬蘇聯士兵改著德軍制服祇是一個開端。史陶芬堡所要追求的則是更多，而且他很淸楚東西正在那兒祇等他去取，唯一先決條件就是如何消除官僚干涉和扭轉納粹偏執。首步工作是先自親衞隊刀鋒下救出若干蘇聯戰俘，同時取得全權處理權力。過去此類戰俘係經由特置委員會安排分派至國防軍各個單位。然而當人數日衆，對於衣物、武器、裝備的需求也就相對增大。史陶芬堡所屬的那一部門隨即正式享有管轄權。未久，即成爲負責將志願服勤國防軍前蘇聯士兵加以組織的唯一單位。由於「史陶芬堡和下屬之努力……志願兵的責任就落入國防軍而非親衛隊之手。」㉙當希特勒下令停止徵募蘇聯戰俘時，史陶芬堡就設法扭曲命令，甚至根本予以忽視，並且以元首一定會在下個月有附加指令來搪塞。若是二度命令中仍然絕對嚴禁徵召，史陶芬堡會在命令生效前三週通告德軍各軍團司令部，裨使徵召工作能在限期前加速進行。

史陶芬堡試圖說服對象不祇希特勒，還包括帝國次級爪牙，例如羅森堡(Alfred Rosenberg)這位惡名昭彰的前納粹種族理論家，主管納粹意識訓練工作的大員，也是當時東部佔領區長官。羅森堡一如其主子，痛恨俄羅斯人，然而他卻力勸希特勒下令徵召非俄裔前蘇聯士兵。根據赫瓦斯之言：

> 利用親衛隊新近發現，哥薩克人係單獨民族，史陶芬堡立即下令哥薩克人不在希特勒禁令之內。我們則負責將此說廣泛通告。結果，數以千計戰俘，包括許多俄裔人士，接受此則暗示，表明其爲哥薩克人而離開戰俘營。㉚

同時，史陶芬堡也從事另一項鬥爭，以確保這批蘇聯志願兵受到與國防軍士兵同等待遇。有位民間觀察家曾參與一九四二年六月會議，他表示史陶芬堡在當時曾「來了一次偉大的表演，當場草擬指令，規定以平等對待志願兵」。當希特勒提議，讓志願兵穿著不同顏色制服時，史陶芬堡隨即設法扭曲該種想法。赫瓦斯報告中提到，某日他進入史的辦公室，見到桌上擺著一份立即生效的命令，規定所有俄國戰俘在褲腰都要塗上識別記號。史陶芬堡則：

> 立即打電話給某將官，表明他反對此一命令。……我在一旁竟然聽到他咄咄逼人的說明他的立場，表示下回他們在林登會面時，他會質疑該將官的身分，要求將官脫下長褲驗明正身，並非俄國俘虜。㉛

當然該命令也就自動撤銷了。

一九四二年秋，史陶芬堡曾和某位同僚共同設立了一個保護性機構——俄人宣傳組(Russian Propaganda Section)，在此機構監督下，提出一份組訓計畫，稱之爲「俄裔領導人中心」(Russian Leadership Centre)，負責遴選人員，裨能構成軍官團的骨幹。史陶芬堡「無異成立了一所大型人力庫，以便在他監管下，爲志願軍各單位選出合適領導人。他不想讓這些單位成爲受僱而且遭到誤用的輔助隊，而是期望經由它們，化成一支愛好自由的戰鬥群，仍能保持他們本身的習俗和傳統。」㉜

史陶芬堡各種努力初步成果，造成一九四三年時，約有八十萬以上蘇聯戰俘在國防軍中積極服務。至於他本身對於僱用戰俘存有何心，探究起來將是非常有意思的事。有些推測以爲，他可能視他們爲「第三勢力的核心」，足以應用來對抗史達林還有希特勒的暴政㉝。如果他們能在東線扭轉潮流，至少能穩住情勢，然後他們就有可能西進，對抗帝國政府。此種假設實在有些詭異。但很難說這種念頭確實不曾掠過史陶芬堡的腦海。自某些可以證實的證據中顯示，他曾有前述的計畫，至少也是正在萌芽之中。然而一如其他人，現實發展阻礙一切。就在一九四二年末，東線大勢已去，此完全是希特勒剛愎自用之惡果。

一九四二年八月，包拉斯(Friederich von Paulus)元帥麾下第六軍團自莫斯科一路南下，逼使俄軍退守窩瓦河(Volga)畔戰略據點史達林格勒。九月初，包拉斯大軍自城市西緣進攻，俄軍頑抗，德軍逐屋掃蕩。十月中，該市僅存三區尚在俄軍手中。在德軍毫不知情下，俄方祕密增援，即在史達林格勒城外四周鄉間，動員百萬士兵。九月二十一日，德軍仍在前進之際，俄軍三角反攻第一階段已經開展。先自北面下擊。第二波反攻，則於十一月一日自南北進。十一月十九日，在巨大彈幕掩護下，自中部發動第三波反攻。到了十一月二十三日，德國及衞星國義大利、匈牙利、羅馬尼亞聯合部隊一共二十二師，近三十萬士兵，完全陷入俄軍包圍。

德軍救援部隊在曼斯坦(Erich von Manstein)元帥指揮下，於十二月十二日自南向俄軍進攻，前鋒距陷入包圍的包拉斯軍團，不過二十五哩。而此時期希特勒則已陷入無以復加的歇斯底里狀況中。即在九月，大勢已有所不妙之初，他竟然毛躁得走馬換將，以柴茲勒上將接替哈爾德參謀總長之職。柴茲勒才能不亞於哈爾德，但因元首執意親掌兵符，柴氏僅爲傀儡而已。結果，在一次不時發作的狂怒之下，嚴禁包拉斯軍團向馳援的曼斯坦軍團方向突圍。德國士兵不可在人前撤退，祇可以前進。由於缺乏包拉斯突圍會師的支持，曼斯坦率領的援軍不敵俄軍，被迫後撤，包拉斯仍身陷重圍，而俄軍包圍圈卻愈來愈緊縮。

一九四三年元月八日，俄軍招降包拉斯。處於希特勒亂命之下的包拉斯予以嚴拒。兩日後，俄軍攻勢再次展開。至元月十六日，德國第六軍團被擠壓在一個長十五哩、寬九哩的口袋之中。處於新一波且程度增強的狂亂之下，希特勒嚴禁撤退或投降。德軍每個單位都必須奮戰至最後一人，任何士兵若不是死在戰壕之中，就是形同叛國，必依此罪名處決。此種叱責對於在飢餓、嚴寒、疫疾，以及蘇軍殘酷屠殺多重打擊下的士兵而言，根本就是瘋狂幼稚。元月底，包拉斯率第六軍團九萬一千名殘部投降。二月二日仍在繼續戰鬥的一支裝甲師也全軍覆沒。當日下午，曾有德方偵察機飛臨殺戮現場，以無線電回報，所有戰鬥均已停息。自十一月以來，德軍陣亡者二十萬，投降者九萬一千，僅五千名倖存者得以回到祖國。

史陶芬堡係包拉斯之友及仰慕者，即在史達林格勒情勢惡化之時，史曾與這位倒楣的元帥維持通訊，寄予慰問，痛斥希特勒的愚昧。元月中旬，史陶芬堡返回國內述職之時，曾與同僚瑞林克(Werner Reerink)中校晤面，瑞林克對於這次災難下史陶芬堡的反應，留下報告說：

傍晚，史陶芬堡約我一同在摩爾大道上散步，他說在公開場所談話比在侷促辦公室還要來的自由些。他將參謀本部如何試圖說服希特勒下令史達林格勒德軍突圍，俾能挽救三十萬士兵生命的失敗經過，詳細道來。史說連戈培爾都支持參謀本部，戈氏也是納粹黨徒之中，主張必須將史達林格勒和一般情勢眞相告知德國人民的唯一人物，此舉足以顯示戈氏不失爲一個通情達理之士。當時尚不嫌遲，在戈氏支持下，他們幾乎已經說服希特勒下令突圍。誰知就在決策會議簡報時，戈林揷上一腳說：「元首！我保證空軍絕對能使受困史達林格勒德軍補給不斷。」

希特勒聞言立即決定第六軍團死守史達林格勒。史陶芬堡顯然對如此不負責任的荒謬行爲大爲光火。曾用不少話來予以譴責。㉞

一如其他職業軍人，史陶芬堡因史達林格勒事件深感震驚。敗陣本身實可容忍，而此役則遠遜於任何傳統敗陣，它原本可以避免。若處於其他情況下，德方整個軍團必定可以轉進，以謀他日再戰。結果祇爲了要平息元首一人的執拗狂怒，就平白無目的完全犧牲浪費掉了。大戰初起時日，衆多德國平民和士兵均深信希特勒擁有超人的軍事稟賦，和決定性一擊的正確判斷能耐，足以和拿破崙、腓特烈大帝媲美。征俄戰事動搖此種信念。史達林格勒之役則將元首本質顯露無遺，充其量不過祇是一個嗜血成性的業餘兵家，一個蠢蛋，爲了他個人的幼稚和暴躁，竟要德國賠上無數鮮血。身負補充損耗大任的史陶芬堡深覺怒火難控，就在某一場合中，面對一群表示寧願遠離總部親臨火線一嘗戰鬥滋味的青年軍官，史陶芬堡毫不留情駁斥說：

就是這種可悲的英雄主義，將使你們步上那些成千上萬忠於職守遭到擊斃士兵後塵。這簡直就是懦弱逃避，比起那些拿「服從爲天職」以及「祇是純粹軍人」等作爲藉口的元帥們，好不到那裡去。我們應當做的，絕不是這些事。凡一個人因他的職務和教養升到某一高位時，或是到達才能與職務相稱而不做第二人想時，他的職責就是要表示公衆一致意見。如今敢這樣做以及感覺該這麼做的人又何其少。現在咱們連屠夫、麵包師、製燭師都能身披將官制服，領其薪、司其職，完全信賴元首，只等下次休假。這就是當前的治國之道！㉟

接著他就引述格奧爾格的〈悼亡詩〉中所言，到了未來某個時刻，「不榮譽的人將受到懲處」，「國人也不再怯懦。」

在參謀本部總部中，史陶芬堡廣受年輕軍官尊敬、崇拜及愛戴。他的領袖魅力深深牽繫那幫年輕人。我們可以想見引述格奧爾格冷澀、僵硬和詛咒般的詩篇所達到的效果，尤其是在陰鬱氣氛之時，隨著每份新到來自史達林格勒的公報，籠罩在周邊的帷帳似乎更加晦暗了。

當包拉斯軍團注定覆沒的情勢益發明顯之際，史陶芬堡抨擊之詞也就更多。當他和高級人士接觸，力陳實有必要將實情面陳希特勒之後，他全然失望了。在同僚面前，激昂的道出他的心聲，指斥他們的上司根本是「一堆膽怯的狗屎，滿腦子的豆腐渣」㊱。在另一個場合，當時有民事官員對四十名參謀官講述德國在東線農業策略的講習會上，史陶芬堡曾要求發言，他滔滔不絕說了一個半小時，根據演習會的報導說：

> 由於心懷爲東線部隊充員的責任，……他以驚恐之心來看德國東線政策所造成的災難。認爲我們所種下仇恨種子，有一天會回報在我們子孫身上。衹需對充員問題稍加檢視，即可明顯看出衹要德國贏取了當地民心，勝券自然在握。而如今我們在東線的政策所能達到的唯一成就，衹是將群衆化成德國的敵人。說來羞愧，當上百萬的士兵正冒著生命危險之際，而我們的領導人，竟然沒有一位膽敢不要命的將實際事態向元首面陳。㊲

演說中繼續針對無人敢對公衆提及此事有所評論：

史陶芬堡的析辯使我深爲感動，尤其是他表現出的信念，使你感覺，他本人絕對具有他所要求領導人該擁有的膽魄。對於他敢在一群參謀本部軍官面前公然作評論，本人大爲訝異。更令人訝異的則是講習會的主席，不但未曾駁斥史陶芬堡的評論，反而還大表贊同。㊳

就在此時，史陶芬堡到處公開評論已經引起若干機關不快，開始注意他的言行。史對哈爾德的接棒人柴茲勒將軍並不十分尊重，但是柴茲勒卻視史爲「日後優秀的軍及軍團指揮官」。此等人才萬不可浪費。一九四三年元月一日，將史升任爲中校。幾乎就在同時，未經諮詢他本人，即通知他，調任北非第十裝甲師資深參謀官（主管作戰）。柴茲勒正式表示：「爲了讓他在日後當軍長或軍團司令有所準備，我期望能給他這位參謀官有指揮部隊的經驗。」當然此次調職也是出於善意，盡快將這位三十六歲直言不諱、興風作浪的危險軍官調離東線，離開親衛隊和安全特勤隊的魔掌越遠越好㊴。史本人也認清了這種必要。就在他臨行前夕，他曾說：「該是我自此處失蹤的時刻了。」㊵當他向該師師長報到時，他表示對他來說，德國土地已經「慢慢的變得炙熱難熬了」㊶。

史在俄境參謀本部遭逢挫折，乃至情緒低落，顯然調到北非，換個新環境，不免私心竊喜。北非戰線提供了一種乾淨的戰鬥前景。由雙方專業士兵和指揮官進行一場傳統，甚至是充滿騎士精神的戰爭，敵手間彼此尊重。比起另一條戰線，此地不見任何嚴重凶殘行爲。而且在地面上，所遭逢來自黨方要員、政客，甚至元首本人的干涉，都少之又少。縱有少數蓋世太保，那也祇在卡薩布蘭加(Casablanca)和突尼斯(Tunis)等城市中活動。絕無親衛隊或安全特勤隊緊隨部隊，在火線之後幹些殺人放火的勾當。

雖然有這些吸引人的條件，史陶芬堡並未因而全無憂慮，可能多少還有一點內疚。雖然他能全心全意投入他在第十裝甲師的公務。調職多少有點不滿意，打斷了他在別處正在進行的活動、揮別他個人要進行的聖戰，等於扭轉了他的使命。就上天的眼神來看，情況正如是，不久他即遭到懲處。不到兩個月，被一架呼嘯而過的美軍P-40飛機逮個正著，讓他嚴重傷殘，然後將他自北非避難所重新帶回到命運中心地點。

註釋

❶克拉馬茲書，頁七五。
❷赫瓦斯書，頁二一七。
❸克拉馬茲書，頁七四—五。
❹齊勒書，頁一八七。
❺同上。
❻赫瓦斯書，頁二一〇。
❼范榮(Van Roon)：《德國反希特勒運動》(*German Resistance to Hitler*)，頁二六九。

❽克拉馬茲書，頁六六—七。
❾赫瓦斯書，頁二一五—六。
❿克拉馬茲書，頁六七—八。
⓫同上，頁六九。
⓬同上。
⓭同上，頁七三。
⓮同上，頁七四。
⓯席拉布倫道夫書，頁二四五—八。
⓰克拉馬茲書，頁七八。
⓱派克(Parker)：《生存競爭》(*Struggle for Survival*)，頁二六七
⓲同上。
⓳齊勒書，頁一八八。
⓴克拉馬茲書，頁九一。
㉑同上。
㉒霍夫曼：《克勞斯·封·史陶芬堡及其兄弟》，頁二五一。
㉓希特勒：《桌邊閒話集，一九四一—一九四四》(*Table Talk 1941-1944*)，頁六一七，一九四二年八月六日。
㉔赫瓦斯書，頁二一六。
㉕戈培爾：《戈培爾日記》(*The Goebbels Diaries*)，頁一三五，一九四二年四月二十五日。

㉖同上，頁一六九，一九四二年五月二十二日。

㉗同上，頁二五四，一九四三年四月十四日。

㉘有關此類組織之歷史，參見安錐耶夫(Andreyev)：《弗拉索夫與俄羅斯解放運動》(*Vlasov and the Russian Liberation Movement*)。

㉙克拉馬茲書，頁八三。

㉚赫瓦斯書，頁二二一。

㉛同上，頁二一六。

㉜齊勒書，頁一八一。

㉝格拉伯(Graber)：《史陶芬堡》(*Stauffenberg*)，頁一〇五。

㉞克拉馬茲書，頁九六。

㉟同上，頁九二—三。

㊱同㉒，頁二六八。

㊲齊勒書，頁一八九—九〇

㊳同上，頁一九〇。

㊴克拉馬茲書，頁九七。

㊵齊勒書，頁一九一。

㊶同㉒，頁二五九。

第四篇

德意志心臟與靈魂之爭

9 解放戰爭之後

誠如慕席爾之言，一個民族或一個文化世界之中，集體之衝動、壓迫、恐懼、激勵、渴望、夢想、緊張等，若都呈現於某個個體的心靈之中，就會產生一個淺薄的偏執狂。而這種現象普遍存於各民族、各文化之中。長久以來人類已認清人性往往即是其自身最可怕的敵人。縱然一個神智健全人的心靈不可能譜入人類經驗的整體，但它仍能像一個具體而微的模子或細胞，顯現出導引民族或文化的較寬廣的理則。如同個體，民族與文化也會經歷集體性的嬰兒期、稚兒期、青春期、青年期、成熟期、成人期、衰老期、腐朽期。一如個人，民族與文化也會經歷各個層面交替、由安適自在到失調苦難、健康至疾疫、自信到自疑、活力充沛到冷漠痲痺。民族、文化與個人都會步入苦悶期的定位危機。

二次大戰結束以來的半個世紀中，已有諸多專家以不同方向，如社會學、經濟學、意識形態、心理學等方面來解釋第三帝國的現象。當然也有結合各方向的綜合研究。然而總是有所遺漏，遺漏了某種古老，深植於過去，而非屬於十九、二十世紀方告出現之特質。它是一種企圖，試圖解決所謂集體定位危機的展現。它是一種長期覓求自我界定的行動和焦慮。而第三帝國所安置的解決方案，如今已確實可以看出，它是錯誤、愚昧、邪惡而且全然有害於人性者。迄今，德國仍處於集體定位危機的痛楚之中，仍在尋覓一種可以滋長的自我界定。而這個問題由於一九九〇年的統一而更形困難。在這個問題上，若第三帝國所推陳的解決，可以證明比任何方式都更具災難性、毀滅性，那麼史陶芬堡所提供的方案，無論對德國或對整個西方社會，均屬於積極而有建設性。爲了解何以與爲何如此說，就必須對問題本身進行更全盤性的認識。

十九世紀初，普魯士已開始深深影響德意志其他各地，並且就導引德意志政治和塑造德意志集體心靈，向奧地利的權利，或是機會進行挑戰。而雙雄之間的競爭，東起奧得河（Oder），西抵萊茵河，北自波羅的海，南達阿爾卑斯山。同時這也是個別德意志人意識中的心靈鬥爭。史陶芬堡亦不例外，他也提供了一個鬥爭方向。一八六六年普奧戰爭固然造就了政治上的定案，但就個人意識和文化層次來說，鬥爭仍然持續。最後，普魯士與奧地利均化成德意志集體意識上兩極化的隱喻（即艾略特所稱之主觀關係〔objective correlatives〕）。無論在戰場上或會議桌前，普、奧之爭都化成非具體，而係一種象徵性個體中的內在衝突。其實普、奧不僅是地理上或政治上的實體，而且也是一種態度、一種意識和取向。

在腓特烈大帝時代，將普魯士造就爲活力充沛軍事強權的元素，絕非今日所謂之民族主義，它事實上也未曾存於當時任何國家之中。腓特烈手下士卒和官吏，其行動絕少出於爲國奮鬥，反而是出於向君王輸誠之封建時代忠貞。其忠貞非愛國主義，實乃對有王者氣息的君主無貳心的效忠。直至拿破崙時代以降，此種效忠對象始由君主轉向國家。普魯士（以及德意志）之民族主義實生於與拿破崙法國之鬥爭。在此鬥爭中，先是創傷，繼而陶醉似的昂揚，整個德意志如是，普魯士更是如是。

截至一八〇六年，世人心中普魯士仍是半世紀前由士兵君王（Soldier King）腓特烈贏得的武勇桂冠之國。儘管拿破崙法國大軍於對抗義大利、奧地利、俄羅斯各國軍隊時，堪稱無敵，但於當時無人懷疑，都以爲法軍一旦面臨普軍必遭敗績。然而自腓特烈大帝以來，普軍已經鬆弛、懶散，既乏訓練，領導亦差，還囿於自滿。無論戰術或結構，均不曾就十九世紀初期戰爭形態所顯現之新形式與新狀況加以調適改良。

一八〇六年十月十四日，普軍同時在兩個陣線上與法蘭西帝國大軍遭遇。耶納這個大學城近郊至萊比錫西南之威瑪，五萬三千普軍面對拿破崙本人和其大軍主力九萬六千人。數哩之外奧斯塔德（Auerstadt）鎮，約六萬三千五百普軍與薩克森軍則面對拿破崙麾下元帥所指揮之側翼部隊二萬七千壯勇。兩役結果，法軍傷亡一萬三千員，普軍折損數字爲此三倍半，並附加一萬八千名俘虜。耶納與奧斯塔德兩役對普魯士而言非僅止於重大軍事挫敗。初時有秩序的撤退，隨即惡化成潰如山倒。腓特烈大帝時如此傑出的普軍，此際稍經衝刺即全然無秩潰散，棄甲曳兵，輜重全失，一切紀律與團隊精神全置腦後。當日近尾聲之時，已無能堪一戰之兵。稍後，普軍各單位根本不戰而降，普軍戰俘未幾即高達十五萬。在未遭任何抗拒下，城鎮、堡壘一一陷入法軍之手，拿破崙以勝利之姿，縱馬進入柏林，該城主政者早已撤離，毫無防禦。十一月中，整個普魯士已在法國控制之下。

一八〇七年七月所簽訂之提爾西條約(Treaty of Tilsit)，普魯士淪爲法蘭西衛星國，其地位即如二次大戰後蘇聯帝國之下的捷克、波蘭、匈牙利。拿破崙脅迫下，普魯士心有不甘的成爲其同盟，並屈辱的由散布全國之法蘭西衛隊與官員來確保普魯士之忠貞，其情況與納粹主控下的法蘭西維琪(Vichy)政府如出一轍，僅是角色反轉而已。普軍名額也縮減，降至四萬二千名。

對所有普魯士人而言，均視條約內容爲民族創痛，投降的屈辱震撼了民族自尊。附著於強烈羞恥感上的則是民族認同感的凝合，對於此時代的許多普魯士人而言，竟然驚訝的發現自己擁有民族情感。

國家蒙羞刺激下，有位騎兵少校席爾(Ferdinand von Schill)，逕行起身反抗。提爾西條約簽署未久，席爾籌組一支騎兵游擊隊，獨自對法國進行反抗戰爭(一如稍後不久出現於西班牙之衆游擊隊)。席爾此種唐吉訶德式反叛大業，其結局實可預料。一八〇九年五月，在波羅的海沿岸斯塔桑(Stralsund)港舉事，企圖與預期來援其實尚未組成之英國遠征隊會師時，死於巷戰中。雖出師未捷而身亡，但卻成爲民族烈士，未幾，其遺像即掛遍全普魯士各家庭、辦公室和兵營。同時他也帶起一項問題。在某種情況下，反抗是否並不恰當。而這正是普魯士軍方從未深慮的問題。

席爾個人殉節並未成就何事，然而卻爲另外兩項更有分量和成果的反抗行動鋪下道路。這些行動涉及了史陶芬堡的兩位祖先，在史氏心目中是威風凜烈的兩位典範。

一八一二年初，拿破崙開始著手準備他那災難臨頭的征俄行動。爲保護後路，他又強迫普魯士成立新協定，使普國再次蒙受新屈辱。約中規定普魯士全境置於全盤軍事佔領之下，並強制提供一個軍（兵力接近普魯士現有兵力之半）好爲皇帝大計畫服務。約二萬名普魯士人，被迫隸於法軍，受命於侵俄之際充作掩護性武力參戰。

盛怒之下，爲反抗此一協定，不少軍人遂採行集體抗議，此即著名「三百人辭職」行動。由格奈森瑙、克勞塞維茨和其他人等，共三百名傑出高級軍官自普軍辭職，約爲整個軍官團四分之一的人數。其中部分甚至逃往俄國，服務於沙皇麾下，克勞塞維茨即其中之一。雖然官方並未以叛變罪名加諸辭職者頭上，然其行爲實屬叛變。

普人反抗行動不僅止於此，格奈森瑙同僚香霍斯特亦曾企圖辭職，唯所請遭拒，僅允其調離參謀總長之職。拿破崙大軍東進之際，香霍斯特努力於普魯士軍事行政系統之內，格奈森瑙則努力於外，共爲普魯士新軍催生。一支公民軍隊，不再由舊土地貴族主控，軍官任命與升遷，貴族身分不復爲優先考量，完全同於當時法國。即在法國佔領軍鼻息下，一支嶄新、隱密、幽靈似的普軍正在祕密籌建與動員之中，它不是游擊隊式武力，而是正規軍，預備在戰場上和敵手明白接戰。軍力重建的進程意味完全背離普法間協定，也是明白違背普王腓特烈威廉三世和其政府之旨意。

當普魯士公民軍正悄然在其後方集結之際，拿破崙仍在揮軍深入俄境。一八一二年九月七日，法國「大軍」與俄軍血腥會戰於波羅地諾（Borodino），托爾斯泰於《戰爭與和平》（*War and Peace*）一書中曾有生動描述。波羅地諾之役在技術上是法軍獲勝，然而雙方均損失慘重。不過俄方經得起此種損耗，入侵者則否，一百三十年後，希特勒再次學得這種教訓。一週後，拿破崙率領疲憊殘部進入莫斯科，原本期望得以利用該城重整大軍，並能獲得休息給養，誰知該城不僅早已撤空並遭焚毀。缺乏食物與棲身之所，預期給養落空，十月十九日，拿氏班師返法。撤軍途中，飽受俄國寒冬肆虐，復遭俄軍和游擊隊不時突襲。

十二月，「大軍」撤至普境，拿破崙引用與普國政府協定，要求普軍掩護其後路，阻礙俄軍前進。奉命由拿氏節制之普軍，其統帥即爲史陶芬堡另一位祖先——瓦登堡。

一八一二年十二月三十日，瓦登堡與俄方於陶若根(Tauroggen)協商，並以個人與俄方簽署祕密協定。條約既定，他即向下屬參謀宣告：

諸君，我不知如何向吾王呈報這次舉動。他或許會稱之叛國。即或如此，我依然願承擔此種後果。❶

稍後，他的各項舉措，完全出於己意，既未通報上級，更未接奉任何命令。他正式通告全軍嚴守中立，一切行動均撤回。依據某項評述：

此舉是普魯士歷史上最爲凸顯的抗命行動，依當時情況而言，幾乎就是政變。事實上，確實迫使柏林政府依循此舉之理出招，向法國宣戰。❷

面對瓦登堡製造的既成事實，柏林祇得於三月十六日對法宣戰。而瓦登堡所率之軍，早已放棄中立，協同俄軍狙擊撤退法軍。同時，格奈森瑙和香霍斯特以及同僚祕密籌訓之公民兵，亦卸除僞裝，步入戰場，與瓦登堡正規軍合流，將普軍配置軍力帶到頂峯。普俄聯軍在奧地利、瑞典增援之下猛擊法國「大軍」，使其在列國圍攻之下，由德境倉皇退回法境。此時，又與自西班牙翻越庇里牛斯山入法的威靈頓麾下英軍會師，節節進逼，終能迫使拿破崙退位他去。

在瓦登堡大膽行為激勵之下，普魯士如同經歷一場革命，其歷程就歐洲發展而言，可謂史無前例，其變化並非起自群衆，由下而上。亦非出自宮廷政變。而是由普魯士全民間一種特殊聯合塑造而成。其間尤以農民與貴族為骨幹，聯手反對其政府和國王。強逼使政府在心有不甘之下違反初衷，加入戰局。對於這次偉業，並沒有多人特別關切其合法性。當時普魯士貴族的看法祇是「我們在霍亨索倫王室之前站起身來」，而農民亦復如是。若稍加回溯，路德時代的反叛，當時不也是帝國境內自由武士和農民皆起身違反其皇上查理五世之旨意。

瓦登堡擅自行動而導致普魯士對法宣戰，因而促成所謂的「解放戰爭」(War of Liberation)，不僅使普魯士得以脫離法國佔領，連整個日耳曼亦復如是。同時也為德國帶來一支依格奈森瑙、香霍斯特和同僚們計畫所重建的訓練有素實力堅強的新軍。當退位不久的拿破崙逃離厄爾巴島(Elba)再度步入戰場時，歐洲列國中最先完成動員的即是這支新軍。名義上統帥為年高德劭老將蒲留歇元帥，但主要戰略決策卻出於參謀長格奈森瑙。後來趕赴滑鐵盧助威靈頓一臂之力的也就是這支新軍。

解放戰爭點燃一波陶醉巨浪，整個德意志均陷於歇斯底里邊緣。而這種經驗係前所未有。忠貞焦點並非對準君主，其實他們曾背離了君命，而是首次對準普魯士和德意志。人們以極度狂熱擁抱、讚譽普魯士和德意志，它們好似一種新發現，成為他們崇奉的對象，就如同崇奉救世主一般的狂喜。不分年齡、不分階級，德意志全境，均群聚狂歡於各種旗幟之下。腓特烈大帝時代的軍事傳統不僅復甦，同時還注入了新的時代精神。志願入營人數蜂擁而至，乃至擴建的普魯士新軍根本無力接納。輔助性軍事機構也跟著紛紛成立，結合了無數熱情過激的青年，到處炫耀他們光鮮的軍服，凸顯他們對軍事的無知。好戰之情熱潮澎湃，即連香霍斯特、格奈森瑙所定下的紀律亦都無法予以壓制。

一八一三、一四乃至一五諸年的勝利，爲帶有濃厚普魯士和軍國主義氣息的德意志民族主義催生。奥地利固然亦曾加入反法戰爭，但其軍隊表現一如往昔所有對抗拿破崙戰爭的那般軟弱。擺在德境各諸侯國眼裡，奥地利僅被視成外圍分子。首先起身抗敵者是普魯士，首先在戰場上有傑出表現者，也是普魯士。因此普魯士遂成爲燈塔，是天才導師，是精神與原則的精神領袖。由於這股偉大的能量和熱情都因普魯士而起，故普魯士當然成爲激勵的淵泉。

就在軍事激情橫掃全德之際，另一種反面性聲音也在興起。這個聲音曾在一個世代之中影響全歐，包括英倫在內。這個聲音有神一般的權威，並且自許爲德意志人民的心聲。它即是哥德的聲音。

對於現代人而言，處身於大衆傳播的世界裡，有全然不同層次的名流，很難理解哥德無比的影響力以及他所盛享的奥林帕斯山衆神般的地位。文藝評論家向來好將他比擬成莎士比亞或普希金(Alexander Pushkin)。自哥德以降，除了托爾斯泰，可能沒有任何一位文學家能享有此般權威，和如此衆多的喝采。他的作品主宰歐洲文壇近半個世紀，下列各種不同風格作家，如拜倫、雪萊、愛倫坡(Edgar Allen Poe)、梅爾維爾(Herman Melville)、普希金、果戈里、杜斯妥也夫斯基、夏托布里昂(François-René de Chateaubriand)、雨果(Victor Marie Hugo)等，莫不可以看到哥德帶來的影響。普希金祇是俄國人民的民間英雄(他死後，差不多每天有三萬兩千人瞻仰他在聖彼得堡的寓所），而人們對哥德則幾乎是帶著宗教熱誠的崇拜。對全德人民而言，一致宣稱哥德為「偉人」，是他們的驕傲，是他們對世界的發言人，是他們的集體心聲。

哥德的影響遠超過文學一項。他被視為頭號政治家、哲學家、評論家和科學家。他的作品被譽為包涵了全人類的努力。他得到的敬重不僅來自文藝世界，連著名的探險家、科學家洪寶德（Alexander von Humboldt）亦對他崇景有加。他經常被人們形容成「最後一位文藝復興人」。

沙皇亞歷山大一世曾接見他，並頒予聖安妮勳章。拿破崙亦然，親頒榮譽軍團十字勳章。他和法國皇帝互相對比的讚賞，彼此視對方地位為自己形象的反射。哥德是藝術、文學、文化和精神生活上的拿破崙，而拿破崙則是政治、外交和軍事上的哥德。而二人均為此種讚譽沾沾自喜。

而哥德這位心靈世界的大神，卻對德意志民族主義懷有濃厚的敵意。其敵意非基於傳統性的政治或社會立場，而是植基於自我定位與民族屬性。

「英國人其義安在？」有多少英國人曾如此自問？對於曾如此自問者，其答案恐怕是聳聳肩，以一種不言自明的態度來藐視語詞組成的答案。或者舉出一些陳腔濫調、老套的特質或個性，比如「堅毅不拔」等，作為回答。然而這些祇是一種表徵的形容語，並未能回答到底什麼纔是英國人。

多少世紀以來，從沒有任何需要來質疑英國人其義安在，所以問題本身就變得沒有意義。英國人就是英國人，法國人就是法國人。因此，舉例來說，十九世紀英國小說作家如珍・奧斯汀、喬治・艾略特、狄更斯、薩克萊（Thackeray）、梅瑞第斯（Meredith）、特羅洛普（Trollope）等，都曾經詳究英國社會、英國禮節和習俗、英國人的個性等，但卻無人探討英國人靈魂的本質。同樣，無論巴爾札克(Balzac)、史坦達爾(Stendhal)、福樓拜(Flaubert)、左拉(Zola)和雨果所關切者爲何，總之，法國人靈魂絕不在其中。

可是這種自滿並非全球性，多少地區人們不能像英國人或法國人那樣主動而不自覺的自我肯定。就其他文化和民族而言，自我定位問題一直是焦慮與不安的淵藪。這個問題頗似一般所熟知的青少年必經之「定位危機」，它帶給人們的是一種困惑難解之謎，一種無邊痛苦。「我是何許人？」「這種隱晦神祕的本質究竟是個什麼東西？」「難道這就是我所謂的自我？」「我的眞實本質是什麼？」「我何以在此地？」「我存在的目的安在？」「如果眞有這種東西存在，那麼我又該如何決定構成我生命走向的因素爲何者？」前述各項問題似乎並不適用於已經身爲英國人或法國人的頭上。可是身爲一個德意志人或俄羅斯人，前述各問題卻如影纏身揮之不去。他們不似英國人或法國人，經常困惑於德意志人或俄羅斯人其意義到底何在。「德意志人靈魂」之本質，使德文作家著迷不已，由哥德到湯馬斯．曼，由格拉斯(Günter Grass)到朗茲(Siegfried Lenz)莫不如是。而「俄羅斯人靈魂」也一樣迷惑了俄文作家，由普希金到杜斯妥也夫斯基、托爾斯泰和貝里(Andrey Bely)乃至今日的畢托夫(Andrey Bitov)皆復如是。

就德、俄兩地歷史某些特點來看，德、俄均將自我視爲一種邊界。彼此均自視爲某種法則衝突之分界線，比如東方與西方、文明與野蠻、理性與非理性。均自視爲這些衝突法則的仲裁者，肩負調和與融合這些法則的重擔或使命。而此即意味某項相對法則若臣屬另一項之下，就會造成怪異的失衡狀態，其結果經常是災難接踵而至。處理此種問題之時，絕不可僅判讀其表面價值，並以此爲基，將問題歸納成一個簡單模式，然而事實卻常背道而馳。

比如理性，係關係文化、文明、衛生、秩序、謙和、寬容與人道的一項積極力量。然而理性也有其陰暗面，像是枯燥乏味、內容貧乏、講求僵化的法律至上、不具靈魂的官僚系統和機械化般的附著於邏輯，以及一致化等。美好的理性唯有在電腦上，或是《美麗新世界》(*Brave New World*)及《一九八四》(*1984*)兩書中揭示的虛無烏托邦中，方可輕易予以神化。

理性的反向，非理性卻是一種負面力量，通常與野蠻化、瘋狂、混亂、無政府、猜忌、縱酒狂歡、自暴自棄、獸慾等關聯在一起。然而它自有其光明面，如溫柔、善感、熱情、直覺、想像力、興致、活力、自動自發、創造力等。前述特質無一源出理性，甚至還經常壓抑理性。

自十八世紀初，彼得大帝以來，俄羅斯即不斷試圖將西方理性結構強加諸於俄人頭上，卻不顧俄人對該結構根本陌生甚且還有所牴觸的事實。一九一七年革命所導引出的新政權更講求外來的理性，根本不顧其行將統治之地的實際狀況。俄羅斯講求的理性，最初係套用號稱「啓蒙運動」的法國哲學家之說，後來又套用馬克思那套經常被證明脆弱不堪的理念。二十世紀俄羅斯最偉大的小說家貝里，其最重要的作品——《聖彼得堡》(*St. Petersberg*)，即環繞在一個簡單主題之下，彼得大帝將那座嚴格幾何圖形，以直線劃定，富於邏輯和系統的城市建基於一個缺乏定形、沒有系統的沼澤上。貝里書中所隱喻的即是俄羅斯境內、理性與非理性、有意識與不具意識、政權與臣民等之間的關係。指出俄羅斯將整齊有秩的理性化西方文明外觀並不牢靠的陷溺置放於某種較爲直覺、情緒化、神經質，而且還是方始萌芽的東西之中。這種東西或許可以藉理性作為上層結構加以控制，但絕不能寄望終能使它有所變形或轉化。

貝里著書之時，正值俄國革命前夕。就在這段時期，德意志同樣遭逢了理性與非理性彼此關係的問題，而且其困擾的時間更長於俄羅斯，縱或不起自中古時期，至少也是起自路德時代。總而言之，德意志是處於上古羅馬高度文明與東方蠻族文化的邊境上。它是世界邊緣，至少是歐洲世界的邊緣，在它之外，人們看到的則是一片廣袤禁地，充滿了神祕、敵意和威脅，正如同愛爾蘭西岸以外的大西洋。奧地利小說家多德勒爾(Heimito von Doderer)在其最著名小說《惡魔》(*The Demons*)一書中，曾描敘面對空曠無垠的東方——廣袤的匈牙利平原和俄羅斯草原時，條頓心靈所產生的反應。多德勒爾指陳，受到該地神祕不可理解現象，不論它次於理性或是超越理性範疇的顯示，讓條頓人心靈充塞了僵冷與不寧之感。

有甚於俄羅斯人之處，則是德意志人視其國土為一處交點，係歐洲人的神經中樞，來自東方與西方的潮流以及其各自屬性之表徵，即滙聚於此。就各方面而言，尤以此種觀點產生了一種不同取向。縱然先是彼得大帝，後來又有列寧及史達林，將理性架構強置於俄羅斯頭上，對俄羅斯人而言，俄羅斯仍然象徵一種雌性和母性實體——俄羅斯母地(Mother Russia)。德意志則傾向於雄性、父性、家長威權性質的集體表徵——祖國(Fatherland)。儘管於此雙方差異甚大，但德、俄兩地均有非理性問題不定的潛伏於近表面之處，任何時刻均可輕易湧動，破幕而出，使統治者毀於一旦。

人類創造活動之中，最具理性表徵者即是哲學。自希臘古典時代以降，哲學即被視為植基理性之高級文明最珍貴特有的副產品(直到晚近，科學的數學仍包涵於哲學陣營之中，祇是二者已不屬人文範疇而已)。

而人類創造活動中，明顯的最不具理性者，即是音樂。音樂向來不被視爲高級文明專有之屬性。它卻在最爲原始與野蠻文化中，扮演了極爲重要的角色。

然而就十八、十九世紀德國而言，難道不是它執哲學與音樂之牛耳?不錯!法蘭西產生了笛卡兒(Descartes)，荷蘭與丹麥出現了史賓諾沙(Spinoza)和齊克果(Kierkegaard)。然而在歐洲各個文化中，誰又能夠產生如此衆多的一系列權威大師，如萊布尼茲、康德、黑格爾、謝林(Schelling)、費希特(Fichte)、叔本華、尼采。其他歐洲文化，也不能在音樂上與產生巴哈、韓德爾、海頓、莫札特、貝多芬、布拉姆斯、華格納的德意志相媲美。

即在哲學與音樂的內在範疇上，也沒有其他文化能與德意志文化產生的範疇一較長短。就理性傾向而言，西方哲學家中無人能及於康德與黑格爾。在擁抱與讚頌非理性方面，也沒有任何一位哲學家能超越叔本華與尼采。作曲方面，無人能在理性上蓋過巴哈，同時也無人能在非理性與誇張上與華格納匹敵。

是以德意志文化和集體心靈是處於極度理性與極度非理性兩個極端拉扯之下的緊繃狀態之中。就現象看，就像是一條拉緊的橡皮筋。就病理看，此種緊張若發生在個人心理上，就會產生周期性歇斯底里。神經系統若拉得如此緊，像五弦琴的琴弦，不斷發出弦聲。若是琴弦或橡皮筋繃斷了，後果就很暴烈，那就會彈向某一個極端。愈往理性方向伸張，就會使它所伸張的一切處於連續磨損，祇會使伸張的東西容易斷碎，結果就是急速的向另一個極端非理性方向大力反彈。

截至目前著作之中，可能就數湯馬斯・曼的《浮士德博士》一書能對第三帝國諸般表相作最深入而廣被的檢視。他爲認識該問題提供了另一項模式。他主張，不需要將理性與非理性視爲一條線的兩端，或是對立的兩極。可以把二者當成一個圓的聯集，在此情況下，理性與非理性根本上會對流。此言甚確，愈是極度的理性也就愈接近非理性。

抛開前述的圖表模式，讓我們來看第三帝國呈現的諸般現象，它們反映出一種理性與非理性焦慮不寧的混合體，在近代歷史上，堪稱獨特。也即由於此混合體，導致第三帝國在理智觀念中是如此恐怖和如此的罪孽深重。納粹黨的大會即是一種群體歇斯底里、著魔似的狂喜，一種用儀式來陶醉的盛會與典禮，並以有韻律咒語般的文句，似鼓聲一般使人進入催眠狀態，此時是非理性至上。理性則以恐怖大神形式出現於集中營，將集體屠殺與種族絕滅化成一種機械化有系統的程序，一種機器、會計、簿記組成的枯燥例行工作。通常理性思量若附上非理性的熱忱，就會產生宗教式活力與能量的魅力。此即戈培爾精心設計下的宣傳品，狡獪操縱公衆，使人心渴慕一位救世主型的人物。納粹的種族理論，亞利安人至上的教條，毫無根據的純淨血緣觀念，耽迷於虛僞的樸實觀念和霍畢格(Hoerbiger)的「火與冰」訓條，以上種種無不是在非理性表面套上理性與科學象徵的面具。就殘酷屠殺一事來說，歷史鮮少有任何組織能與親衛隊的工作效率相比擬。然而這個理性神話與效能縮影的親衛隊，卻鼓勵其下屬到德國歷史名流墓碑前配種，裨能使他種下的嬰兒種子能吸收那些亡故偉人的特質。而親衛隊僅如此理性化的來傳播這種古怪觀念，在親衛隊官方報紙上，還列下那些值得推薦作爲交配場所的墓碑❸。

對於文明的近代西方理念而言，第三帝國這種將理性與非理性的混合製造了不安，在歷史上曾有前例，此即猶太教與基督教傳統。這個前例所發出的宏偉壯觀召喚和它所衍生的不安，關係至大。正確的說，就理性與非理性間那種草率虛浮關係上，第三帝國完全承襲了猶太教—基督教魔鬼觀念下的傳統。基督教神學家對於如何確定他們所謂的魔鬼究竟是何物？其所代表的原則爲何？其能耐又如何生成？從來沒有得到滿意的定案。在基督教世界的歷史上，有一段時期，魔鬼即是那位頭上長角，有著山羊尾巴和分趾蹄潘(Pan)的嫡裔或化身，潘即是各種重大罪孽的具體化，是人身上不被救贖的低賤品質或獸性本身，也是無秩序、混亂、狂歡淫亂耽迷於狂亂的混合體。群魔殿(Pandemonium,衆潘之地)原本即是地獄的別稱。可以參見彌爾頓(Milton)在《失樂園》(*Paradise Lost*)中的描述。潘是猶太教—基督教中魔鬼變體之一。另外還有一個變體，它是溫嫺有禮、氣質優雅，它是口齒伶俐的邏輯大師，長於狡獪詭辯，好比是耶穌會士中的耶穌會士（譯者註：耶穌會士以學養著稱），它即是「墮落天使」，他墮落即是由於他犯了以學問傲世的罪行。以上兩種看來不能相容的典型，卻都在基督教神學史上刻劃出魔鬼的特質。第三帝國所反映的即是這兩種典型。也是湯馬斯・曼作品《浮士德博士》中爲第三帝國所做的象徵描繪。更清晰象徵描繪則出現於維斯康堤(Luchino Visconti)的影片《受詛咒的人》(*The Damned*)之中。

註釋

❶柯奇(Koch)：《普魯士史》(*A History of Prussia*)，頁一九六。

❷馮譚(Fontane)：《暴風雨前》(*Before the Storm*)，英譯者霍林德(Hollingdale)引言。

❸懷克斯(Wykes)：《希姆萊》(*Himmler*)，頁一二一—二。

10 文化與征服

哥德出生於一七四九年，即是腓特烈大帝繼任羽翼未豐普魯士王位的第七年。他死於一八三二年，滑鐵盧之役後十七年，此時普魯士不僅已經發展爲歐洲列強之一，同時也取代奥地利，成爲「德意志靈魂核心」。雖然他未及親見往後三分之二個世紀中所發生的塑造德意志和德意志人的各個事件，但他本人在世的那段時間，正是德意志發展史上最關鍵、最有建設性的階段。就其一生大部分時日，由於他的身分與地位，足使他能對德意志人的態度與思維產生重大影響。他和一世紀後的湯馬斯・曼一樣，自視爲一個複雜微妙的世界公民——歐洲人。但此二人又均在心底深處以爲自己終究是一個德意志人。二者皆以自身對德意志與世界之間關係的認識，替代對德意志人自我定位和文化表徵特質的探討，二者均沉迷於追求德意志靈魂的本質。對哥德而言，這個領域大部分尚屬未定，能吸引人作耗時費神的探究。

當哥德面對解放戰爭期間生成的德意志民族主義時，他感到有所警覺。他認爲，德意志人民不足以承擔政治上的重責大任。它們不適宜政治活動，一旦手持民族主義，即可能遭到濫用。何以如此呢？哥德以爲部分原因即在於德意志人不同於歐洲其他主要民族，它懷著封閉恐懼症，閉鎖在內陸之中。大西洋岸出海口有相當限制，而波羅的海卻封閉得像個內海。因此哥德開始疑慮，爲了覓得向外界交際的出口，德意志人民能找到什麼樣的空間來擴張，裨能達到伸展自己的目的？又能期望於什麼方向，裨使他們能夠鼓起心志，表達造就他們承自先世的自我延伸與擴張，還有向新領域探險，征服新領土的渴望。就德意志情勢而言，一方面閉鎖於內陸，另一方面又有前述的擴充衝動，化成政治實務，可以推定必是走向領土擴張，而其結果終必走向武力侵略之途。

哥德心目之中，德意志人民可以安全而又可靠的伸展自己向外擴張的唯一領域祇有文化與精神的領域。哥德主張，像德意志這樣的國家，絕不屬政治上系統觀念中的國家，而是精神與文化領域上的國家。若朝這個方向前進，德意志人可以成爲全世界的燈塔，甚至超越法蘭西的成就，相信在某個時間，可達於文明的極至。若是德意志人將其資源和精力改用於現實政治方面，那就相當危險。若是朝向以民族主義爲鵠的的現實政治，危險也就更大。若是在普魯士的軍國主義支撐下，來擁抱民族主義，結果必然是災難，也許不致馬上大禍臨頭，但毫無疑問災禍必在一個世紀之內到來。

以時下術語來說，哥德感到德意志民族主義，尤其是在普魯士軍國主義下追求得來者，與德意志由非理性到極度理性的集體心理狀態不能相容。所以，他堅持何不讓德意志與其人民在哲學、音樂、藝術以及可以表現和傳播文化與精神的創造性活動上來領袖群倫。使理性與非理性互相競爭，同時並存，互相作對，且又維持在一個均衡狀態之下。讓德意志就文化與精神建立一個帝國，其勢足與拿破崙之下法蘭西政治帝國相互輝映。爲了德國與文明世界的前景，德意志不應企圖參與政治與軍事擂台。

拿破崙鼓舞下之法國，一度主宰歐洲。然而拿破崙並非希特勒，他所鼓吹的事物背後，富有精良法典和人道色彩的責任觀，故能顯現中庸氣質。一旦德意志步其後塵，倡導政治霸權，其氣質能否同樣溫和，哥德深表懷疑。他擔心，屆時德人恐怕失控，不能自我抑制。因此，解放戰爭所釋出之精力，在哥德眼中，恰似逃離瓶罐之精靈，它的形貌一如瑪麗．雪萊(Mary Shelley)筆下的科學怪人法蘭肯斯坦醫生(Doctor Frankenstein)。

回顧歷史，時人不免讚賞哥德實有先見之明。也會認同其所堅持的追求精神與文化上的領袖地位。該民族性一旦與社會和政治的野心結合，即會產生毒素，爲種族優越神學奠定基石。然而當時，哥德的宣告卻祇爲許多受過教育的德意志人帶來困惑，爲集體性精神分裂症種下種子。

一八一三年，解放戰爭爆發，普魯士新軍似火鳥般，自殘餘舊部浴火重生，此時哥德已年屆六十四。近三十年來，他一直供職於小邦薩克斯—威瑪—埃森納赫(Saxe-Weimar-Eisench)公國，先後出任部長及首相之職。威瑪僅爲一農鄉式城邦，但與強大普魯士王國關係甚密。哥德影響力非僅止於威瑪一邦，且遠播普魯士與德意志全境。因此，他胸懷中德意志意識，範圍更大於六十年前腓特烈大帝。

當瓦登堡與格奈森瑙創建及統率的新軍步入戰場時，他們所要對抗的不祇是法軍，還要對抗哥德這位半神人物近似神諭般的吶喊。德意志人一方面處身於被視爲民族之父的這位人物權威呼籲之下，忠告他們應致力於他個人理想中的精神與文化層面。另一方面，又受到戰爭熱和軍事光榮前景的引誘，在一種基於軍事力量的民族定位和新近發現的集體意識所衍生的同胞情與團結精神的呼喚之下。許多德意志人，不僅是受過良好教育者，面臨了一項痛苦的道德抉擇，該走那一條路，纔可以免於罪惡感和自責的煎熬。

最後，祇有一種結論。當軍事勝利成就使全德如癡如狂之際，哥德的呼籲也就爲之淹沒。當時德意志青年，莫不以瓦登堡和格奈森瑙爲典範，驕傲的宣稱自己已被重新塑造。一八一三年德境青年不復夢想成爲大作曲家、大詩人或大哲學家，而是熱中於成爲偉大軍人鬥士。拿破崙戰爭最後兩年，普軍成就可能不似後世評述家口中那般輝煌，但亦足夠引以爲傲，自我恭賀。哥德的漠然，反而容易受窘招罪。不僅少數人甚且眞有其事的控他叛國，就連老友及隨從亦爲之不快。一八一三年秋，萊比錫勝利後不久，一位普魯士軍官曾造訪哥德，發現：

坦白說，在我眼中，哥德至少有一項行爲不能令人感覺偉大。對於我們最近的光燦勝利，並且將拿破崙趕出德意志，絲毫不見愛國熱忱。他不但懷抱相當冷淡和批判的態度，還滿嘴強辯，吹噓皇帝拿破崙的許多傑出特質。❶

處於抨擊壓力下，哥德提出答辯，由於措詞傲慢與隱晦，對於平息衆怒功效不大。

難道我眞的會對民族和祖國重獲自由等偉大理想，漠不關心到極點嗎？當然不是。這些理念原本即附在人身上，是我們天性一部，沒有人能離棄它。更且，我深深關懷德意志。每一念及

德國人民，每個個人都那樣值得讚許，但作爲整體卻又那麼可憐時，痛苦就會襲上心頭。❷

最令哥德痛苦的事，莫過於眼見自己在德意志思想界泰斗地位已遭罷黜。德意志人就像是恣肆放縱的孩子，將他這位自許爲其父而又爲全球認可者的忠告完全置諸腦後。或許出於父愛成分較少，出於意氣用事與藐視成分較多，哥德運用個人關係，促使其子奧古斯(August)自戰地除役。奧古斯因此身受嚴重挫傷，遭人指斥，說他徇私舞弊、懦弱無能。由於他往日身著軍裝、腳穿扣有馬刺長靴的同事給予他的汚衊，弄得他借酒澆愁，終於英年早逝。這件事再加上其他種種，皆促成哥德對德意志同胞無法釋懷。在他的餘生中，這位全歐盛讚爲巨擘的大師，與德意志人始終處於敵意狀態。

哥德的傳統並未中斷。餘下的十九世紀和二十世紀頭十年中，德意志的藝術家、思想家，仍不斷大聲疾呼，同胞致力方向不應是政治與領土野心，而應朝向文化和精神。其中最傑出的早期鼓吹者爲海涅這位猶裔德人。他是繼哥德、霍德林之後，十九世紀德國最偉大的詩人。哥德過世後的時代，他隨即接替非官方國家詩人地位。較哥德尤甚之處，他自視爲「世界公民」，也是他鑄造了這個術語，而且他一生大部時間都在流亡中度過。他和哥德一樣，致力於探究德意志靈魂與西方文化、西方文明以及基督教之間的關係。同樣的，他一再對德國民族主義，尤其是普魯士民族主義的危險性提出警告。

在一篇著名文章中，海涅痛詆某位特別好煽動德意志情結的思想家。指斥該人「非常恐怖，因爲他將自己和原始的自然力量結合在一起，如此將會召喚出上古德意志多神信仰中的邪惡力量」❸。

他警告說，像這種人物祇會點燃「嗜戰衝動，它曾存於上古德意志人之中，戰鬥的目的不在摧敵、不在輸贏，僅是單純爲戰而戰。」❹基督教固然是抑制這種衝動，但力量脆弱。

基督教最大好處即在於它削弱了野蠻德意志人嗜戰慾念，但卻無法將之摧毀。若是有朝一日，這塊抑制作用的護符十字架跌成碎片，野蠻的古老戰士即會再度蜂擁而起。瘋狂的北蠻暴漢四處求戰的情況，北蠻詩人的傳述已經很多了。目前護符已漸朽腐，其碎裂時刻將要到來。屆時古老神祇僵冷的身軀將自早已爲人遺忘的廢墟中起身，掃卻多少世紀以來的封塵，最後托爾(Thor，編註：北歐神話中司雷、戰爭與農業之神，以力大無比的持槌形象出現，是最受歡迎的神祇)亦將帶著它的大槌一躍而起，摧毀所有哥德式教堂。❺

在強調思維世界與政治世界差異時，海涅繼續向歐洲其他地區提出忠告：

不要嘲笑人們期盼能顯現於現實世界的預想。要知相同的革命已經在知識界開展。思想先於行動即如閃電先於雷鳴。德意志雷鳴當然是指純正德意志人。它並不快捷，反而是蹣跚前行，但終究會來臨。假如哪一天你們聽到歷史上從未聽過的衝突聲，德意志雷鳴終於劃下它的記號。……在德意志將要演出一場戲，這場戲將使法國大革命看來祇是天眞無邪的牧歌。……❻

倡導哥德理念——精神、文化成就先於政治與民族主義者，不止於海涅等德意志人，同時也有哈布斯堡王朝治下的奧地利人。德境大部分地區，尤其普魯士，陶醉在這波洶湧民族主義熱潮之後，即耽溺其間，無法回頭。拿破崙戰爭之後，普魯士陸軍大幅擴編，已成為俄羅斯國境以西，歐洲最強大的軍力。萊比錫等役勝利，不僅一雪耶納、奧斯塔德之恥辱，同時也重新贏回腓特烈大帝時代的軍事桂冠。此際德意志民族主義已不復完全依賴戰爭所帶來的熱情與本能性的團結，它開始訴求於理性，為民族主義發展一套堅實可敬、冠冕堂皇的哲學基礎。

一七七〇年代，當哥德開始文學生涯之時，最要好的朋友，也是合夥人，則是另一名身兼美學家與哲學家的作家赫德(Johann Gottfried Herder, 1744-1803)。在赫德導引下，年輕時代的哥德養成了對多神信仰的愛好，以及傾向於自然和自然界。他讓哥德大開眼界，學會鑑賞民間傳奇、民謠和民俗詩歌的美感與力量，並對之產生共鳴。他也讚賞莎翁、荷馬，以及麥佛遜(James Macpherson)的偽莪相詩(Ossian，編註：莪相為傳說中古愛爾蘭的武士及吟遊詩人)，並因此而鑄造他新創的詩風，號為「民俗靈魂」(Volksgeist)。

對赫德而言，歷史非單由人類來塑形或決定。實際上它亦由一種神聖的、宇宙性的原則或法則的運作與宿定而成。而這些法則則經由民族或文化的民俗靈魂得以顯現。民俗靈魂與神聖之間的關係可以煽動個人靈魂。而且它也是天上與人世之間的連鎖或溝通管道。經由民俗靈魂、神聖動能、美德和天命，宇宙始能孕育一片特殊鄉土，而這些元素均蘊涵於人類精神之中，然後由人類回饋於宇宙，如此循環一周，方能造就或回歸宇宙間的和諧。在赫德的理念中，前述的神祕或精神進程，正如植物的光合作用。

依赫德之說，每個民族均自有其獨特的民俗靈魂，而他則一視同仁，不以其間有所高下。如要強分高下，要謂某個個別靈魂本質較高，則是荒謬絕倫。就赫德觀點而言，每個民俗靈魂均屬正當，自有其特質、其習性、其長處、弱點，及其種性。若說他心目中曾對那一特殊民俗靈魂有所偏愛，那也是英格蘭靈魂而非德意志靈魂。基本上，赫德所說之民俗靈魂與本書所謂的民族屬性或集體心靈並無重大差異，唯有不同，即是赫德將其觀念比附於一種崇高、神祕又神聖的天命說法之下。

赫德觀念中，德意志民俗靈魂在本質上並不優於其他民族。然而解放戰爭卻爲相反的想法奠下基石。當時赫德已經亡故，雖然人們利用他的觀念加以調適，裨能有利於民族主義、沙文主義、仇外主義，他也就無能反對了。將民俗靈魂觀念用於前述各項事物上，似乎立即爲種族優越感奠下哲學基石。而神聖的觀念也遭到同樣扭曲。儘管他以文化是全球性，可是他的言論正可以當成證明德意志文化優於其他的註腳。解放戰爭所激發的民族自信之下，德意志文化成爲德意志民俗靈魂的表徵，未幾即高聲傳頌優於其他文化。正如哥德的主張，德意志人特別合適來反映或代表文化與精神，也就自然構成優越之口實。

於是在十九世紀興起了一種人民崇拜(cult of das Volk)，發展出一套人民意識形態(Volkische)。此處人民不同於任何社會主義者或馬克思主義者觀念中的群衆。它也不合於前二者觀念中的階級區識。而且它還與馬克思及社會主義思想中的唯物主義完全背道而馳。解放戰爭促使人民成爲一個英勇的整體，受到宇宙或神聖天命來展現民俗的力量，完成民族使命，打倒拿破崙的暴政。當時「人民」被賦予超自然的素質，於是變成一種神祕形象，一種擁有神聖性質的身分。「人民」民族主義遂擁有宗教性地位和宗教性的認同。

> 人民被昇華、理想化了，成爲一項期望的象徵，完全超越現實。……人民化成載運生命力量航行於宇宙的具體載具，……人民的思想促使人民成爲個人與高層次眞實間的媒介體。❼

人民不同於馬克思主義下所扭曲而成的都市無產階級，其主體爲農鄉，深深植根於神聖的民族鄉土上，因此民族鄉土與民俗靈魂遂有不可分割的關係。

> 所以地理景觀在民俗一詞定義上佔有重要地位。……不能將人視爲自然的征服者，也不能相信人可以利用理性爲工具而有能力穿透自然的意義。充其量，人祇是擁有某些神祕力量，其榮耀來自於他能配合自然而生存。❽

換而言之，人民與鄉土之間的關係可以溯回至遠古、老祖、基督之前時代的共生現象，也就是促成海涅提出警告的情況，火山式異教能源潛伏在德意志社會居住的易碎地殼之下，隨時都有爆發可能。至於人民意識形態附和者，則不以前述能源有毀滅性，反而以爲它是豐沛動力，一種力量，一種賡續和團結的表徵。

此外，所謂人民植根的主要性質爲何，它即是人民與鄉土間的共生關係，所以無根者當受譴責。如果植根鄉土是種美德，無根當然是惡德，說明該人不能和諧共存，代表某種外來及人工化的東西，勢必破壞神祕的自然秩序。因此無根即等同於不安分，自然會被烙上威脅人民穩定的印記。外國人即是此種威脅的具體化之一，動盪的城市群衆則是另外一項。當然不會漏掉晚近剛獲寬容，目前相當富裕的德籍猶太人。在人民意識形態中，猶太人是受詛咒的無根者。很容易的就會將流浪的猶太人視爲人民的天敵，是一群懷有敵意的外人和陌生人，是不受歡迎的闖入者。此種觀點即爲日後反猶主義鋪平道路。

與德意志面臨一樣認同危機，也同樣在拿破崙時代之後尋求自我定位的俄羅斯，自然經歷類似發展。一樣耽溺在對等的民俗靈魂之中，盛讚人民與鄉土之間的神祕關係。展現了對外國人的敵意，悔恨外來影響，而珍視純粹鄉土，它們訴求對象則是斯拉夫。俄羅斯也埋下了反猶主義的種子。人民意識運動在德意志稱之爲大亞利安主義(Pan-Aryanism)，在俄國則稱爲大斯拉夫主義。二者附和者均在散播種族優越感，宣稱其人民對世界歷史進程負有神聖使命。最傑出的大斯拉夫主義者有神祕哲學家索羅夫尤夫(Vladimir Solovyov)和杜斯妥也夫斯基。

德意志人民意識形態早期傑出倡導者爲瑞耳(Wilhelm Heinrich Riehl)，他的論述多出版於一八五七至六三年，且具有相當影響力。但是不久，瑞耳的重要性即爲若干有重大藝術成就人物所遮蓋。比如華格納，他自許爲大亞利安主義的鼓吹者，他所寫的歌劇，也多半圍繞著鄉土主題，例如《唐懷瑟》(*Tannhäuser*)，當然還有《尼伯龍指環》在內，莫不廣泛蒐羅德意志傳奇、史詩、民謠和異教傳統。

大亞利安主義和人民意識的倡導者，也急於徵召謝世不久名流以爲號召，比如哥德同時代人士，即十九世紀初德意志浪漫主義的權威人物。赫德即是經常被利用的人物，想必他死不瞑目。另外一位恐怕也不會瞑目的人則是偉大的浪漫主義詩人和散文家，筆名諾瓦利的哈登堡（Friedrich Freiherr von Hardenberg, 1722-1801）。此外還有一些著名的語言學家、學者、古物收藏家、民謠家。格林兄弟(Jacob Ludwig and Wilhelm Karl Grimm)曾廣泛蒐集民間故事與童話，並在解放戰爭爆發之際出版，迄今仍是此類作品中翹楚。一如赫德，格林兄弟從未擁護德意志人民或民俗靈魂高於那一個，然而他們卻有下列宣告：「有一種內在，無法看見，凡是高貴精神都會爲它奮鬥的東西，其最純淨最爲獨特的一面唯有在整體中方能展現，此即民俗觀念。」❾此一陳述不啻爲十九世紀較狹隘的民族主義和仇外的人民意識形態提供維生元素。

稍後的著作中，被強迫徵召，以爲人民服務的作品中，包括《布蘭登堡侯國漫遊記》（*Wandering through the March of Brandenburg*），全書共三冊，一八六二至一八八二年間，由馮譚（Theodor Fontane）出版，它係旅遊記、旅行指南、民間故事和歷史名勝的選輯。馮譚係普魯士于格諾派教徒（Huguenot，編註：法國新教徒之稱）後裔，是十九世紀最偉大的德文小說家，與奧地利的史提夫特（Adalbert Stifter）齊名，可與屠格涅夫、福樓拜相互輝映。雖然很難再找到一個人在本質上和他一樣敵視人民意識傾向。他的態度單純而不隱諱，他就是漠視民俗的多神信仰，幾乎已達蔑視邊緣。他痛恨民族主義，厭惡軍國主義，輕視仇外思想，他甚且痛詆普法戰後所成立的德意志帝國。他所奉行不渝的則是都會人的寬容。他不僅以擁有法蘭西血統爲傲，更以法語規則來唸自己姓氏（字尾e不發音）。縱或有以上種種，他的作品《布蘭登堡侯國漫遊記》仍然成爲人民運動的聖經。

除了隕落和在世文學家外，人民運動還可覓得大批有分量的哲學家以爲己助，包括黑格爾（一七七〇—一八三一）在內。黑格爾正逢浪漫運動之世，與諾瓦利、謝林、霍德林同時，且與後二者相識。他知道哥德其人，雖然觀念上經常相左，但彼此間互相維持者友好與尊重。

黑格爾作品中，今日最爲人熟知者莫過於辯證法，尤其是歷史辯證法，曾爲馬克思激賞不已，並加以利用。然而黑格爾思想中，也有不少成分可供民族主義和民俗意識所使用。海涅曾經警告說，唯有基督教十字架護符始能調和文明與祖傳德意志野蠻主義。然而黑格爾卻對基督教懷有敵意，並把基督教形容成「一種外族產物，與德意志精神不能調和。」❿他曾撰文敍述耶穌生平，文中耶穌祇是一位道德教師，完全人化的人物。不過黑格爾思想中，最爲日後大亞利安主義和民俗意識倡導者歡迎者，還是他的歷史理論。

其歷史理論與赫德民俗靈魂的觀念有相同的元素。對黑格爾而言，歷史的極致，不過是要展現抽象的法則，「自我實現精神」，更具體說，即黑格爾所稱之「世界精神」。那些塑造歷史的人，如亞歷山大、凱撒、腓特烈大帝、拿破崙等，不過是世界精神運作的工具。在歷史過程中，世界精神的工作則是扮演一位終極絕對的仲裁者，凌駕於一切人類倫理和制度之上。依黑格爾之說，「每個民族的眞實命運即構成對其本身的審判。」⓫換句話說，除了既成事實別無道德標準。因此，「凡一民族成功的征服另一民族，……其成功即已使其行動正當化。」⓬黑格爾還主張，在任何一個歷史時刻，祇有一個主制民族，它反映出世界精神的運作，充作世界精神的工具。這個民族僅享有短暫的光輝時刻，隨後即衰。在他身處的時代，命定將要走上光輝時刻的民族，他深信即德意志民族。

黑格爾更進一步。它亦爲自己民族的固有特質、較爲抽象的國家觀念，還有民族主義都作了一番耕耘。對黑格爾而言，國家不是強加諸人民頭上，控制人民的一項抽象結構。其實它是人民、集體意志和民俗靈魂的具體展現。每個民族的民俗靈魂，或者說民族精神透過國家得以具體化時，「即是世界精神生命中的一個片斷。」[13]正因爲國家是世界精神的反映，所以它能享有傳統觀念保留給神聖事物的特權。因此國家在任何個人權力之上。唯有個人在心志與欲求上與國家相和諧，始有眞正自由存在，若是二者之間相衝突時，國家意志當在個人意志之上[14]。結果，黑格爾將國家神化了，成爲一個「眞實的神祇」，換句話說，即是神聖法則在現象世界中唯一可觸覺的實體。

基於前述理念，黑格爾以爲，一旦因廢除條約和違反國際法而導致爭端時，戰爭即爲合法的終極仲裁手段。緣此，世界精神展現其意志於歷史時，戰爭遂爲「合理而且必要」之手段。循此理，黑格爾又更進一步詮釋戰爭，以其爲：

> 民族精神追求新元氣和掃卻舊有政治體系以展現此一活力充沛之精神時的必要手段。[15]

由是可知，黑格爾之說何以能用來強化解放戰爭塑造的民族主義和中產階級的民俗運動。等於將醉迷藥品主要成分投入納粹用以陶醉德國人民的雞尾酒中。

然而迷藥各個成分混合過程並非全然無礙，難免經常有所矛盾。民俗意識係農鄉取向，醉心往昔，對工業化懷有敵意。而工業化卻正是促使德意志邁向新的帝國統一之途時，在軍事上不可或缺的一環。直到工業化證實成爲對抗丹麥、奧地利、法蘭西的勝利基石之後，民俗意識這纔一改成見，精心與之調和。

解放戰爭之後，哥德、海涅等的理想，致力成爲精神與文化國度的呼籲，其重要性大爲削弱。僅是德意志心靈自我定位時兩種方向之一。而另一個取向則是基於民族主義、軍國主義、民俗意識、大亞利安主義、信奉政治統一和黑格爾式國家崇拜。然自俾斯麥時代軍事勝利之後，第二種自我定位取向終於取得優勢，至少表面上如是。當普魯士壓倒性的擊敗丹、奧，尤其是法國之後，德意志心靈之爭，也就隨之告終，別的方面不說，最少政治層面如此。德意志新帝國——第二帝國成立，而哥德、海涅和若干人士心懷恐懼的怪獸亦隨之出現。

不過，此一新帝制的普魯士政治體制，終究不過是一個上層結構，刻意強加諸在一個統一與和諧均不似其表面那般強化的國土之上。舊有的定位危機仍在其下翻騰不已。不少德意志人，總覺得自己是巴伐利亞人、史瓦賓人、漢諾威人、薩克森人，大過於德國人。而新教信仰的北方與天主教爲主的南方，長久以來之隔閡猶存。後者仍視維也納方是其眞正國都而非柏林。至於哥德致力文化與精神國度的理念,亦爲若干文藝人士奉行不渝,如馮譚、史多姆(Theodor Storm)、拉伯(Wilhelm Raabe)，還有一位深爲格奧爾格和史陶芬堡景仰並比諸霍德林的史瓦賓人默里克。

對於德意志人本身及外界人士而言，一個單一的自我定位和民族定位均有刻意規避之嫌。普法戰後，很容易視德人爲頭戴尖矛鋼盔之士，然而南部發展卻與這種形象相左。俾斯麥正在北方製造戰爭之際，巴伐利亞王路德維希二世卻在鼓勵文藝。儘管被人視爲無能庸才或瘋子，路德維希卻對哥德處方，致力文化與精神建設，熱忱奉行。使童話式城堡、迷人洞室充斥巴伐利亞，更有建於拜羅伊特(Bayreuth)致力高於高層文化的文化殿堂。即在巴伐利亞國君贊助之下，文化已成官方國家宗教，華格納的歌劇享受到宗教式禮拜，爲之舉辦節慶，拜羅伊特亦成爲朝聖中心。十九世紀晚期，有一普遍現象存於歐洲知識界(尤其是不列顛知識分子)，自稱爲華格納迷者，其熱忱正如他們先世自稱爲基督徒一般，文化遂成信念經典。在法國，掀起一股爲藝術而藝術的熱潮，至於對此熱潮最爲殷勤的使徒而言，華格納與拜羅伊特城仍然是熱潮焦點所在。雖然華格納本人有大亞利安主義傾向，可是他的藝術成就在當世並未被世人當成德意志至上的證言，而是視之爲文化與精神至上的典範。

雖然曾列舉普魯士與巴伐利亞之間矛盾而相衝突的價值，可是德意志人其意義爲何仍未解決。什麼纔是構成「眞實德意志」深入內在而且確實無誤的反映，是普魯士持續工業化下的物質進步，以及它對於鐵與血的崇拜，它那戰略組織化的鐵路系統，它那達於藝術境界的火砲和效率十足的軍力？還是德意志文化與精神聖地巴伐利亞，她對宗教及美狂喜般的對等崇拜，她對精神事物的大力激勵，以及懷著神聖至高無上的心意對藝術所做的投資？不論德意志人或外界人士，均不能予以確認，即令可能出於俾斯麥密探之手的路德維希神祕死亡，也不能解決此種現象。

路德維希如此熱愛而予以大力贊助的華格納音樂之中，確實有不少成分亦曾爲希特勒與納粹主義所崇拜與沿用。將這些成分化爲政治所用，固然絕非路德維希所願，至於心懷大亞利安主義的華格納是否願意亦大成問題。可是這都不能使他免於死後仍遭強徵利用，情況一如哲學大師尼采。尼采拒談政治，尤其是瑣碎又可卑的民族主義形式下的政治。尼采筆下超人（Ubermensch）絕非政治形象人物，而他所謂的昇華與演化，亦是指精神與良知層次，而非政治制度與地理疆域。尼采同於哥德，皆視昇華無比重要，但是尼采觀念中的昇華亦同於哥德，與黑格爾理念中的國家機構無任何關聯。

註釋

❶哥德：《訪談與論戰》（*Conversations and Encounters*），頁九二。

❷同上，頁九二—三。

❸海涅：〈德國宗教與哲學之歷史〉（Concerning the History of Religion and Philosophy in Germany），《選輯》（*Selected Works*），頁四一七。

❹同上。

❺同上，頁四一七—八。

❻同上，頁四一八。

❼年塞：《德意志意識危機》，頁一五。

❽同上。

❾牟塞：《走向最後解決之道》（*Toward the Final Solution*），頁四七。
❿柯普勒斯頓(Copleston)：《費希特至尼采》（*Fichte to Nietzsche*），頁一六二。
⓫同上，頁二二〇。
⓬同上，頁二二三。
⓭同上，頁二二〇。
⓮同上，頁二一三。
⓯同上，頁二一八。

11 神話與力量

對於大部分英語世界讀者，尤其曾親身參與人士而言，第二次世界大戰可能是最爲接近正義的戰爭，其正義性與合法性，淸晰可見，容易鑑別。其衛道層面異常分明，乃至誰是誰非根本不成問題。事隔多時之後，固然有人視若干聯軍行動與政策，比如轟炸德勒斯登，雖不致無法見諒，但至少也難辭其咎。然而除卻偶爾走偏鋒以期成名的史學家，幾乎無人有意爲納粹德國辯護並予以重新定位。

若以第二次大戰確實爲正義之戰，也是出於它本身所含的道德之爭成分，擺明是一場反抗瘋狂惡魔的聖戰。所以艾森豪將軍能以《歐洲十字軍》(*Crusade in Europe*)作爲回憶錄書名，而不見有任何虛浮誇示、咬文嚼字之過。整個說來，納粹德國可視爲人類所有潛在瘋狂與邪惡的具體現形。一旦瘋狂與邪惡具體現形而附身某物之上，該物即應該予以反對。世人皆知誰是爲捍衛而戰，即此一念即已澄淸所戰爲何，故此戰充滿正義與意義。

由於納粹政權本身顯現的邪惡與瘋狂，與其抗衡的其餘西方世界便注定是美德與衛道。此即典型宙斯神殿諷喻，湯馬斯・曼在《浮士德博士》一書中曾將此主題展現無遺，其餘作者如格奧爾格、英格蘭的斯坦納(George Steiner)、拉丁美洲之波赫斯(Jorge Luis Borges)、符恩堤斯(Carlos Fuentes)，亦莫不以此爲其著作主題。由於納粹，教導了世人凶殘暴虐之眞義，由於奧許維茲(Auschwitz)和崔布林卡兩所集中營，提醒了世人，人類是如何容易卸下美麗的文明外衣，投身於罪孽，因此更叫世人急於與罪孽劃清界線。雖然可能僅是暫時性，納粹德國確實令世人在道德與守禮上提升一、兩個層次，對於前南斯拉夫所推行的倫理純淨也就能有更深入的感受。就此方面而言，不幸的是世人必須承認，此即我們受益於納粹德國之處。

若說第二次世界大戰可以感受到它擁有若干道德基礎，第一次世界大戰則否，它完全相反。就連包括三十年戰爭(一六一八—四八)在內，一次大戰仍然是歐洲近代史上最恐怖的瘋狂衝突。就促使其發生之因素、動機及政策而言，不是不健全即是根本瘋狂，因此也就注定其行爲必然瘋狂。一九一六年七月一日，索穆河(Somme)會戰拉開序幕首日，爲數十萬以上的英、法士兵，沿著十五哩的正面，以三列橫隊踏出戰壕。每名士兵背負六十磅裝備向前進，即非衝鋒，亦不俯身、蛇行，而像遊行，然而他們所面對的卻是每分鐘百發以上機槍陣織成的火網。首日戰鬥落幕，英軍撲倒者，五萬七千四百七十名，遂成英軍一日損折最大的史例。該役結束之時，交戰各方傷亡總和達於一百五十萬。前線遍地皆爲灰沙、彈屑、碎石堆，大地付出的代價是一片荒蕪。

根本上，這就是瘋狂。偏偏這種瘋狂卻一再重現於凡爾登(Verdun)、伊普爾(Ypres)、帕尙第(Passchendaele)、加里波里(Gallipoli)，還有俄羅斯及義大利戰線之上。僅爲如此渺不足道的緣由，而進行如此大規模整體性而又不經思考的屠殺，在人類史上還屬首回。更有甚者，縱容屠殺自行其道，英、法、德的軍火製造業者與軍火交易商還彼此洽商業務，訂定交易協定，讓血流成河情勢得以持續，祇因爲其有利可圖。

有關一次大戰中諸般瘋狂，追述甚多，其中又以布若克於一九三一年問世的小說《夢遊者》（*The Sleepwalkers*）最爲淋漓盡致。

不眞即不合理。而這個時代似乎有本事能超越不合理的頂峯，……就好像可怕的戰爭實相已經掩蓋世界實相。虛幻已經化爲邏輯上實相，……一個空前脆弱怯懦的時代，窒息在血腥、毒氣構成的大網之中。銀行職員和嗜利者構成的國度，將自身投擲於鐵絲網上。……處身於一切形式皆已朦朧，又爲冷漠不定的昏暗籠罩下的鬼魅世界之中，人類即如迷失的稚子，正藉由一根脆弱不堪邏輯之線，摸索穿越他認爲的眞實，其實對他而言祇不過是夢魘的幻象境域。❶

一次大戰曾造就的此般瘋狂規模，即如布若克所說，源自它是由「一切形式皆已朦朧」所促成。它與二次大戰則截然不同，其瘋狂根本無定跡可循。二次大戰中，是納粹德國塑造而成人類瘋狂模式。一九一四至一八年的衝突之中，瘋狂猖獗、擴散，乃至無所不在，沒有固定輪廓軌跡，就如在戰壕中蔓延的毒氣。瘋狂到處可見，充塞於每個人身上、每個所在，由散兵坑中倒楣的士卒到華廈中的指揮長官，由會議室中的企業經理到官署中的國家政治首腦。一次大戰中，沒有任何一方可諉過他方。縱或有各種宣傳品，但沒有何人可以清晰的被界定爲惡魔及被告。每個人都難辭其咎，故罪責絕不在於一人。這次衝突，一般上可以正確的說，可以看成西方文明潛在天性的頂點，亦即一種長久以來即已存在、且不斷演化的歐洲人尋死意願的集體表現。加上戰爭前夕各項發展，終於為歐洲帶來了無比的創傷。

大戰前夕，二十世紀頭十年，西方社會之發展看似已達於頂峯。若就文化內涵的豐盛、豪華、精緻、大同和微妙等方面來比較，沒有任何一種文化能達到這般程度的成就。同時，也不曾如此樂觀卻又具樂觀條件的文化。表面上，文明似乎賜予西方無法估量的益處，而西方正透過帝國主義，將這些益處轉賜地表上較為黑暗的地區。醫藥上，大幅改進，以至於凝合出所有疾病終將消失的觀念。科學則為既往、時下以及未來開啓了頗為戲劇化、精彩有加的景象。心理學則可用來消除精神錯亂、不適應以及異常等一切心智上的毛病。工技的進步程度更是可以轉化全世界的人類活動。旅行上，不僅有巨型郵輪和東方快車顯現出具體的舒適與豪華，同時天空的征服亦在眼前。伴隨文化而來的，還有它對於社會生活的品味、敏感與鑑別。教育在此時亦大為普及。秩序與穩定之感，充塞於整個西方世界。無論在哪一方面，祇要注入人為努力，事情就會變成更好。因此以毫無懷疑的熱忱崇尚進步，事實上進步已經成為當時宗教主流。

縱或有鐵達尼郵輪(Titanic)慘劇(編註：鐵達尼號係當時最大、最豪華之客輪，一九一二年四月十四日行經芬蘭領海時，與冰山相撞而沉沒，造成一千五百人喪生，堪稱史上最悽慘之海難)成為這個時代最具反面教訓的表徵。可是對進步的信仰，卻一直要等到「為終止所有戰爭的戰爭」帶來了恐怖之時，纔由極盛而衰。一九一四到一八年的衝突，不僅是西方史上最為血腥事件。同時它也是對樂觀、興奮、期待、希望乃至信心等，最爲深刻而傷痛的背叛。以前看來足以賜福的一切事物，結果證明皆爲叛逆，不僅未能引以爲助改善人類生活，反而祇是爭相顯現其毀滅能力。文明縱然有其精緻美好層面，卻也能將人帶到原始野蠻的戰壕中和索穆河畔的屠宰場上，人們像在裝配線上，不分階級、稱謂、態度和教育背景，一齊赴死。科學與工技並非用來改善人類情況，而是用以製造更有效的殺戮工具，如齊柏林飛船(Zepplin)，如能自天空投下似降雨般的彈幕，如戰鬥機、戰車、潛艇，更有甚者，如構成終極夢魘的毒氣，它所帶來的恐怖，就連希特勒都不敢使用。要讓自己去照亮地獄的宗教，得到的證明卻是並不能抑制其信奉者的嗜血氣焰。正如海涅的預言，雄偉的大教堂如亞眠(Amiens)教堂，也在托爾巨槌僞裝成的克魯伯榴彈砲火下化爲瓦礫。

自三十年戰爭以來，西方一直遵循若干戰爭法則。其中包括平民應免於戰鬥的波及。現在卻不然，世界性的大都會和其居民竟然構成新火線，嚴重違反了文明所要維護的一切事物。固然在倫敦市上空投下炸彈的齊柏林飛船所能造成的損毀與傷亡微不足道，但都市中心成爲轟炸目標的事實，的確展現一項自十世紀以來所有戰爭均不曾知曉的新現象，也就成爲日後希特勒急於大加推廣的先例。

一次大戰造成的災難後果中，包括一整代青年的隕落。傷亡之中，無可避免包括許多最優秀、最聰明、最富想像力和創意、最有資格成爲未來領袖人物的青年。參與戰鬥的人員總數約六千五百萬，半數以上陣亡、負傷或失蹤。大英帝國喪失兩百萬人，奧匈帝國則是五百萬，法蘭西折損六百萬，德國高達八百萬，俄羅斯損失也近兩百萬。戰爭結束後，失去行動能力、傷殘和無法就業而浪跡街頭的退伍士兵，在不列顛和其屬地爲數兩百萬、奧地利約三百萬，法蘭西超過四百萬，新生的威瑪德國也有四百萬。

海明威(Hemingway)和費滋傑羅(Scott Fitzgerald)等作家，曾正確的將這些倖存者稱呼爲「失落的一代」。對他們而言，倒施逆行的一次大戰所遺留下來的事物中，既無可供信仰之事物，也無足以堪譽之權威。其結果不祇是幻滅，還有布若克在《夢遊者》一書中所描繪的價値觀念全面崩潰。一九一四年的樂觀與自信，肯定與自滿均已消失，代之而起的則是空虛、冷漠和相對主義。布若克的同胞與同儕慕席爾曾簡潔的將流行氣氛定之爲「處於認識論上惶恐的相當深度邊緣」。

德國方面，價値觀崩潰情況尤爲普遍及嚴重。爲求彌補，盟國至少還可以運用修辭以慶賀自己勝利，並要求戰爭賠償。俄羅斯失去了帝國身分和統治王朝，然而至少還留下一個夢想，正如閃耀於革命及內戰恐怖之外的彩虹，深信將有一個嶄新而光明的未來。奧地利亦然，喪失了統治王朝，卻使得其戰前國境之內相當大部分的人口，如今散成波蘭、匈牙利、捷克斯洛伐克、南斯拉夫等國，可將希望寄託於獨立自主和新成立的民主共和政體之上，那怕它是多麼人爲的產品。

德國卻沒有前述安慰。身爲歐洲最晚近創立的帝國強權，乃至還不能視自己的身分爲當然，一直沉醉在其榮耀之中，然而現在，一切帝國的光彩及統治王朝均被剝奪。而威瑪共和，由其名號即已顯示其意圖，欲走上哥德的老觀念，成爲致力文化與精神的國度，然而此對德國的既有損失鮮少彌補。再者，威瑪共和難爲德人接受，它不像是一個經由組織發展而來的政體，而是一個人爲造作之物。它是基於外國人觀念中德國當如是之形象，武斷強加諸於德人之國家定位。正代表了其他民族想像中的德國，一個對任何理想主義均有不良影響的環境。另一方面，威瑪共和又對冷漠、痲痺、貧困、饑饉、下層結構朽毀，以及盛行的晦澀思想，束手無策。因此在德國，似乎沒有未來，即連絲毫憧憬亦不存在，眼下所有也祇是困苦，而大幅幣值跌落與經濟蕭條，情況更加爲之艱困。而幣值滑落和經濟蕭條嚴重程度，已經足以根除那個能遏阻任何極端主義的傳統柵欄——中產階級。而擺在眼前的超額賠款，情勢祇能惡化到無以復加的地步。

當然還有其他屈辱，或許不似前述那般尖銳，對於民族士氣的打擊則不稍讓。不論士卒或平民均承認德國軍隊表現的英勇，雖不一定超越敵手，但也足以媲美，然而卻不能挽回戰敗命運，是以當戰敗看來無法解釋時，總要找到某個人或某件事作爲替罪羔羊。

還有一項同等困惑，此即在世人眼中，竟然是德國一肩承擔災難的所有責任。就好像大戰即由德國一手造成，而奧、俄、英、法諸國均屬無辜。當然，就借道比利時，破壞比國中立而言，德國實有不是，德國統治王朝不該犯下此錯。可是統治王朝也爲此付出王位作爲代價，就國家整體而言，也爲「強暴比利時」一事付出代價，其傷亡遠大於西方盟國傷亡總和。至於在戰爭起因上，德人深感自身並不比任一交戰國負有更多罪咎。災難實起自奧、俄間之爭端。俄對德宣戰，而非德對俄宣戰。就前述情況來說，若要德國單獨承擔全世界指責，看來實在太不公平。

前述的事實滙聚在一起，於是激發出國家危機。與許多史學家主張相異，這個危機絕不是單獨出於經濟或是社會、政治中的一項，也非出於這三方面綜合而成的因素。事實上，而是出於德意志古老而持續不斷又根深柢固的集體自我定位危機，包括集體自我界定、集體自我評定、集體取向、方位和目的的危機。現在，曾經能掩蔽或控制該危機的體制業已崩解，故它不再隱藏在黑幕底下，或隱藏在面具裡面，或隱藏在多變的表面之後。它已經成爲德意志人良知上最顯著的主題。

一次大戰期間，德國所需要的雖不祇是一種社會的、政治的或經濟的和緩劑，但也不至於需要外國人將充滿理想色彩、甜蜜滋味的威瑪式觀念強置於德人頭頂上。德國需要的是一種嶄新的存在理由，一項嶄新觀念的目標、方向和自我界定。這種需求絕少經由政治、社會或經濟上的政策予以實現。這種需求甚至也無法經由意識形態得到全然滿足的實現。然而此種需求在傳統中卻能經由宗教得以實現。而宗教，卻是納粹主義所能提供者。

所謂的偉大即是某個人開始意識到他的孤立，並且企圖擺脫他個人記憶時所產生的苦悶。……以及存在於他對於來自黑暗的審判聲音的恐懼，此際在他心中產生一種覺醒，加倍強烈的渴望，期盼一位導引者溫柔輕巧的握住他的手，把事情安排得有秩序，並爲他指出一條道路。……❷

這是布若克在一九二九年時寫下的預言。因此，一位寂寞而自我疏離的青年，處身於定位危機之下，害怕責任，正在爲他自身的存在尋求意義、目標和方向，結果自某個自命爲導引師或救世主所主持的某種崇祀之中，得到了虛幻式的安慰或假設式的歸屬感，這種劇情在今天實在是熟悉不過了！當然某個人最後墜入下列這類人士所布下的迷網之中，比如加州的曼森(Charles Manson，編註：美宗教狂家庭領袖，一九六九年於好萊塢殺害了波蘭導演波蘭斯基之妻子及友人，並以之祭神)、蓋亞那(Guiana)的瓊斯(Jim Jones，編註：美國半宗教團體「人民聖堂」創始人。曾於一九七八年槍殺前來調查的加州國會議員萊恩，並命信徒九〇九人集體自殺）、韋科（Waco）的柯瑞許（David Koresh）等。而希特勒祇不過是帶來了規模更大的災難而已。

墨索里尼統治之下，法西斯思想在義大利，充其量不過是一個政治意識。從來不曾企圖去開啓、去導向或利用宗教衝動，他們所爲不過是架構一個可與天主教會共榮共存的體系，尊重羅馬教廷某些特權，與之和諧共存，然後施行它本身純世俗性的政綱。就這方面而言，義大利的法西斯主義可能用一種合於抽象知識的法則訴求於較爲單純的心靈，但絕無伴隨任何情緒性訴求。它所提供的祇是一種非常表面化的虛榮國家主義，一種粗糙的好戰帝國主義，以及一種偉大又光輝燦爛的華麗表相。而這些鮮少企圖導出來自心靈或靈魂的回應。心靈與靈魂之事則是交由教會管轄。結果，若與戰間期其他群衆運動相較，義大利的法西斯主義則顯得幼稚可笑。湯馬斯•曼並未低估法西斯較爲罪惡的一面，卻以《瑪利歐與魔法師》這種鬧劇來描繪它。

西班牙佛朗哥（Franco）式的法西斯主義則顯得比較深奧。他的痛苦並非來自他不能與有組織的宗教共存，而是來自它與既存教會間的同盟。所以佛朗哥的運動不僅止於意識形態而已。它將宗教衝動與西班牙人民大部分的渴望套在自己身上，裨能僭稱是一種神聖號召或天命，西班牙長槍黨（Falangist）宣稱上帝站在他們那一邊，並不是戰術運用。透過神聖之光（Opus Dei）、基督之光（El Cristo Rey）這類組織將上帝拉向他們一邊，於是造成上帝與佛朗哥的主張不可分割。而佛朗哥亦得以後期十字軍形貌出現世人之前，進行天命注定並爲之背書的大事業。佛朗哥乞靈於宗教資源，故得以訴諸人之心靈，此係墨索里尼所不能及者。是以在其推廣的運動之中，含有某種激動與強烈的法西斯主義，此亦墨索里尼不能展現之特質。

德國納粹所覓求者，不僅超越義大利式的與宗教共存，也超越西班牙式的與宗教同盟。它覓求的是得以取代既存宗教的替代品，事實上，德國新秩序所激勵與強制者，即是一個嶄新的官式國家宗教。凡是有關紐倫堡群衆集會的影片之中，都可以見到人群以歇斯底里般的癡狂高聲吟頌著「神聖勝利」（Sieg Heil），不正顯示它超越單純政治意境，而是由某項潛在力量運作而成，其動力不下於基督教福音派教會或復興教會聚會時的力量。如此德國納粹遂能利用某種令人著魔與催眠的力量，而這是義大利與西班牙極權主義所不能達到的境界。

基本上，具有宗教性質的咒語，在希特勒和納粹黨官員精心指導下，搬上了歷史舞台，縱有極力反對者，也在這種宗教的監管之下，不得不與之附和。德國所採行的是兼具非理性與超理性，是一個將二者融而爲一，成爲足以包容一切醉人事物的個體。它所呈現的乖僻形態，一方面足以使哥德、海涅大感訝異，另一方面也能使格奈森瑙和瓦登堡大爲震驚。此時的德意志不正是他們想要造就而成的德意志，不僅是一個政治上與民族上的實體，同時也是文化與精神取向的具體化。當然，處於此種混合體下，該體所徵引的各個成分，就它們本分意義而言，不免遭到誤解、扭曲與貶抑。政治衝動與民族衝動已降至該詞所能代表的最低含意，一個殘忍的暴政帶著殘暴而誇示的自我膨脹正昂首闊步的前行。誠如布若克之說，其有文化，但已淪落至粗俗境界，雖有活力充沛的精神，卻是心懷滿腔仇恨的一種。整體說來，就是格奧爾格所說的便宜貨：是由假先知——反基督者所遂行的虛幻僞造的奇蹟。

即在希特勒取得政權前十四年，容格亦曾提出類似海涅的警告：

當基督教的世界觀喪失權威性時，金髮野獸在地上牢籠中徘徊的聲音也就更爲逼近，隨時可能掙脱牢籠帶來嚴重災難。❸

希特勒出任總理三年之後，容格又以古代條頓民族衆神殿作爲隱喻，以解釋納粹現象身後的動力：

基於經濟、政治和心理等三種因子上的意見，我們向來相信近代世界是個理性世界。如果容許我們忘掉當前正生活在主後一九三六年(西元後)……我們將可發現渥頓(Wotan)非常適合作爲現世因果關係的解釋法則。事實上，我已提出一項非正統建議，以爲用渥頓不可捉摸的個性，似乎較前述三項理性思維因子總和更足以解釋納粹。❹

容格再次引述海涅的觀點：

舊有德意志宗教並未自人們記憶中消除。人們説，在西發利亞地區有些老人，他們仍然知道那些舊有神祇身影隱藏於何處。在臨終之際，他們會將自己心懷的祕密告訴最年幼的孫輩。……在西發利亞，尤其是前薩克森地區，並不是所有掩埋的東西都算已經死亡。❺

民俗意識，尤其是納粹吸收的那一部分，一度被趕出於德境路德教派和大學之門，然而到了一九三三年三月，納粹掌政之後始抑制前述的拒斥。是年夏季，一次演講會上，一位來自蒂賓根（Tübingen）的神學家，發問說，教會是否已經準備「將德國命運中轉變關鍵解釋爲來自上帝之手，上帝曾在其中扮演創造性的角色」。❻

其他神學都以極度熱忱宣稱：「這是上帝交付給我們的使命，向德意志人民宣揚上帝預定的行動，同時並努力協助使該行動能無條件與德意志人民凝合在一起。」❼

依當時某位教會領導人士與發言人之說：

> 如果新教教會眞有意要和德意志人民凝合，……並且眞正的期望傳播福音，那麼納粹運動的範疇正是它應該奉行的自然立場。❽

一九三三年七月二十二日，拜羅伊特每年一度的節慶，在華格納最莊嚴的歌劇《帕西法爾》（*Parsifal*）的音樂聲中，達到最高潮。即在此作品之後，希特勒隨即發表一篇重要無線電廣播，宣稱他設立德意志帝國教會的計畫。兩個月後，在九月二十七日宗教會議上，帝國教會正式成立，首任帝國教會主教則由一名狂熱納粹分子繆勒（Ludwig Müller）出任。有份較爲開明的新教報紙竟然敢對此事件大加諷刺。

> 教會聚會時，開場讚歌結束後，牧師站到聖壇前宣布：

「非亞利安人請離開教堂！」

結果無人有所行動。

「非亞利安人請立即離開教堂！」

會衆仍然保持沉靜。

「非亞利安人請立即離開教堂！」

於是耶穌步下聖壇，走出教堂。❾

由於刊出此文，報社主編遭到逮捕並被送入某集中營。

當帝國教會成立之際，希特勒本人則不斷冠以救世主的特質。一九三四年三月，格呂納（Herman Grüner）牧師寫道：「由於希特勒，德意志人民的時代到來。……也由於希特勒而促使耶穌……積極存活於我們之間。因此納粹即是最爲積極基督徒的行動。」❿同年，學校中學童都得學習和記誦的一篇有關一九二三年流產政變的課文中說：

耶穌促使人免於原罪和地獄，而希特勒則拯救德國人民於毀滅邊緣。不論耶穌或希特勒，二者均遭到迫害，耶穌犧牲於十字架上，希特勒卻擢身出任總理。耶穌的門徒背叛其主，讓他單獨蒙難，而希特勒的十六位朋友仍然環伺於他身畔。使徒們完成了其主的工作，所以我們也寄望希特勒能完成他的工作。耶穌是爲天堂而生，希特勒則是爲德意志世界而生。⓫

起初，帝國教會還禮敬既有基督教會，但不久此種禮敬即化爲烏有。當時印度和比較宗教學教授及所謂德意志信仰運動創始人豪爾(Wilhelm Hauer)以書面大聲宣告基督教時代已經告終，代之而起的則是德意志信仰。納粹黨官方種族理論家羅森堡對豪爾的說法加以回應，他寫道：「期盼一個基於民俗神話內涵的德意志教會來爲北方民族建立民族靈魂，即是本世紀最偉大的工作。」⓬

由於將納粹化的異教主義作爲宗教信條，使它很快得以生根。有位前福音教會牧師朗格曼(Langermann)博士在爲一位親衛隊軍官舉行追思儀式時，爲那位身著制服和長靴的亡者能早日進入天堂，但不是基督教的天堂而是渥頓神殿，口中祝詞是：「期望該神護送此一地表上的民族光彩走過歷史。請主降福於我們的奮鬥。」⓭而這並非唯一的事例。

在親衛隊監管下，設立許多學校，皆名納波拉斯(Napolas)，專門教育訓練挑選自希特勒青年團的學員。陶尼爾(Michel Tournier)在其小說《妖精王》(*The Erl-King*)中，曾有一段描述這些納波拉斯學校中，未來親衛隊幹部慶祝耶誕節的方式：

所有青年身著戎裝，齊聚於燈光閃爍耶誕樹下以慶祝耶誕。然而眞正慶祝的不是耶穌的誕生，而慶祝太陽之子在冬至日時由他的遺骸中再度復活。該日是一年中日照最短時刻，太陽的軌跡已下降至最南端。於是將該日視爲太陽神的死亡，並作爲宇宙將亡的徵兆加以哀悼。吟誦葬禮禱詞，作爲對大地的愁苦與天空的惡顏的哀慟，讚美衰亡中日光的美麗，並乞求它重新回到人世。當然，哀禱終被回應，自此時以降，白晝漸長夜漸短，最初雖難以察覺，但不久即會擁有光耀和舒適。⑭

納粹不像任何傳統政治意識，它是一種宗教，橫掃德意志全境，自德人中吸引了無數狂熱信徒⑮。在納粹之下，條頓民族古代諸神重新復生，並自我誇示，斷稱已經超越了猶太教及基督教的傳統與神學。渥頓——這位強悍鬥士、風暴之神、流浪者及戰士，溫虛(Wunsch)和麥因(Minne)——亡者之神與主人，艾因赫瑞(Einherier)——天堂英魂與魔法師等，將會似狂風暴雨般，再次席捲德意志人集體心靈。正如海涅的預言，托爾終將復生，用他的大槌槌毀所有哥德式教堂。故納粹德國可說是近代西方歷史上唯一非植基於社會、經濟或政治原理之國，而是依賴精神，甚至魔法之國。然而它講求的精神則是被扭曲，含有狠毒與邪魔的精神。如果說魔法可以定義成操縱意識與意志間關係，以及操縱外在現象與群衆關係的手法，亦即等同於所謂巫術的傳統含義，那麼前述精神力量亦可比喩爲魔法。魔法是由約書中西門大法師這位撒馬利亞籍的反基督人士首先引介入基督教思想，他所遂行的奇蹟表面上可與彼得媲美，但總是浮面化、不潔淨，本質上根本是腐朽之物。

而納粹並非眞正的宗教，精確的說，不過是宗教的冒名頂替品，其最重要的主旨來自若干不同方向。首先來自民族主義，即解放戰爭時凝合而成者，後來由於俾斯麥成功的擊潰丹、奧、法諸國，爲它緣飾帝國光輝而爲之擴張。其次爲大亞利安主義與民俗思想，保留哥德的核心理念，成爲致力於精神與文化的國度和民族，但其內涵則是神祕、多種，尤其是民族主義。此外，黑格爾哲學也提供許多法則，裨能使民族實體化成抽象國家理念。還有其他若干於第一次世界大戰前後即已在運作的影響力。以上種種，均促使納粹主義朝向更深層的宗教基礎發展，於是造成納粹可以爲德意志的集體定位危機提供出明顯清晰的和緩劑或解決方案。

此外，被時人譽爲經典之作的若干古今文學作品，不是被斷章取義，即是加以扭曲以爲己助。遭逢此種命運的作家包括哥德、席勒、赫德、霍德林、諾瓦利、克萊斯特(Heinrich von Kleist)、史多姆等。至於海涅，則因他爲猶太裔，被視之爲無根之人，加上他自我放逐的行爲，不僅加深同時也肯定了他那無根性，因此被他們任意踐踏予以排斥。至於晚近作家中，作品被徵用者有馮譚(關係不深)和尼采。當然不會走漏史賓格勒(Oswald Spengler)，僅由其鉅著書名《西方的沒落》(*The Decline of the West*)，即知他是倡導腐朽西方文明將告死亡的前驅，並預見一個嶄新、充滿啓示錄式血腥的時代即要到來。

大衆文化在這方面也有所貢獻，它是以一種較爲詭異方式，即融入若干主旨充作學術思想。由於德國閉鎖於內陸的形勢，無法在地緣上或領土上有所擴張，因此促使哥德提出另一種擴張或延伸，即朝向精神與文化的領域。然而它沒有邊界，故閉鎖恐懼症依然藏在人心中揮之不去。這種情況到了普法戰後德意志帝國建立時，更形嚴重。這個新帝國祇有名字叫帝國，故祇能帶來少許的歡呼。嚴格說，此一德意志帝國終究不算是帝國，它沒有殖民地或藩屬，而後二者正是帝國身分的表徵。一八七一年時，大凡地表上值得兼併的地區，均已被其他強權所佔。除了西南非外，德國起步太遲已經無法在海外屬地上有所大成。因此它無法顯現帝國觀念所依賴的浪漫式光榮。

在不列顛，後代青年可以閱讀韓堤(G. A. Henty)或更具文學意味的作品，如吉卜林(Rudyard Kipling)或史蒂文生(Robert Louis Stevenson)等人的大作，滿心夢想著在南海、非洲、印度及其西北邊界開伯爾隘口(Khyber Pass)的振奮人心的冒險活動。成名於中國的戈登(Gordon)將軍覆亡於喀土木(Khartoum)正是英國版的卡斯特(G. A. Custer)小大角(Little Big Horn)覆亡記（編註：卡斯特爲美國內戰時期之陸軍軍官，一八七六年六月領兵攻擊蒙大拿州小大角附近印第安人時，因躁進而全軍覆沒）。但是英國也有重大勝利如魯爾克淺灘(Rourke's Drift)之役和恩圖曼(Omdurman)之役等，作爲補償。在「日不落國」中，有足夠素材足以安撫人們心中渴望振奮的需求。

法國亦然，可以利用在遙遠、神祕、看來充滿迷情地區的冒險、探險與征服來滿足浪漫情思。比如北非，就在這方面爲法國提供盛宴，而神祕的外籍兵團(Foreign Legion)更點燃了群衆想像烈焰。俄羅斯亦有高加索地方展現出相同功能，激勵了許多人士，如普希金、萊蒙托夫(Mikhail Lermontov)、托爾斯泰等。還有十九世紀開展的東侵，朝向遠東、蒙古、中國。一如英國人，俄羅斯人亦對阿富汗神祕無垠的山脈和開伯爾隘口充滿遐思。至於奧匈帝國，其帝國內在形勢即可以滿足部分對於振奮的渴慕。各種不同的種族、文化、傳統和民俗，在維也納人心田上耕耘出一片資源無限、魅力十足的神祕領域。

對於德國人而言，陷於封閉的帝國，不能爲他們提供光耀自我的擂台。德境學童企圖覓獲帝國的擴張某些事例裨能投射他們的浪漫幻想，結果卻是空無一物。於是祇好轉向其他方面追尋，而這個新方向竟然是美國狂放不羈的西部，在今日看來或許是怪誕而不可能的方向。造成此種形勢的功臣則是卡爾・梅(Karl May)。

對於英語世界而言，卡爾・梅是無名之輩。就美學觀點而言，他不過是個不入流的作者，根本不夠資格躋身於德意志文學讀品之列。然而不論在德國或整個中歐，他是那個時代最成功的暢銷書作者，似乎對後代青年撒下魔咒，至今其作品仍有廣大讀者群。

卡爾・梅著作甚豐，在某些版本中，高達六十册，多半出版於十九世紀最後三十年和二十世紀頭十年。其最暢銷的作品，源出當時美國潮流，如古柏(Fenimore Cooper)作品和所謂一角小說(dime noval，即廉價小說之意)，也就是西部武俠一類，就許多方面而言，他的作品也正是格雷(Zane Grey)和較晚近的拉默(Louis I'Amour)等人小說的前驅。卡爾・梅本人專精於條頓觀念中的正義、法律和秩序，他把這些全都搬到美國西部大地之上。以今天環境來說，可以聯想到約翰・韋恩和萬寶路菸草廣告中的鄉野，所不同祇是活動於其上的牛仔與印第安人彼此用德語對話而已。

就現代觀點來看，梅氏作品中某些方面或許有所不是。但若與他同代美國作家相比，梅氏顯然比較人道與開明，比較同情印第安人的處境。同時他也是一個和平主義者，竭力反對帝國主義，不論其是出於德國或他國。或許他對德意志集體心靈帶來的影響有害於文學品味和洞識力，但在其他方面均無任何傷害。可是他卻被捲入另一個作家特賴奇克(Heinrich von Treitschke)所帶來的惡質影響之中。

特賴奇克完全是另外一型作家。在他的同輩中，他被公認為卓越傑出的歷史學者，其學術界身分也無懈可擊。其作品僅流傳於大學之中，然而他的觀念，卻以官樣文章和簡化的形式溢出大學之外。他主要作品中最受人矚目的是《德意志騎士團——普魯士人》（*Das deutsche Ordensland Preussen*），是一部煽動性歷史作品，以華麗詞藻描述中古時代條頓武士在普魯士和波羅的海地區的活動。在本書和其他作品中，他的態度取向是侵略性的大亞利安主義、民俗、民族主義和種族主義。西沃德(D. Seward)曾作過清楚的分析：

> 祇要讀了特賴奇克的《德意志騎士團》立刻即可看出他的詮釋對於第三帝國構建者的影響。他曾經提到，作爲四鄰的征服者、教師、紀律維護者，我們同胞的活動是無法抵禦的，這些陷溺於殘忍種族衝突中之四鄰，其形貌卻神祕的仰仗於我們同胞的習性。……⑯

西沃德觀察所得，以爲特賴奇克筆下，已將條頓武士描繪得像是存於中古的納粹突擊隊。這個形象被納粹尊奉爲聖徒，並用以作爲親衛隊典範。武士團在普魯士和波羅的海的十字軍行動，亦被描述成德意志偉大的帝國探險行動。特賴奇克確實以爲他們曾經樹立帝國政策的法則，並且日後曾爲歐洲各強權所採行。事實上，最近似條頓武士活動的翻版，即是美國騎兵隊和移民在西部的活動。

固然十字軍在普魯士與波羅的海沿岸的事蹟確實構成一次偉大的帝國探險。然而對特賴奇克那個時代的德意志青年而言，年代過於久遠。可是藉由卡爾・梅的作品，卻可以看到一個存在當代的近似體。在美國西部的大草原——沙漠與群山之間，白種的盎格魯撒克遜新教徒正在追尋他們的宿命。過程中，他們滅絕了阻道的土著居民。那麼何以德意志不能擁有它自己的宿命，那個號召他們征服東方低等種族的宿命。美國祇是將過去條頓武士的作爲搬到當地舞台上。既然有這麼一個當代的對等事例來認同條頓武士，那麼新一代的條頓武士又何以不能踏著前輩的路子前進。因此，特賴奇克筆下的浪漫描述纔能與大衆訴求和梅氏所給予的類似刺激融爲一體，深深嵌入民衆腦海之中。這就是日後納粹「東進」(Drang nach Osten) 的重大推動力量。

納粹所結合的宗教還有更多的維生素。其中包括了第一次世界大戰前後在文學地位上遠勝卡爾・梅和特賴奇克者。其中之一爲赫塞。赫塞一如梅氏，係一和平主義者，激烈反對德意志軍國主義和一九一四至一八年的大戰，也是一位熱忱的反納粹分子。納粹掌政後，預備焚毀的作者和著作名單上，赫塞首當其衝。然而在他的作品中，如《草原之狼》(*Steppenwolf*)、《納爾西斯與哥德曼》(*Narziss and Goldmund*) 等，像是一面鏡子足以使戰間期德國青年在其中看到自己戲劇化的個體與集體定位危機。至於在他早期的作品《德米安》中，他們看到了尼采口中超人的具體形象。對於他那時代讀者來說，正如他給予六〇年代疏離感下青年的影響，爲自我定義難題提供了一項解答。

與赫塞迥異，但影響對等的則是容格爾 (Ernst Jünger)。一次大戰時，容格爾應徵入伍，曾接獲戰鬥任務，成爲某一精銳突擊隊的隊長，而且還建立了英勇盛名。在戰爭期間，他成爲負傷最多並獲頒最高勳獎的士卒之一，他就這樣熬過大戰。對於納粹，他在態度上是十分輕蔑與敵視，但仍然獻身二次大戰，成爲國防軍中最受人尊敬與欽慕的軍官之一。在他一九二〇年的作品《鋼鐵風暴》(*Storm of Steel*) 中，容格爾詳述了軍事暴力神祕主義的信念，今日讀者可能會聯想到日本的武士道。他好將武士道似的精神和痛苦、反彈力、頑強的敏感度融混爲一。在一篇熱力十足，幾乎達於幻想地步的散文中，他盛讚戰火中人們產生的弟兄情誼，更且，他甚至將危險、緊張、暴力和生理上苦痛予以昇華。若就傳統觀念而言，他既不傾向政治，亦不傾向民族主義，但是卻將戰爭視爲一條莊嚴神祕的歷練之途，經由它的洗禮，人們始能在其中完成他們自我，方能建立與超自然之間的關係。海涅曾說過：「在古代德意志人身上找到的嗜戰慾求，非爲摧毀，亦非爲致勝，僅是單純爲戰而戰。」[17]而容格爾則是將前述氣質予以具體化。縱使他輕視納粹親衛隊，仍然被親衛隊視之爲偶像，也就自然不過了。

就感性、氣質的世界觀而言，赫塞與容格爾是對立的兩極，然而二人卻都對戰間期的德國青年有很深的影響，可是另外還有一位文學家，不論在影響上和文藝地位上均較前二者爲高，此人即漢姆生(Knut Hamsun)，他並非德意志人，而是挪威人，但在官方分類上，他可被列爲北蠻，亦即亞利安人。在他的時代，對文化最有影響的人士不超過半打，而漢姆生亦爲其中之一。雖然後來他的光彩爲其弟子所掩蓋，但是他的作品確實轉化了二十世紀散文小說。在同代人眼中，其先知的地位並不亞於尼采，就態度上而言，兩人近似之處亦多。自十九世紀九〇年代以來，漢姆生即熱心提倡泛神論的回歸自然。他寫的小說，書名均有特殊含意，例如《牧神》(*Pan*)、《神祕》(*Mysteries*)、《流浪漢》(*Vagabonds*)、《通往開放之路》(*The Road to the Open*)等。他所描述的是一連串處於疏離與孤立的流浪者，過著能與潔淨無污染的荒野神交的生活。在他的作品中有一本名爲《大地的成長》(*Growth of the Soil*)，縱然不是他最好的作品，至少也是他最膾炙人口的作品，曾在一九二〇年爲他贏得了諾貝爾文學獎，在書中，用連串散文讚頌大地及季節輪迴的韻律，而主張人類應該與之完全呼應唱和。

對史陶芬堡那一代年輕人來說，漢姆生的作品在藝術與先知兩方面上，均已達到小說的最高境界。對候鳥會員而言漢姆生的作品，簡直就是一篇宣言、一宗信條、一部聖典。然而他的態度與價值觀，也一樣的容易被納粹引為己助，唯一不同其他人者，漢姆生樂見此事。雖然當時他已達於老邁邊緣，他仍然讚賞第三帝國，其後又對德國的侵略挪威大表歡迎。即因這種罪行，使他在戰後遭人唾棄與斥責，臭名遠播，只差一點沒被處以通敵之罪刑。直到六〇年代，他的藝術名聲纔漸形恢復，然而即使今日北歐地區，提到他的姓名時，仍附有憎惡殘漬。

雖然赫塞、容格爾、漢姆生等作家風格迥異，但都提出本質上屬於「宗教性」，或則更正確的說「精神性」的觀點，結果都讓自己被納粹吞食與利用。凡是閱讀並尊重這一類作品的青年，如候鳥會員，即是那些試圖在意義、目的、自我界定、個體與集體定位等問題上尋求宗教性解答的青年。對於另一個世界的渴慕，促成這批青年特別容易墜入納粹的引誘。他們的宗教傾向力量很容易被導入納粹的理念，由是使得納粹主義遂與一種相當強化的宗教氣象凝合而不可分割。

候鳥協會於一九〇一年正式成立於柏林近郊，是最早的「學童徒步旅行協會」(hiking association for schoolboys) 組織。起初，該會即有中央集權化的組織體系。不過當該運動擴張之後，組織也就漸行分解。後來竟然有四十多個不同的候鳥協會與分支機構。至於史陶芬堡兄弟所屬的候鳥協會預備會員組織——「新途徑搜尋者」(New Pathfinders) 創立於一九二〇年。它和大多數其他組織不同，兼收猶太裔會員。一九一三至一四年時，百分之九十二以上的候鳥協會沒有猶太裔會員，百分之八十二的候鳥協會明文規定不許猶太裔學童入會⓲。

在《妖精王》一書中，陶尼爾所創造的人物中，曾有一位最能活生生的表彰一次大戰後的候鳥精神：

依遷徙的鳥群來定名的候鳥運動，其首要的意義即是代表年輕一代切斷其與前代關係的行動。表示我們無意與戰敗、貧困、失業和政治宣傳扯上關係。凡是父執輩所要加諸我們身上的骯髒傳統，我們都會當面扔回。我們拒絕他們償罪式的倫理，他們所溺愛的妻子，他們那幢以布料、窗簾和帶有總鬚椅墊裝潢而成且令人窒息的公寓，還有他們冒煙的工廠以及他們的錢財。我們所要的祇是我們這一群伴侶，彼此手攜手的歡唱著。頭上的帽子雖襤褸多縐，我們肩上唯一的行李祇不過是一把吉他，可是我們卻發覺德意志森林和高山及其精靈的偉大純淨。我們棲身的閣樓和馬廄，雖然狹窄、骯髒、依賴冰冷的水和熾熱的愛而活。然而同代間彼此歸屬的感受將我們凝合在一起。我們懷持著青年間互濟互諒的情誼。⓳

就許多方面而言，候鳥會員和他們對大自然的神祕主義與理想主義，正是六〇年代嬉皮以及今日所謂新時代漫遊者的前驅，不同的祇是今日漫遊者主要爲中產階級，他們的活動非全天候，而是集中於週末與假日。候鳥會員所進行的娛樂，在今日是熟悉不過了，包括山區與森林間的露營、徒步漫遊，夜晚則陶醉於營火畔，唱民歌、說故事、朗誦詩歌。他們所倡導的「回歸自然」，是有些陳腔濫調，停留在最簡單的階段。他們之中較有深度的人士，則擁抱著一種浪漫式的泛神主義，對話內容則是現代人所強調的生態與環保。民俗意識在候鳥運動中扮演重要角色，他們高談闊論赫德的民族靈魂、異教下的德意志文化、德境森林的神祕和其給養力量，當然還有精神與自然相調和的需要，以及爲人類與其所處環境和周遭自然界的關係建立新基礎。

就其最好的一面來看，候鳥會員可以成爲一種積極而健康的力量。他們之中，包括許多未來的思想家與文化人士，當然還有史陶芬堡兄弟。他們所崇信的若干價値與態度，即在今日仍可找到同志。雖然僅是暫時，他們確實爲當時德國悲慘的社會與經濟狀況提供了和緩功能，也代表針對左派強硬路線宣傳家想在德國挑起俄國式革命的一種積極替代品。但很容易即可看到這批充滿理想色彩容易受到蠱惑的青年候鳥，會輕易投向當時他們自身不能預見的罪惡方向中。

納粹掌政後不久，所有的青年運動，包括候鳥協會，一律納入一個單一無所不包的組織——希特勒青年團。一反他們波希米亞人式的前驅，希特勒青年團團員強調服從、階級組織和紀律，納入了一種濃重的軍事影像之中。不僅要身穿制服，同時活動上擴及行軍、演習，並且還引入了軍隊式指揮系統。一種新的侵略性思想取代了舊有的和平主義，此可經由該組織的團歌得到證明。

誰敢起身反抗我們，
必會在我們手下傾覆。
我們的生命與忠貞，
均將奉獻給我們的元首。[20]

除前述活動之外，還有種族生物學的演講會，以及一切典型的納粹黨徒活動。至於早期候鳥所散播的仍在發端及摸索中的宗教意義，如今不僅予以強化，並且還給予更尖銳更醒目的鵠的。希特勒青年團的團員投向了新異教的崇祀之中，並被明白的教導，希特勒即是神界在地上的代表㉑。希特勒及希特勒的德國都被神化，必須爲它犧牲奉獻。

若說候鳥運動是六〇年代發展的先驅，那麼一次大戰前後興起的另一項情勢，也一樣是六〇年代的先驅。該情形一樣有助於納粹將自己建立成宗教的替代品。此即是由佛洛伊德、容格、阿德勒(Alfred Adler)還有蘭克(Otto Rank)等人在心理學及潛意識上剛開拓出來的一片廣大無垠新疆域。它所提供的展望是具有相當的啓發性，且令人興奮，正如十五世紀末，人類發現了美洲新大陸所帶來的結果。心理學萌芽階段，尙可僭稱自己具有可辨識的正規科學身分，擁有一切科學所享有的尊榮與信譽。縱然咸以心理學家發現了潛意識這樣的新大陸，但潛意識的眞正征服者則是藝術家。不僅是個別人物，同時有時候甚至是整個學派，比如說法國的超現實主義學派和德國的表現主義學派，皆企圖讓自己深入潛意識，就好像投入一個頗受歡迎的大水池。當他們浮上水面時，帶著勝利的光輝宣稱潛意識即是通往超自然境界的管道。即是經由超現實主義者和表現主義者這類人物，心理學轉化成一種宗教，像是一個漏斗，可以通往某種特殊的宗教領域。於是興起一種態度，滿心以爲神祕或超自然的經驗，即是心理學上的某種現象，六〇年代時，此種情況則被稱之爲「意識的變形狀態」。一如六〇年代，前述的見解常借助藥物來增加刺激與推動力。

當然不是祇有德國纔流行藥物。而服用藥物也非新鮮事。在西元前，即有麥角(Ergot)流遍歐洲，此物也是中古時期惡魔盛宴中不可或缺之物。十九世紀初，鴉片亦流行於英國，當時稱爲鴉片酊，而文學家如柯立芝(Coleridge)、德·昆西(Thomas De Quincey)和霍格(James Hogg)等，莫不藉以激發靈感。法國早即流行的則是苦艾(absinthe)，俟其征服北非之後，又引入印度大麻。此二物在奈瓦爾(Gérard de Nerval)、波特萊爾(Charles Baudelaire)、韓波(Arthur Rimbaud)、魏爾蘭(Paul Verlaine)等人作品中，扮有吃重角色，至十九世紀末，二者遂成巴黎文化和波希米亞式生活不可分割部分。嗎啡則流行於全歐，即或福爾摩斯(Sherlock Holms)這位家喻戶曉的書中人物也不見他反對嗎啡。古柯鹼到處可見，而佛洛伊德亦爲嗜用者之一。然而二十世紀初在德國開始流行一種新藥物，至於德國人所提供的服用該藥後的經驗，必須給予一種宗教性的解釋。

十九世紀後半，德國同於大多數歐洲國家，一波又一波的移民跨越大西洋。自從十九世紀初，洪寶德前往探險後，德意志人就對拉丁美洲情有獨鍾，畢竟首先赴當地移民的征服者，即爲哈布斯堡王朝皇帝查理五世所派。是以德意志人前往安身立命之地，並非美國，而是墨西哥及其以南之地。移民中大多數都分別組成在一個個關係緊密擁有共同宗教與崇祀的社區。最先發現仙人掌毒鹼(mescaline)並且將培約特(peyote)仙人掌提煉而出的成分推廣到世界的人，並不是六〇年代的嬉皮，而是十九世紀末、二十世紀初的德裔移民。一次大戰末，仙人掌毒鹼已經在歐洲，尤其是在德國出現。曾經體驗該藥物的知名之士中，即有赫塞在內。如今公認《草原之狼》(*Steppenwolf*)一書中，曾明白顯示出他服用仙人掌毒鹼的經驗。在該小說中，赫塞將服藥經驗與某種精神上或宗教上的經驗凝合在一起，結果《草原之狼》即成爲戰間期德意志疏離感青年和六〇年美國疏離感青年的手册。

正如六〇年代美國，戰間期德國人使用該藥目的是想導引出一種具有高度宗教氣氛的「意識變形狀態」。而納粹所要炒作的買賣正屬此一領域。

《魔山》一書出版於一九二四年，湯馬斯・曼於其中一再強調稱之爲祕教思想的神祕感應，很容易就會被極權興致所利用，而他們本人也很容易淪爲極權主義者。就這一點湯馬斯・曼再次表現出他的遠見能力。神祕感應和祕教思想對於戰間期的德國影響甚大。就像其他許多東西，前述二者均被很技巧的加以導引並納入納粹主義主流之中，將之轉化成如同納粹主義不可分割的特質、動能和取向。而該二者的確在促使納粹主義發展成宗教的代理商或代用品上，扮演極爲重要角色。

二次大戰後，紐倫堡國際軍事法庭的大審上，凡是有關祕教思想對納粹主義和納粹官員有所影響的部分均被刻意低調處理，而不見諸記錄。若依英方檢查官，已故之尼夫(Airey Neave)所言，此係出於太多的證據過於詭異而不足採信，若予採納，必有許多納粹黨政要員得以藉口精神失常而提請上訴，以致減輕其罪責，逃過其應得懲處[22]。不論西方民主國家或蘇聯均對該呈堂證據所呈現的本質有所反彈。不僅西方民主國家，尤其是蘇聯，均曾強調自身代表了理性原則和至高無上的理性主義。第三帝國所帶來的非理性插曲竟是如此嚴重，不僅讓人深感冒犯和不適，還更以爲它充滿潛在危險。世界已經見到如此醜惡和這般集體性的非理性能耐的極至展示，深深以爲它就如同打開了潘朵拉之盒，釋出將使未來世界遭殃的疫疾。至於西方民主國家和蘇聯的人民，曾爲對付納粹付出太多代價，若容許納粹因此減責，豈不大感心有不甘。同時，祕教思想或神祕感應的力量亦潛伏於民心，正如同它潛伏於德意志人心之中一般。縱然比較難以誘發、導引和動員，不過它仍然確實存在。

因此，戰後一代的歷史學者和評論者，對於祕教主義在納粹德國興起過程中所扮演的角色，均不曾予以正視。不僅未曾企圖接近它一探眞相，反而僅對納粹德國宗教性層面冠以「群體瘋狂」、「群體歇斯底里」、「群體催眠」等表面性模式，慌張的加以譴責，然後就把它隨意歸諸於經濟學、社會學和所謂政治科學理論之下。反倒是若干小說家曾試圖對該現象予以坦誠描述，例如湯馬斯・曼和布若克等。此二人均屬較早對納粹德國宗教性法則運作情況提出警告的人士，在《浮士德博士》與《無罪者》(*The Guiltless*)等書中，均呈現出最佳的現場驗證。稍後又有陶尼爾的《妖精王》、若干拉丁美洲小說家作品以及斯坦納的《運往聖克瑞斯托堡的貨物》(*The Portage to San Cristobal of A. H.*)。然而史學界卻對該現象加以忽視達二十年之久。雖然後來終於有人予以正視，但卻出自所謂的邊緣史學家，他們所採納的曖昧證據，以及他們華麗庸俗的理論，更加促使鍾擺激盪至反方向。

一九六〇年，鮑威爾(Louis Pauwels)和柏吉(Jacques Bergier)二人合著《魔法的曙光》(*Le Matin des mages*)出版於法國。三年後，英譯本分別出版於英美（在英國譯爲 *The Dawn of Magic*，在美國稱 *The Morning of the Magicians*），一時成爲國際熱門暢銷書，也是當時最有影響力的作品，對當時青年影響尤鉅。搭上流行的時代精神列車的鮑威爾和柏吉，曾對歷史性的陰謀提出一項精闢理論。認爲該陰謀實以超自然或祕教原則作爲終極大本。他們將納粹主義和第三帝國詮釋成本於超自然或祕教的現象。

以後十餘年間，曾有不少人士更進一步的將鮑威爾和柏吉舉陳的隱晦提示和片斷證據逐漸編織成首尾相連的劇本。其中尤以拉汶斯克勞福(Trevor Ravenscroft)的《命運之矛》(*The Spear of Destiny*)一書最爲著名。詮釋所構成的連鎖反應，迄今仍未休止，拉氏不過是其中一環而已。在此風影響之下，舉凡煉金術、占星術、魔教、巫術儀式、神智論(theosophy)、人智論(anthroposophy)等，祇消是唾手可得的這類玩意，均被徵用來詮釋納粹德國。

然而這類詮釋，其中大部均屬無稽妄想，至少也是詭異偏頗，而他們所引以爲據的事實，多半出於惡意虛構或羅織。他們撒下的毒霧，反而弄得眞相難明，若想自無垠的虛構帷幕之中將事實解析出來，的確困難重重。反而給予較爲清醒的正統史學家足夠理由，完全忽視祕教這類主題。縱然大部分與第三帝國相關聯的祕教主義論述皆屬衆目昭彰的謬論，然而在其背後卻有一線遭人忽略的可靠眞相。直到最近，它纔爲人正視並予以嚴肅檢視。而古德瑞克拉克(Nicholas Goodrick-Clark)博士於一九八五年刊出的研究成果——《納粹主義的超自然基礎》(*The Occult Roots of Nazism*)，纔首度爲此一範疇樹立了學術性的里程碑。

截至今日，人們若論及十九世紀法國「超自然重現」問題時，絲毫不見怪異。而此一術語精確無誤，其所描述的現象，正是出於對前一世紀啓蒙思潮(Enlightenment，或許有人會辯稱此語被人誤用)的反動。至於在德意志，根本沒有重現超自然的必要，因爲超自然不曾在德稍歇，也從未被掩蔽於厚幕之下。它一直是德意志文化中主要潮流，一再顯現的中心思想。

祕教主義於十七世紀前半，在德意志達到頂峯。當時德國出現了著名的「薔薇十字會宣言」(Rosicrucian Manifestos)時代，已故之耶茨(Dame Frances Yates)曾稱該時代爲薔薇十字會啓蒙時代(編註：薔薇十字會相信神彌漫於宇宙萬物之中，只要意識到神存在於自己之內，就擁有主宰宇宙的力量)。十七世紀末，理性主義在各地均取得學術權威地位時，德境則有哲學家萊布尼茲將薔薇十字會思想翻新，並加以推廣。到了十八世紀，德意志又成爲更具神祕與祕教取向的共濟會(Freemasonry)的溫床。在腓特烈大帝繼承人腓特烈威廉二世時代，幾乎整個普魯士的行政體系與公職人員全屬歐洲最出名的薔薇十字會員。

至於時下所謂之浪漫主義運動，實於十八世紀七〇年代起自德意志，由當時尚在青年階段的赫德、哥德、席勒等人鼓吹而成，別稱狂飆與突進(Sturm und Drang，狂飆運動)的浪漫主義一度席捲歐洲乃至英倫，並將自身融入歐洲各地文化之中。稍後，哥德本人不論是在名義上或理論上，曾拒斥浪漫主義。不過終其一生，實質上或多或少均曾保留若干浪漫傾向和氣質。縱然哥德曾公開加以拒斥，浪漫主義仍然生龍活虎般存於德意志新一代人心之中，包括諾瓦利、霍德林、霍夫曼等人在內。

德意志浪漫運動，誠如浮士德清晰展現者，熱中於超自然或祕教思想。浪漫主義與超自然或祕教思想以及其他影響的結合，在日後德意志歷史發展上，扮演了關鍵角色。經由叔本華和費希特等哲學家，德意志神祕主義傳統，貼上了理想主義(Idealism)的標籤，不僅享有哲學地位，亦且成爲浪漫態度中不可分割部分。至於哥德式中古風格以及較重經驗一派神祕主義則由諾瓦利大肆宣揚，霍德林則致力於古典神話（希臘羅馬）的整合，而德意志傳奇、童話部分則由格林兄弟加以整合，還有那種特殊的多神教式民族主義則與民俗意識統合。截至十九世紀中葉，前述諸項元素融混成爲德意志文化中最爲明顯的一條大道。而浮士德則是前述元素的具體化代表人物，也是德意志集體心靈的天才守護主席。固然浮士德或許算得上是近代西方文明的超級隱喩，可是他最足以表徵德意志人，而特別與德意志相認同。至於湯馬斯・曼筆下浮士德博士，則是他在二十世紀的化身。

十九世紀後半葉中期，對許多人來說，包括德意志人和其他民族，均視華格納爲浮士德的化身。在歐洲文化圈中，華格納不僅是一位音樂家，同時也被視之爲大法師，超級藝術煉金術士，依據法國名詩人馬拉梅之言，華格納已經將整個藝術和人類的努力變質，融合成一個較高層次、嶄新的、空前豐盛的精神體，實際上，華格納已經創立了一個基於文化的新宗教，而它縱然不是德意志全境，至少也是巴伐利亞和南德的正式國家宗教。

在《飛翔的荷蘭人》（*The Flying Dutchman*）一劇中，華格納即提供他改編的浮士德故事。在《歌唱大師》（*The Master Singers*）一劇中則喚醒了德意志傳統，上起霍亨史陶芬諸帝和中古盛世，下迄帝國自由武士和路德改革宗教時代。而《唐懷瑟》和《尼伯龍指環》二劇則大量引用了德意志神話、傳奇、民謠和童話。《洛亨格林》（*Lohengrin*）與《帕西法爾》兩劇中，則引用了艾森巴赫德文版的神祕聖杯故事，與同時代丁尼生（Alfred Tennyson）的《國王敍事詩》（*Idylls of the King*）內容迥異。華格納不僅對此主題任意加以攪拌，同時他還添加若干異質東西，比如時而無形時而有形強調德意志思想、血緣、傳統、文化傳承的獨特與至高無上的大亞利安主義觀念。

緊隨二次大戰之後，華格納經常遭人指責，即使今日，他仍然是爭議性的人物。以色列甚至曾有激烈爭辯，是否該允許其音樂在以國演奏。就某些層面而言，前述態度可以理解。華格納確實屬反猶陣營，而他的音樂又曾對希特勒和其他納粹官員有所鼓舞，他們亦曾糅合他的思想以爲己助。

不過華格納的大亞利安主義和政治體系或政府全然無涉。它比較是精神性、隱喩性和象徵性，完全是另外一個世界。不過就若干方面來看，它又是當時流行的各種主義的一種迴響。在不列顚，流行留著一臉落腮鬍子的維多利亞時代人士，勇往直前的叫囂著「白種人的負擔」，盛行帝國主義和殖民主義；而英倫的以色列人社團，可說是今日基督教基本教義派的前驅，則更勝一籌，深以自己爲上帝選民而傲然於世。跨越大西洋彼岸美洲地區，白種的盎格魯撒克遜新教徒，正熾熱的倡導壓制印第安人和墨西哥人，他們對自身的注定使命的關切，遠勝於對國家前途的關懷。至於東歐地區，大斯拉夫主義則猖獗蔓延於聖彼得堡、塞爾維亞、保加利亞和巴爾幹諸地。確切說，二十世紀初，大斯拉夫主義對西歐的威脅實大過於大亞利安主義。這種觀點並非無稽偏見。一九一四年於薩拉耶佛(Sarajevo)導致重大災難的槍擊事件，正是出於大斯拉夫主義狂熱者之手。

無論就氣質或若干態度來說，華格納並非令人親愛之士，也並非最能引起共鳴的近代思想。總之，他是一個藝術天才，可能是十九世紀音樂史上最爲重要的個人。如果說，他身亡之後，仍遭後人強徵以爲己助之事，世人無權對他有所譴責，那麼他對後世曾產生影響之事，自然應當豁免於責難。華格納不僅曾賦予活力與祕教傳統若干關鍵元素，同時還將其與德意志特殊個性融爲一體。他個人或許以民族主義是政治現象而予以蔑視。可是於無意中，他卻協助該現象建立起精神性或準宗教性的架構，因而促使該現象染上一層更爲深奧的正當色彩。華格納所發出的吶喊，較其他人更爲容易遭到誤用，而將德意志致力於精神與文化國度的理想轉化扭曲成政治性質。同時他也曾爲祕教主義主要特質注入納粹主義，提供了便利渠道，因而促使納粹主義擁有了神祕誘因。

若非華格納，十九世紀後半德國祕教主義將停滯在片斷或隱晦層次。至於法國，超自然復甦也曾紅過數年。普法戰爭傾倒法蘭西第二帝國，而法國外在社會與政治體制亦隨之崩解，於是激發了一段覓求民族靈魂的時代，其間充塞了對於意義、目的、方向等方面的不確定與迷惘，因此產生了意識眞空現象。爲塡塞此一眞空，各種學派與崇祀一時大盛。在所謂頹廢時代，祕教主義也一度被納入當時法國文化。法國象徵主義文學流派尤足證明此一趨勢，比如馬拉梅和劇作家梅特林克(Maurice Maeterlinck)等文學人士，此外還有德布西(Claude Debussy)的音樂，亦足以爲徵。

而此時德國正巧相反，進入了一段社會穩定時期。新建立的帝國爲確定及民族自信提供了門面。而外在的體制看來像是建立在堅固而無可動搖的基石之上。當法國心力集中於民族內省時，德國國力卻因工業化而導向外在發展。所以祕教主義於此時在德國民族意識上，能扮演的角色不重。雖然微弱寧靜，但仍然存在。即使在新帝國之下，外在體制亦不足解決集體定位危機，也不能取代既存宗教所提供的精神素質。縱使這些既存宗教正面臨了達爾文思想的衝擊，受到極大威脅，而處於爲本身危急與自信找尋出路之時。

一八八八年，兩位英國祕教主義者，威斯考特(William Wynn Westcott)博士和馬德斯(S. L.

MacGregor Mathers)創立了類似薔薇十字會有巫術傾向的祕密社會——金色曙光學會，會員包括梅琴、布拉克伍得(Algernon Blackwood)、克羅萊以及頗負盛名的葉慈。日後馬德斯曾聲稱他創立的機構是根據烏爾門某位不知名女預言家寄來的藍圖，然後加以修訂、設計而成。因此金色曙光學會基本上是出於德意志的觀念，而馬德斯言下之意，表示有一類似學會早已在德境活動。

其實在金色曙光學會成立前半個世紀，已有德意志祕教主義成分滲入英國文化。布爾維利頓(Edward Bulwer-Lytton)這位十九世紀最典型、最受歡迎的主流小說家，即曾涉及祕教和薔薇十字會思想。雖然他最負盛名著作是那本純爲賺稿費、粗俗暢銷書《龐貝的末日》(*The Last Days of Pompeii*，包括該書過於譏諷的開場白在內)，可是他也曾寫下若干超自然的神祕作品，如《查諾尼》(*Zanoni*)，和另一本名氣較弱而他本人卻以爲較爲重要的作品——《一個奇怪故事》(*A Strange Story*)等。正因爲腦中含有爲薔薇十字會和祕教主義宣傳的念頭，他纔會在作品中暗示出他對弗瑞爾(Vril)的觀念。弗瑞爾是血液中一種神祕成分，具有權威與優質，可以衍生出未來人種，是一種將主宰一切的超人這種高級人類。而這個觀念曾在日後深深影響納粹前德國的祕教圈，而現今看來它似乎是起源於德意志。布爾維利頓並非它的眞實創作者，不過是它的宣洩者。

不論布爾維利頓和馬德斯曾籠罩在什麼樣的德意志影響陰影之下，若面對勃拉瓦茨基(Helena Petrovna Blavatsky, 1831-1895)這位公衆矚目的傑出祕教先知，他們都光彩盡失，屈服於她的才華之下，勃拉瓦茨基的作品和教誨像個戳記深深烙在整個歐洲文化之上，而其中對德意志尤有特殊意義。十九世紀最後二十餘年中，勃拉瓦茨基創立的神智學，曾挾有華格納和尼采一般的激勵能量，橫掃全歐。華格納或許自創一種新宗教，然而同代人士中少有附和者、認知者。神智學不然，不僅宣稱本身爲一成熟有組織的教派，甚且是一個各種宗教的超級統合體，是一種寰宇性，無所不包的未來終極宗教。因此對各種既存信仰無不構成挑戰與威脅，乃至引發相當數量警訊。神智學所宣揚的要旨是一種佛教密宗思想，它有祕傳教師的體系和無所不包的領域，故能提供一個複雜架構，將其他所有宗教信條與己身合併。所以它能吸引傑出文化人士，如葉慈、柯南道爾、格奧爾格等。雖然最初據點設於英倫，迄今仍然存在，然而它在歐陸受歡迎的程度亦不稍讓。一八八四年夏，首個神智學會在德成立以來，至世紀交替之際，類似學會遍布整個德、奧帝國。亦皆引起震撼，曾有少數有遠見的文藝界人士對其潛在危機提出預警。一九〇六年出版的慕席爾早期小說──《年輕的突勒斯》(*Young Törless*)中，曾描述一位雛形納粹青年如何利用神智學教義來主宰控制他人的心靈。

流行德、奧兩地神智學，曾衍生若干明顯惡果，富於民俗意識、大亞利安主義，甚至邪惡的反猶主義傾向的各種學派應運而生。前述色彩學派的集合名稱即是亞利安學(Ariosophy)。而它爲納粹主義注入了深層的祕教和宗教景象，並且爲納粹種族理論家提供了宇宙論和狀似合理的正義基石。依古德瑞克拉克博士之言：

> 亞利安學派人士……將德意志民俗意識下的民族主義、種族主義和借自勃拉瓦茨基……神智學的超自然理念相結合，神能爲德意志人君臨世界的時代將至有所預言與辯護。㉓

爲了宣傳他們那牽強附會的觀點，

> 亞利安學派分子設立了一些祕密宗教團體，致力於復興失傳的祕教知識和古代德意志人的種族美德，以期符合建立新的泛德意志帝國之所需。[24]

其中以三個亞利安學支派和其附和者，影響尤大。

一九〇五年，一位西都會(Cistercian)叛教修士藍滋(Adolf Josef Lanz)僭用貴族名號，化名爲勒班費爾斯(Jörg Lanz von Liebenfels)，在維也納開始出版一份極力反猶期刊——《東方時代》(*Ostara*)。兩年後，一九〇七年，勒班費爾斯又籌組了一個瘋狂的種族主義祕密團體，稱之爲「新聖殿武士團」(Ordo Novo Templi)。是年耶誕節，買下了一座俯瞰多瑙河的小城堡，並在塔樓上升起該團旗幟，上面圖案則是鈎狀十字架(即日後納粹標識)。

《東方時代》的熱中擁護者之中，有一位貧困而可能成爲畫家的年輕人希特勒，據說他曾於一九〇九年與勒班費爾斯在雜誌社辦公室會過面[25]。新聖殿武士對希姆萊有相當影響，並且透過他將影響力擴及納粹親衛隊。而親衛隊若干儀式和慶典，還有親衛隊人士曾被灌輸的揑造而成的古代北歐蠻族教條，莫不直接或間接導源於勒班費爾斯的那個令人厭惡的組織。勒氏信念中，曾提到某種宇宙性精神能量促成宇宙的活動，而認爲這種能量「最完美的展示即是金髮碧眼的亞利安人」。而他最熱中的祭獻儀式則是以劣等民族作爲犧牲供奉異教諸神。

勒班費爾斯的密友與同志中，有位賴斯特(Guido von List)，在古德瑞克拉克博士筆下是一位「將民俗意識和超自然主義、神智學結合在一起的最暢銷作家」[26]，一九〇八年，他自創賴斯特學社，無論在宗旨上或成員上，都與新聖殿武士有所重疊。而社員中包括維也納神智學會全體會員。一九一二年，賴斯特的若干弟子又建立了另一所祕密會社——德意志騎士團(Germanenorden)。

一九一八年，德意志騎士團已瀕臨解體邊緣，其慕尼黑分會則於此際成立了一個新團體，稱之爲北地學社(Thule Gesellschaft)，由一位探險家色勃登道夫(Rudolph von Sebottendorff)出任領袖[27]。對於其前驅者的信念，色勃登道夫(眞名格勞爾〔Adam Glauer〕)又添上前述布爾維利頓提出的「弗瑞爾」理念。色勃登道夫曾買下一份當地報紙加以經營，該報日後更名爲《民俗觀察報》(*Völkischer Beobachter*)，並成爲納粹黨官方機構，一九二一年，該報主人則換成希特勒。至於北地學社成員中，若干人成爲日後納粹重要人物，如羅森堡和赫斯(Rudolf Hess)，還有首任納粹黨主席戴斯勒(Anton Drexler)，以及精神錯亂詩人，曾任希特勒顧問，並在一九二一年至二三年身故前擔任《民俗觀察報》主編的艾卡特(Dietrich Eckart)[28]。

普法戰後，法國既存社會與政治體制隨之瓦解，信仰危機適時而生，祕教主義遂乘勢大展其影響力，一時之間，頗能塡補民族自信斲喪所留下的信心眞空，提供民衆某種可供信奉的理念。而同時期德國情勢則完全相異。明顯呈現出一片穩定、團結，更重要的則是由新的社會和政治體制帶來的新氣象，此三者凝合而成的民族自信排除了內在覓求民族靈魂的需求。是以祕教主義縱有良好渠道，但全都局限於外圍枝節。至於奧匈帝國和俄羅斯帝國，情勢介於德、法之間。外在的政治和社會體制尚未崩解，但也處於動搖與衰弱，缺乏活力與新氣象，注定走向萎縮與傾毀。因此，在哈布斯堡與羅曼諾夫(Romanov)兩個帝國之中，祕教主義就不僅止於外圍枝節現象。是故亞利安學派首先出現於維也納而非柏林。一九一八年以後的德國所處情勢正同於一八七一年之後的法國，甚至更糟，因此各種相對價值觀念似萬花筒般在外形上不斷變化，祕教主義於此際則以神智學外形，由外緣向內伸展，更加接近主導發展的人士與原則。

本書在先前曾建議將巫術界定為反映人類良知與意志間操縱關係的隱喻，同時也是人們操縱其他人的一種外在現象。在這種定義下，則可說亞利安學派曾將黑教巫術的成分納入納粹主義的宗教結構之中。然而也有一種可以稱為白教巫術的反動潮流。湯馬斯·曼說過，祕教主義和神祕思想與極權主義之間，有一種天然的親近關係，因此很容易受到極權者的利用。可是卻仍然有例外情況。

許多評述者心目中有一個主要例外，此即史泰納所代表的白教巫術具體化，對亞利安學派構成的反動潮流。史泰納生於一八六一年匈牙利地區，是一位著名的哥德學學者，當時曾有一項出版哥德作品決定性版本的計畫，史泰納即出任哥德科學性作品的主編。二十餘歲時的史泰納一度成為神智學的熱中附和者。一九〇六年，他加入了一個稱為「東方聖殿武士團」(Ordo Templi Orientis)的組織，該組織其實是英倫金色曙光學會的變體，後來一度由克羅萊主持。

一九一三年，史泰納和其德裔弟子叛離神智學，自創一個敵對體系人智學。史泰納稱人智學為一種精神科學。事實上人智學是將神智學加以修訂改進以符合當代需求的變體，並且特別強調以基督教內涵作為基石。人智學對神智學中若干足以為種族主義者辯護的主旨均加以斥責。因此當史泰納被神智學派和其凝合而成的權威納粹黨挑出來，作為誹謗和批鬥對象時，一點也不令人詫異。納粹宣傳品一再抨擊人智學，以其為國際性猶太共濟會陰謀的共謀者。

總而言之，人智學目的是留下有益的影響。其熱忱支持者中，包括普法戰爭勝利建構者毛奇的姪兒小毛奇一家，他即是一次大戰初始時德意志帝國參謀總長。小毛奇一家不僅熱心予以支持，同時還給予人智會財務支持。另外一位傑出支持者，至少曾一度支持人智學，則是俄羅斯著名小說家、詩人、美學理論家貝里。史泰納的思想能流傳於這樣的社會圈與文化圈中，足證其影響非凡，並且證明它能散發出合於正道和彌足尊重的芬芳。這種芬芳氣息不僅迄今仍大致完整保留，還因爲哥德研究的提倡、其他文藝學者的支持、出版業不計後果的將若干重要但遭人忽視的作品重新付印出版，以及散在德國和包括英國在內的其他各地的史泰納學派整體的努力，更加深了其芬芳的氣息。

若把史泰納視爲神智學派黑教巫術和納粹主義的一種反動潮流白教巫術，毫無不妥之處。同時若在某些層面將史泰納和格奧爾格相提並論，也毫無不妥。不過二者之間也存有顯著差異。史泰納曾積極廣徵門徒。正如勃拉瓦茨基，他也曾夢想建立一個新宗教，至少也是一個新的宗教體系。他曾建立了一個分支廣大而散布各處的組織體系，由此推論，他必然十分滿意成爲權威的代表。雖然他本人一再遭納粹抨擊，可是從不見他有所反擊。而他那特殊形態的神祕主義，可說是德意志虔信主義傳統的後期變形，將他變成聖人似的和平主義者，一如甘地所爲。

比起史泰納，格奧爾格則似奧林匹克山上衆神，桀驁不馴，同時也顯得較爲冷漠、挑剔、愛國，更像一位人傑。他並不積極覓求弟子，必須是有心者主動拜入門下，然後經過嚴格評估之後，始能環伺於他身畔。不像史泰納，格奧爾格迴避並憎惡一切群衆運動，對他而言，其與暴動無異。他絕對無意籌設組織，凡是任何涉及足以代表權威之事或建議，他均無法接受。格奧爾格的確是獨特無二之士。史泰納個性溫和並且深具世界精神，因而促使他成爲寬容的和平主義者；至於格奧爾格則較具侵略性，堅持付諸行動的必要。

史泰納逝世於一九二七年，當時納粹主義在德國得勢掌權仍然遙不可及。格奧爾格則逝世於一九三三年，適時納粹剛剛完成掌政大業。當然我們無法預測這兩位性質迥異人物對於日後發展會有何等反應。總之，二者皆自地下透過其子弟和附和者來反對第三帝國。而在格奧爾格影響之下，經由史陶芬堡的行動，幾乎造就了成功的一擊，而二十世紀歷史路徑也幾乎爲之改道。

註釋

❶布若克：《夢遊者》，頁三七三。
❷同上，頁六四七。
❸容格：〈潛意識的功能〉，《變動中的文明》(*Civilisation in Transition*)，容格全集第十册，頁一三。
❹容格：〈渥頓〉，同上，頁一八四。
❺布若德(Brod)：《海涅傳》(*Heinrich Heine*)，頁二一一。
❻休爾德(Scholder)：《教會與第三帝國》(*The Churches and the Third Reich*)，第一卷，頁四一七。
❼同上，頁四二〇。

❽同上。

❾同上，頁五三一。

❿羅勃遜(Robertson)：《基督徒反抗希特勒》(*Christians against Hitler*)，頁二五。

⓫同上，頁一八。

⓬羅森堡：《二十世紀之神話》(*The Myth of the Twentieth Century*)，頁三八七。

⓭容格：《變動中的文明》，頁一九〇（註一六）。

⓮陶尼爾：《妖精王》，頁二二八。

⓯有關納粹宗教性質之討論見培金(M. Baigent)、雷伊(R. Leigh)與林肯(H. Lincoln)合著：《彌賽亞傳統》(*The Messianic Legacy*)，倫敦，一九八六年出版，頁一三五。

⓰西沃德：《戰爭中之出家人》(*The Monks of War*)，頁一三五。

⓱海涅：〈德國宗教與哲學之歷史〉，《海涅選集》，頁四一七。

⓲年塞：《德意志意識危機》，頁一八四。

⓳陶尼爾：《妖精王》，頁二三一。

⓴謝姆生(Siemsen)：《希特勒青年團》(*Hitler Youth*)，頁六五。

㉑大部分資料取材於紐倫堡大審薛拉克(Schirach)案卷，參見《主要戰犯審訊，訴訟程序》(*Trials of Major War Criminals, Proceedings*)，第十四部，頁三六〇—四〇八，尤其是頁三九六—四〇〇。同書第十五部，頁一—三〇，

下列爲希特勒青年團在一九三四年黨大會時團員吟唱之歌詞：

我們是活潑愉快的希特勒青年團員
我們不需要基督徒的眞理
因爲阿道夫・希特勒是我們的領袖
是我們的仲裁人
邪惡的教士也不能打斷這種牽連
我們永遠是希特勒的孩子

以上歌詞是起訴證據之一，參見前引資料第十四部，頁三九七。

㉒班丁(Bentine)：《標識夏日之門》(*The Door Marked Summer*)，頁二九一。

㉓古德瑞克拉克：《納粹主義的超自然基楚》(*The Occult Roots of Nazism*)，頁二。

㉔同上。

㉕同上，頁一九五。

㉖同上，頁三三。

㉗有關「北地學社」參閱費爾甫(Phelps)，〈希特勒來臨前〉(Before Hitler Came)一文，《近代史月刊》(*Journal of Modern History*)，第三十五卷，一九六三年，頁二五一。古德瑞克拉克書，頁一四四。

㉘北地學社及支持者名單係由色勒登道夫所提供，見〈希特勒來臨前〉一文，頁二二一。

12 世界的立法者

一八六八年，格奧爾格誕生於萊茵河畔，介於科布林茲(Koblenz)和威斯巴登間濱根市(Bingen)附近的一個村莊之中。他較葉慈這位最爲與他神似的英語系詩人小三歲，卻較同輩奧地利大詩人稍長，比霍夫曼史達爾(Hugo von Hofmannsthal)長六歲，比里爾克長七歲。格奧爾格出世時，家中尙有一姊。父母擁有葡萄園數座，以釀酒爲生，屬於虔誠天主教徒，格奧爾格雖曾領洗入教，但未幾即脫離天主教會。

即使是學童時代，格奧爾格就展現出他對人際關係的冷漠，以及孤傲、貴胄般的個性。凡是可以由他來領導或主持的社團、學生組織和小圈圈，他纔有意參與，若是不能，他寧可遠離，並自創組織或社團。十八歲起，開始詩歌創作，一八八七年時曾擔任學校文藝期刊的主編。一年後，爲雲遊四方而離校。正如衆多重要德意志詩人和小說作家一樣，他也鍾情於南歐。不過哥德、霍德林、海涅、湯馬斯·曼和其他人士多爲希臘、義大利所吸引，格奧爾格雖亦致力於希臘羅馬古典研究，但卻對西班牙情有獨鍾。

一八八八年，格奧爾格曾造訪英倫。翌年二月又遊走義大利，三月則轉赴巴黎，此是他多次朝聖巴黎的首遭。停留巴黎期間，他曾結識若干象徵主義文學人物，如魏爾蘭和垂死的里斯勒亞當(Villiers de l'Isle-Adam)等。後經人引介，得識象徵主義掌門大師馬拉梅，並立即拜入馬氏門下學習。在若干英格蘭與愛爾蘭文藝人士心中，如摩爾(George Moore)、席蒙斯(Arthur Symons)、道森(Ernest Dowson)、詹生(Lionel Johnson)、王爾德(Oscar Wilde)、葉慈等，馬拉梅被視爲先知和半神似的人物。格奧爾格一如此輩英、愛同儕，立即墜入馬拉梅的魔咒之中，熱忱的擁抱這位法國象徵主義大師的美學理論和他那莫測高深的創作形式。就細節上來說，對於紀律嚴謹和清修式美學思想的堅持上而言，格奧爾格甚且可以說超越了馬拉梅。結果造成他拒絕了庸俗的不健康和頹廢色彩，而這些即是在小說家于斯曼(Joris Karl Huysmans)身上可以得到證實，而且是經常和法國象徵主義關聯在一起，連馬拉梅都不得不對此特質予以寬容。格奧爾格不論在作品或個性上都嚴拒該種特質，甚至達到無法妥協、針鋒相對的邊緣。因此促成他和他的奧國同儕，也同爲象徵主義附和者霍夫曼史達爾、里爾克兩人有所區別。

不過格奧爾格和霍夫曼史達爾、里爾克三人，都在清晰的自我意識和真誠宗教情懷的專業精神之下，致力於精神生命，亦即藝術生命的提升，以期能達到最尊貴、最神祕，以及先知的境地。格奧爾格訴求於當世流行的格言，「爲藝術而藝術」。可是格奧爾格和他那一代的傑出人物心目中的藝術，和今日大部分人士心目中的藝術並不相同，他們不以爲藝術祇是人類努力的衆多平行方向之一。相反的，他們以爲藝術像是個倉庫，其中存放了神聖的東西，包括某種溝通精神與世俗的管道，和觀測虛無超自然的鏡頭。就二十世紀初期主要詩人與小說家，如格奧爾格、霍夫曼史達爾、里爾克、葉慈、喬埃斯（J. Joyce）、湯馬斯・曼、普魯斯特（Marcel Proust）等人來說，藝術是一項神祕職業，而藝術家則應該是後列的綜合體，包括教士、先知、大法師、巫師、超自然內行人士、隱喻性的煉金術士、隨時願以身殉道的烈士等。因此存於藝術與宗教，藝術與巫術、藝術與祕教等之間的疆域，勢必無法釐淸。

格奧爾格甚爲認同雪萊的名言：「詩人是未受承認的世界立法者。」同時還憎惡這種未受承認的事實。格奧爾格還更進一步指出詩人應是「民族內在力量的天命看守者」，換句話說，是民俗靈魂或眞實的集體定位的天命看守者。因此詩人已不是大衆心目中所認知的形象，而是更爲接近上古威爾斯或愛爾蘭的神聖詩人，或是舊約中憤怒而受懲罰的先知。

在平和時期，他們說詩人祇是一個擁有翅膀的孩童
正在唱出他那溫柔的夢想
並且沐浴於忙碌世界的美麗之中
然而當褻瀆膨脹成爲風暴之時
命運就會敲擊他韻文的大門
像是挑揀金礦的鏗鏘之聲……
當所有人均失明時，他是唯一的視覺者

徒然無益的揭開將臨厄運的面紗❶

而且：

悲愁的時代中
唯有詩人仍保持了聲音的精華
胚胎復活了
他正攪拌著神聖火焰

下一代人類奮起身子迎向他
數年惱人壓力的磨練下，青年更形堅強
不論人們或事物的問題
也都有了最誠正的標準

他撇斷枷鎖將瓦礫掃至一旁
他因迷失於恆久的律法而鞭笞家庭
那兒上帝再度是上帝，偉人是偉人

在那統一復返之地
他爲國家旗幟繫上了一項眞實
經過大風暴和令人敬畏的曙光華麗號角聲
他帶領著他的可靠和忠誠奔向工作
在清醒的時日中建立了未來的王國❷

一八九〇年，格奧爾格先赴哥本哈根，然後再次前往巴黎。是年他完成了自己的第一部詩集《贊歌集》(*Hymnen*)。這本詩集祇印製了一百本，僅供私下流傳之用。一年後，他完成另一部詩集《朝聖集》(*Pilgerfahrten*)，並且再次造訪英倫，還前往慕尼黑與維也納。在維也納時曾與霍夫曼史達爾晤面，結爲朋友。一八九二年，他將支持者與弟子組合，成爲格奧爾格學圈。同年，一份有濃厚祕教傾向的文學和文化性期刊《藝術花瓣》(*Blätter für die Kunst*)發刊，而格奧爾格即爲其編輯群中一員，並繼續擔任此工作二十七年之久。該刊創刊號，曾登載若干首他的詩，和一首霍夫曼史達爾的詩。在後續期數中，該刊物始終是宣言與詩歌的園地。自其中可正確反映出格奧爾格個人及其在文藝上的發展實況。

一八九三年，格奧爾格曾與亞利安學風格的文化學校——宇宙學院(Cosmics)有所往來，並且因而結識該院另外兩位教師舒勒(Alfred Schuler)和克拉格(Ludwig Klages)，而此二人皆屬種族主義理論家。未幾，格氏即與該二人的關係惡化，尤其當某次舒勒正在大肆鼓吹反猶論時，格奧爾格立即離席轉身他去，更是勢同水火。雙方的支持者曾不時努力縫合裂痕，不過格奧爾格對於血統純正和反猶主義的這種貌似科學的鬼扯卻是益發深痛惡絕。一九〇四年以降，他與舒勒、克拉格及他們的附和者完全決裂，不再修好。此事所顯示的意義正是促使雙方決裂的基本因素，並非出於美學上的歧異。而美學岐異卻是此後不久格奧爾格與霍夫曼史達爾疏遠的主因。更正確的說，霍氏拒絕順從格氏的專斷，也不肯承認格氏爲美學至高無上權威的地位。

就在這段期間內，格氏在一八九三、九四、九七、九九年，皆陸續有詩集問世。一九〇二年，格氏在慕尼黑，識得一名年僅十二的少年克隆貝格爾(Maximilian Kronberger)。格奧爾格則自該少年處受到高度理想化和風格化的敬愛。當時曾有不少臆說，迄今猶存。然而眞相與臆說完全相反，格氏和該少年之間完全不存有同性戀關係。格氏晤見克隆貝格爾的次數不超過一打，而且不是在公共場合，即是在該少年的家中，少年的母親隨侍一旁。而克隆貝格爾卻使得這位詩中巨擘浸染在一個驚訝的象徵意義之中，以爲這位少年簡直就是古典希臘人形美的縮影，就是神聖力量的具體化。前述意義再加上嚴厲的期盼和親切的關懷，完全像是一種父執情感，因而產生熱情依戀。這可能是格氏一生中最爲熱情依戀的一回。克隆貝格爾不幸早夭於一九〇四年。他的死訊曾給予格氏沉重打擊，以後好長時期中，格氏一直感傷於凡人生命看似如此莊嚴巍峨，卻又如此的脆弱。直到一九二四年，遇上史陶芬堡時，他纔能自感傷中完全復元。在克勞斯身上，格氏再次看到了二十年前夭折少年所擁有的那股莊嚴超自然的氣質。

二十世紀頭十年，格奧爾格開始爲範疇較大的讀者群著書，而他也確實達到目的。不過他卻一直維持居無定所巡迴各地的生活，經常遊走於柏林、慕尼黑、濱根、維也納、法蘭克福、海德堡之間。以上各市，每處均有一圈朋友，功能則在成爲他與外界之間的藩籬，使他得以孤立於世，保持他那冷漠的立場。每處朋友圈的成員，都經謹愼挑選，以期他們能配合他個人的高度期望。他與他們之間的關係永遠是大師對弟子的關係。他們每個人都必須親自向學圈及格氏本人宣誓忠誠。班奈特所寫關於格奧爾格一書中，曾淸晰指出，「大師要求弟子與其分享的不僅是詩中的觀念，同時還分享一種生命觀念。」❸而霍夫曼史達爾正因爲拒絕接受這些條件，纔與格奧爾格疏離。

克隆貝格爾過世後三年中，格氏未曾出版任何東西。直到一九〇七年，他纔出版了第七卷詩集，稱之爲《第七個環》(*Der Siebente Ring*)，全書分爲七個章節。在該卷詩集中，反映出格氏曾受勃拉瓦茨基的影響，勃氏即主張七爲最神聖的數目。當然，第七個環也顯現出格氏取向的重大改變，採行了一種對語形式。

過去，格氏與馬拉梅等法國象徵主義學者不僅共享一種美學，同時也共享一種世界精神，其中包含它自身的形上學和倫理學。依據象徵主義者的形上學，物質或現象世界所反映的不過是另一個較高層次的眞相，馬拉梅即經常用天理(l'azur)或理念(l'idéal)這類字眼來加以註解。象徵主義者的倫理學堅持藝術家必須與社會完全隔離。象徵主義者一向不將自己視爲教師或導師，祇以爲自己的角色僅是將超自然折射或投影到完美的藝術作品之上，而這種作品僅容新進藝術工作者得以接近。因此促使他們自覺無論對世俗凡人、對社會、對教育後學，他們均無任何責任。

直至生命盡頭，格奧爾格一直採用了象徵主義派的文學技巧，也服膺於該派的美學理論，但是在《第七個環》一書之中，他卻捨棄了象徵主義的形上學和倫理學。此際格氏不復在所謂另一個天際景象中，而是在周遭的世俗世界中去尋找或折射神聖超自然。而象徵主義典型不可捉摸的影像——輕煙、迷霧、雲彩、天空，和風等，均自格氏詩中消失，代以而起的則是較堅實、容易捕捉、經常光鮮亮麗之物。同時克隆貝格爾的死亡帶給他責任感，深覺對德意志的青年負有義務。他開始任命自己爲德意志精神與文化的監護人。放棄象徵主義學派詩人那種神一般的漠不關心形象，承襲柏拉圖學派或畢達哥拉斯學派那種教師或導師的角色。當然，他仍繼續保持慣有的孤立與冷漠，他也絕不致讓自己的舉止像一個傳統的教師。然而對於他親自遴選，允許加入他學圈的青年菁英，他則感覺自己應該扮演希臘神話中，奇隆，那位人首馬身神曾扮演的功能，成爲阿伊斯庫拉匹亞司(Aesculapius)、傑遜(Jason)、阿奇利斯和赫丘力士(Hercules)這類英雄的嚮導、教師、導師。

過去，格奧爾格試圖將一種新穎的純淨與完美注入藝術，尤其是注入詩歌之中。然而一九〇七年以降，他則努力於將此種新穎的純淨與完美注入現實，更確切的說，注入德國的未來。馬拉梅的理念已不再是一個遙不可及的虛無法則，而變成一個在現象世界中活動的因子，誠如某位評論家所指稱的一個能衍生醞釀和變化的種子。按格氏一位友人在當時的作品，格氏深感自已被授予「一項神聖使命，因此將會把他提升到當代所有詩人之上，並狂熱的深信未來將是一個充滿新精神的時代，而他所擔負的神聖使命即是爲它的到來鋪路」[4]。

就這方面而言，他的學圈不祇是帶起祕教思想。他們同時也是一種精神的神祕鬥士與戰士，要進行一場精神聖戰。就此層面來看，他們即是〈聖殿武士〉(Templars)詩篇中那些武士的後繼者。

雖然格氏也襲用聖殿武士一詞，然而在境界上，與勒班費爾斯的新聖殿武士大不相同。

我們一同現形於一個黃金時代裡
向來群衆都逃避我們的召喚
我們即是玫瑰：是那顆赤子熱血的心
我們即是十字架：是我們的藝術將傲然承擔痛苦

在不知名的旅途上，冷峻而沉默
我們調轉了陰鬱的線軸，調轉了矛頭
經歷了懦弱的年代，我們的火焰武器發出響音
我們將鞭策人群，我們將向君王們挑戰

我們不參與常規和犂田
凡是斜眼看著我們的人
將會懷疑和恐懼，誰叫他們仇恨的人不曾傾倒
我們將用赤裸裸的愛來捕獲他們

不論在我們的刀、石之下爭得何等戰利品
都會自我們揮霍無度的手中漫不經意的送掉
雖然我們原本嚴格的設計要狂暴
但是我們卻會在孩童前屈膝

我們隱藏起閃爍的目光，和鬆弛了的枷鎖
他們曾披著乞者的罩衫蒙騙了主
無顏面對在我們陰影下的人群
當我們離去時，他們致送了吻別

我們的孩子和我們自己均哺育於陌生者的胸前
如此絕不夠格成爲我們名勝的子孫
它們永不衰微、永不頹弱、永不老朽
一把待生的火正在它們的內部醞釀

我們之中祇有一人能完成那必要的轉變
或去執行那項冷酷無情的功績

災難之聲響起，他們將召喚我們
對於我們的痛苦，他們卻祇會扔投石塊和詛咒

憤怒時刻來臨時，全能大地之母將會發出叱責
屈身在低層境域中結伴而行
若干黑夜世界中，當她的脈搏不復顫抖時
祇有那一個仍持續與她鬥爭

忽略她的期望，否決她的意向
可以制伏她的手，抓緊她的頭髮
她在屈服下重新安頓她該幹的活
將血肉之軀交給神，用血肉之軀將神具體化❺

日後，格奧爾格將之集結於身邊的聖殿武士們，爲他組成了一群特殊類型貴族——精神上的貴族。正是稍早的尼采和稍後的勞倫斯(D. H. Lawrence)所讚美的那種貴族。而這票菁英的身分則完全與社會階級、種姓、背景無涉，更與種族血統無關。

你們所渴慕的貴族

並非來自皇冠和紋章
他們來自社會各階層
祇是他們的眼神露出了對腐化虛榮的反叛
這批稀世珍寶
其實生長於各地人群之中
祇就他們坦率熱忱的眼神
你就能區識出你的同類❻

也就是這群貴族，為了要作為他們激勵的淵泉，為了使他們達成寄望於他們的成就，遂首次出現了「祕密德國」的字樣。一九一〇年，格奧爾格的《第七個環》出版後三年，格氏某位弟子曾撰文寫出學圈的重要意義，它將是德意志復興的種子。

在荒蕪的表殼下，今天正開始在那攪和的仍祇是一個不完整的夢想——祕密德國，它是這個時代唯一眞正具有生命之物，……也祇有在這裡它見諸文字。❼

這篇附有格氏本人祝福的論文中，還說若想要促使歐洲的文化與精神復甦，端賴「祕密德國所散發的素質，我們的每個字句都因它而發，我們的每句詩文都因它而有生氣與韻律」❽。另外一位弟子則撰文寫道：「祕密德國的成員自認為是一所修道院，一個修會。」❾蓋伊(P. Gay)在《威瑪文化》（*Weiman Culture*）一書中表示格奧爾格異於尼采，「格氏非自願選擇孤獨，此乃是他爲了日後新德國而設立一個祕密王國時所採行的核心手段。……這是一種菁英策略，將菁英主義推到極至。祕密德國即是一個俱樂部，新進成員都經過精挑細選，並爲其目的一個個的施予訓練。接受召喚者衆，而入選者少。……」❿

學圈本身的期刊以及格氏和其弟子的著作之中，都可看到格氏的觀點以及這些觀點是如何一再強調。其中也襲用了尼采之說。比較矛盾的是，儘管格奧爾格厭惡頹廢，可是卻也襲用了當時頹廢派巨擘，也是該派最炫麗的英雄人物（自命如是）鄧南遮（Gabriele d'Annunzio）之說。當然亦曾採納不少勃拉瓦茨基和神智學的理念，還有華格納之說。格氏似乎完全支持慕席爾對華格納音樂的描述：「是一列通往無限的行李車。」此外，亦襲用許多古典思想和神話，而這也是格氏最重要的德裔前驅霍德林作品的典型風格。

在許多方向上，格奧爾格是從不自慚的異教分子，經常嚴厲譴責猶太教—基督教的傳統和神學。教會的訓誨對他來說不過是「一種古老的童話」，「已經過時信念的最後殘燼」。他的異教信念雖然亦曾重視形式和完美，但從不是物質化異教。仍然保持高度精神化，幾乎是柏拉圖式的昇華。格氏心中的方恩神（faun，編註：羅馬神話中司農牧之神，半人半羊，據說生性淫蕩），與馬拉梅心中者相同，絕不是慾念的化身或是罪深孽重的本質。正巧相反，他們乃是神諭者，是持續生命精微魔法的神祕化身，他們所展現的精神性質、強度和深奧遠勝於任何教會。在一篇名爲〈人與方恩〉的詩句綴成的對話錄中，一位頭有雙角，足似羊蹄，並有羊尾的東西，它曾向和它對話的人類說：

野獸缺乏羞恥心，人類則不具感激心
人類縱有萬般巧思建構
但從不曾體認，人類之必需正出於我們默默貢獻
且注意，屠殺我們也就是屠殺自身
拖著一身絨毛，凡所到之處，我們都灑出乳汁
凡是我們裹足不前之處，必是寸草不生之地
若是人類眞正用腦子來主事
那麼你的同類和你早就完成你們現在所做的
你們的田地將會荒蕪、樹葉會枯萎
唯有靠巫術生命才能甦醒⓫

由於他的異教思想，格奧爾格在觀念上異於海涅。格氏並不擔心渥頓和托爾的復活和破壞教堂。他認爲：「每個時代祇有一個神，祇有一位可以登上這個寶座。」⓬他警告說：「當一個民族的神祇死亡，該民族亦形同死亡。」⓭未來的復甦將屬於民族的青年一代：「目前青年人又開始憶起神，不論是永恆之神或自循環中復甦之神。」⓮因此，格奧爾格對於迎接人神同型化，狀似古代神明的新勢力或新法則，絲毫不會感覺倉卒。格氏雖近似霍德林，但格氏對於古老條頓衆神的興趣卻遜於他對古典世界的興趣。他以爲在德意志這片領土上，在獨特而珍貴的德意志環境之中，有某些力量、

某些法則、某些具體化的能量、某些動力及某些過程正在運作之中，也就可以改說是神祇的代理者在運作。格氏將此些具體化事物，或者可以稱之爲神性集中化者，註解爲神之化身，而化身正是神智學思想中，一項有非常重要地位的術語。然而在勃拉瓦茨基所謂的化身，被刻意描繪成一群潛居喜瑪拉雅山間，常人無法得見的神祕主宰，正如耶穌一般，每隔一段時日，就以人形現世，干涉世俗事務。而格氏所謂化身則比較類似散見於葉慈作品之中，更爲象徵性、可變性的角色。

格奧爾格作品中，最重要的一個化身，稱之爲馬克西明(Maximin)，隱示與英文中極大(Maximum)與極小(Minimum)兩詞相關的字，比如所有與空無、最偉大、最渺小、全宇宙(macrocosm)與小宇宙(microcosm)。而這位馬克西明在格氏作品中扮演的角色，非常明顯即是已亡故的克隆貝格爾的一種藝術化的化身。歷經復活及轉化成文學上不死人物的馬克西明展現了所有賦予神明的特質。而這種神性正是格氏個人最珍貴的靈感，同時也主宰了格氏與代表德意志未來的青年人之間的關係。因此在〈馬克西明〉詩篇中曾有一段說：

對某些人而言，你們是小孩
對我而言，你們有些是我的朋友
是我心目中的神明
我滿懷顫抖的渴慕著⑮

至於在名爲〈化身〉的詩篇中則說：

現在你們已變得高大而強壯
原本加諸你們的預言，也都已經實現
你們已經扭轉了我們之間的關係
而我已變成自己孩子的子女⓰

換句話說，透過他自己的文學創作和這些創作靈感所來自的青年，這位詩人得以重生。在〈入祭文〉(*Introit*)這篇詩中，有很清晰的昭示：

認命的我，面對了一道謎題
他是吾子，而吾又係吾子之子……⓱

誰是你的神？我所有的夢裡都有祂
和我看到的一致，既美且傲
祂就是力量，能打破重疊的黑暗
是我們所能賦予偉大的總和
最深層的淵源、最潛藏心底的宣言

唯有自祂之處，我纔能見到它們最純淨的形式
祂以豐沛充塞了我們每條血脈
誰將是第一個被拯救被贖罪的人
祂爲古老的神明注入新氣息
世界上所有的字彙都已經死亡
神籠罩在最高神聖織成的面紗之內
由環伺在身邊的光暈顯示祂的存在
一個新的中心自思想中蛻變而出⑱

對現代人而言，該詩令人有詭異之感，若是了解，本質上這是個人心中神話經轉化納入象徵主義詩體之中。若與葉慈最艱澀的作品《一個幻象》(*A Vision*)所涉及的精妙詩體相較，不僅殊異不大，同時也就不那麼詭異了。在英語文學界，還有一位作家作品尤其可視爲格奧爾格天神化身觀念的前驅，此即巴特(Walter Pater)詩集《想像的形象》(*Imaginary Portraits*)中簡短敍事詩如〈丹尼・拉色瓦〉(Denys l'Auxerrois)和〈在皮卡地之阿波羅〉(Apollo in Picardy)。

格氏對於天神化身的主要興趣完全在他們的世界性屬性，同時以及他們在德意志文化中獨特的展現。格氏所有作品中都有德意志歷史的影子，配上神聖地點和風土人物，如萊茵河與半傳奇性英雄時代中的多姿多彩人物。而這些人物之中，又以中古盛世霍亨史陶芬諸帝最受重視，尤其是諸帝

之中最偉大的一位腓特烈二世，不僅能嚴峻的排斥教宗，並且還在西西里島建立一個多元文化、多元種族的宮廷，爲西方建立了一條橋，通向猶太與阿拉伯的藝術與科學，同時也展現他個人精於煉金術、占星術和其他神祕玩意。一九二七年，格氏學圈一名猶裔學員康托羅維契(Ernst Kantorowicz)曾出版一部迄今仍被視爲定本的腓特烈傳。前此三年，一九二四年時，學圈中若干成員，包括貝索德・史陶芬堡在內，曾前往巴勒摩腓特烈墓朝聖。而祕密德國一詞再度現形。在這位霍亨史陶芬統治者的石棺上，他們獻上了花環，留言卡上則寫著：

獻給他們的皇帝和英雄　　祕密德國敬上[19]

祕密德國一詞不僅是格氏學圈的代號，同時也是史陶芬堡用以稱呼密謀幹部的代號。而「祕密德國萬歲」正是他的最後一句話，是迴響於奪走他生命的行刑隊耳際的一句話[20]。

格奧爾格的典型主題——德意志光輝莊嚴歷史的迴響，對於諸神化身於自然的神聖土地的偏好。還有結合一批精神性質的新貴族，反映出尼采的超人形象。難怪納粹黨工會對他大感興趣。表面上看，格氏給予前述主題的待遇與納粹所爲完全協調一致。此情況同於尼采和華格納。然而格氏作品中還有其他若干素質，亦曾引起納粹的相當興趣。

鈎狀十字架在今日祇有一種主要關聯，立刻讓人將它和第三帝國直接關聯在一起，然而二十世紀頭三十年中，鈎狀十字架是衆所周知的準祕教標記，正如鳳凰標記一般尋常，英國作家吉卜林在其甚多著作封面之上，即印有此一標記。鈎狀十字架源出上古印度教和若干西藏佛教宗派用以代表太陽之標記。勃拉瓦茨基將它改成逆時針方向，外邊加上一個圓環，環頂則立有一個由正、反兩個三角形套鎖而成的六角星(相傳爲所羅門王之神祕標記)，充作個人標記。一八九二年至一九〇〇年間，勃拉瓦茨基作品譯文陸續刊載於某份德國期刊之內，該期刊封面即印有鈎狀十字架。同時若干大亞利安主義的支派，亦採用鈎狀十字架，比如新聖殿武士團和北地學社等。採用鈎狀十字架即是他們誇示自己和印度思想之間的關係，並推想和古代殖民印度次大陸的亞利安人有種族血緣上的關係。

格奧爾格與其學圈中若干成員均曾於出版的著作上，採用鈎狀十字架的記號，作爲個人標記。格氏採用此標記的用意，同於D・H・勞倫斯使用鳳凰符號，做爲個人特質的一種表徵，而也祇有這一種用意。對於其他人而言，很自然的以爲，它代表一種共同的世界觀，甚至被看成大亞利安主義以及後來納粹主義的象徵。

還有一件較他使用鈎狀十字架更爲重要者，則是他與元首一詞及其隱含意義之間的關聯。目前一般咸以希特勒賦予該詞的重要意義係源出格奧爾格㉑。依據《我的奮鬥》(*Mein Kampf*)一書，希特勒自稱首次觀賞歌劇是他在十二歲時於林茲(Linz)所觀賞的華格納的《洛亨格林》一劇。至該劇最後一幕時，洛亨格林曾用「元首」一詞來稱呼布拉班特公爵(Duke of Brabant)，元首一詞原義僅是領袖別無他義。無疑的，由於華格納在希特勒心目中地位非常，而希特勒本人對聖杯傳奇又著迷不已，因此《洛亨格林》一劇中元首一詞含意不能忽視。元首一詞可將他描敍成聖杯武士，也可藉以提升親衛隊地位，成爲現世的條頓武士與圓桌武士的融合體。不過，爲「元首」一詞注入特質，乃至希特勒欣然採用，並僭稱元首的人，不是華格納，而是格奧爾格。

格氏熱中於十二世紀西都修會一位祕教僧人約阿基姆(Joachim de Fiore)所發展出的宇宙體系。約氏對後世影響甚大，比如但丁(Dante)、文藝復興大師布魯諾(Giordano Bruno)、格奧爾格同時期的喬埃斯、葉慈、現代文人中的陶尼爾，莫不受其影響。格氏對七數的執著，與其說源自神智學，還不如說來自約阿基姆，約氏本人對七數的執著則來自啓示錄七個封印部分。約氏將人類歷史分成三個彌賽亞時代，分別由聖父、聖子、聖靈主控的三個階段。聖父時代即是舊約時期、聖子時代則是新約時期，至於聖靈時代依約氏之說，則屬於未來天道時代，將取代傳統的基督教世界和教會。

約氏亡於一二〇二年，去世前數年，曾有流行一則謠傳說，將有一救世主型偉大帝王降臨人世，並將爲歐洲文明帶來轉機和救贖。而謠傳焦點漸漸指向霍亨史陶芬王朝之腓特烈二世。至於皇帝本人則無意驅散此種流言，甚至他和他的擁護者一起積極鼓勵這則謠傳，並且繪聲繪影的爲之舉證。腓特烈甚至宣稱他的出身地爲伯利恆第二，而他本人則是由上帝以培育先知以利亞(Elijah)的方式教養成人(以利亞的神祕歸來是約氏作品中一再強調的主題)。史學家瑞弗斯(M. Reeves)研究所得以爲：「在擁護者心中，腓特烈即是終極的革新救主。」是世界的一位終極革新者、救贖者㉒。他以肩負苦難之心來認同自己爲約氏所說聖靈時代天命統治者。

在描述此一統治者時，約阿基姆採用拉丁文中杜斯(dux)一詞，該詞係引自最早拉丁文約書馬太福音二章六節中「Et tu Bethlehem terra Iuda…ex te enim exiet dux…」。今日約書譯本通常譯作：「猶大地區的伯利恆啊，……有一位領袖要從你那裡出來……」可是用領袖一詞來譯杜斯並不十分妥切。其原義當然更不是該詞日後在英文、法文、義文、德文中的變體「公爵」一詞（duke; duc; duce——墨索里尼用此稱號；Herzog——路德德文約書譯本所採用）所能闡明者。公爵一詞係指貴族中一階，至羅馬帝國晚期方始出現。此前「杜斯」一詞專指領袖。祇是馬太福音中曾賦予該詞某種彌賽亞（救世主）的隱含意義。一位領袖絕非傳統觀念中的首領，而是救世主式首領——一位彌賽亞、一位救世者、一位救贖者，是天命恩寵的積極法則下一位受天命神聖化的角色，由他來展現上帝意志㉓。即使在今日，這層崇高意義和尊貴仍然流存。比如說，英國公爵不論男女，其稱謂不是「陛下」或「聖上」（Majesty or Highness），而是天恩（Grace）。

至於路德在翻譯時，則採用德語中公爵一詞。後來的約書德文譯本則改採較爲妥切的譯詞「元首」（Führer），其意特指彌賽亞式首領。而格奧爾格在《第七個環》詩篇中所採用的，正是這個含意，格氏學圈對於該詞的用法，有時即遵循格氏用法。格氏弟子柯麥瑞（Max Kommerell）於其一九二八年出版之《德意志古典時代的詩人元首》（*Der Dichter als Führer in der deutschen Klassik*）一書中，則撰文盛讚霍德林爲祕密德國預見者，深信祕密德國於未來終將覺醒。同時於該書結論時指格奧爾格爲當代之元首——此處元首即含有彌賽亞之意㉔。而希特勒襲用此一稱號，正是因元首一詞所含豐盛崇高宗教意義。不過他所倡導的救贖原則，顯然與詩中意旨相別甚大。

納粹黨徒熱切宣稱他們獲自格奧爾格者，執意向格氏致敬。紐倫堡納粹黨紀念日和希特勒青年團集會的典禮中，官方都會宣讀若干格氏詩篇。格氏最後一卷詩集《新帝國》，更是被奉爲納粹律法之前驅。格氏本人則被推崇爲先知，預見了一個新時代的來臨，以及預見該時代將呈現之政治與精神形勢。並且不斷的被譽爲德意志自覺與定位的賢明監護人(該自覺與定位在新政權下，將由德國人民充分予以展現)。曾有無數次的邀請與懇求，要他加入納粹黨，而格氏學圈中早有若干弟子已經加入該黨。

格氏痛心察覺到尼采如何遭到利用、曲解、誤用。正當他爲這位被他奉之爲元首並明白將之比擬於耶穌的哲學先輩哀憐(見下引詩句)之際，而他自身也正受到詛咒的傷害。

永遠沉默的規則應予持續
直到那些畜牲，那些用讚賞來玷污他
用惡臭腐物向他施肥的人
那些使他窒息的人到最後不再呼吸之時
你的榮耀必與時共存
你會面帶光冕和血痕，就如同其他領袖一般㉕

而格氏本人未幾即遭逢尼采相同的折磨，祇是格氏是活著承受，痛苦也就更爲明顯。事實上，他厭惡輕視納粹，把他們看成是「他那無從捉摸理想的一個糟糕透頂的諷刺畫」㉖。至於他們逐漸加諸於他的地位使他更覺憎惡，已經到達了他所能容忍的反感和憤怒的極限。格奧爾格本是冷漠、高貴、貴族化、菁英型的人物，向來遠離群衆或任何與群衆有關聯之事，這當然包括了群衆運動，比如共產主義這類專門尋求最低層次公分母，將所有的人性納入暴民層次。同時格氏也向來排斥虛浮，包括代用品、贗品、僞裝、粗鄙、寒酸，以及任何出於精神與創意上懶散而促成的事物，還有對捷徑的追求。同時他也一直排斥他所稱爲普魯士主義(Prussianism)所代表的事物，普魯士主義對他而言不僅象徵軍國主義，也代表服從、一致化、強制、笨拙、官僚、單向自滿、實利主義、唯物主義、枯燥無味、缺乏想像力。

對格氏而言，納粹是集前述大成，把人性和精神降格到新谷底。納粹主義成功的將虛浮和普魯士主義與群衆意識結合在一起。而該黨的附和者一樣有罪，而這種罪行更叫人悲傷。他們竟然踐踏了格氏個人精細思想的神聖園地，然後將這些思想當成他們在進程中所產生的觀念，任意利用。格氏發現自己最高深的最上層的觀點中若干元素竟然像經過哈哈鏡所反射出的滑稽樣子，潛藏於納粹主義之中，而且被扭曲得完全失去原有形狀。就這方面來說，格氏對納粹的不滿主要出於個人因素，不像湯馬斯・曼那種公開決裂。湯馬斯・曼是堂而皇之的擺明敵對態勢，所以不容納粹利用。格氏怨氣則是有感於納粹劫掠並污染了他寶貴自我中最神聖的層面，而這正是支撐他人生的使命所需要的靈感與理念的源泉。因此，他從未遭逢湯馬斯・曼所受到的威脅，而他個人的抉擇則是流放，原因並非出於明哲保身，而是出於極度的嫌惡。

若說格奧爾格對納粹之態度遭世人誤解，遭納粹和日後評論家所誤解，那麼他還有某些態度亦遭到誤解。有時他會被扣上反猶主義的帽子。其實他對於所謂的宇宙秩序論和環繞於此論的種族理論家嗤之以鼻，正因爲他拒斥反猶主義。對反猶主義他表現的態度是傲然的予以嫌惡與輕視：

種族政策並非新玩意，祇不過是十九世紀留下的邪惡傳統。祇有精神而不是什麼血統，方能產生既新且佳的人種。㉗

格氏並非對猶太人或猶太教不滿，他和勞倫斯一樣，對猶太教—基督教的思想與傳統不滿，係針對其價值觀念和態度而發，並非針對民族。就民族成分而言，格氏對猶太人和亞利安德意志人是一視同仁。格氏學圈中即有若干猶裔分子，其中一位後來加入荷蘭抗德運動，日後且死於集中營。一九三三年夏，納粹取得政權後不久，格氏學圈中另一名猶裔女弟子伊迪絲・蘭德曼(Edith Landmann)曾以〈告祕密德國猶裔德人書〉(To the German Jews who belong to the Secret Germany)爲題撰文㉘。蘭德曼女士於文中提出一項偉大計畫，呼籲衆人予以支持，她倡議猶裔德人出走，並以格奧爾格思想爲基石，在海外建立一個理想新社會。

對於猶太教，格氏典型態度是尋求較深層、隱藏於表面之下的動力，而不是肉眼直接可見的東西。在區識德人與猶太人之間的潛在關係時，格氏倍覺痛心。對格氏而言，以爲德人反猶主義中包含的仇恨和偏見，其展現出之強度僅出現於血親和自我認知之中，最足以表徵此種關係者即爲該隱(Cain)和亞伯(Abel)。如果說猶太人眞有什麼罪，那即是他們血緣上太接近德意志人。

在拋棄壯麗的神祇上，雙方是對等。

不論髮色是金是黑，卻都孕育於完全相同的子宮，
每個人都心懷仇恨到處尋覓，卻不知手足是何人，
因此到處徘徊，永遠不得如願以償。㉙

在前述文字表面意義之下，卻隱藏了時下文藝批評所謂的微言深意。而湯馬斯・曼亦曾採用類似筆法。湯馬斯・曼在他那大部頭《約瑟和他的兄弟》(*Joseph and His Brothers*)四部曲中，即是運用微言深意寫成。格氏與湯馬斯・曼相同，都察覺到風土困境會如何促成意識形態和宗教經驗的轉變。而風土與意識之間關係主要代理人則爲風。

希臘字 pneuma 包含意義有數端，它代表精神(spirit)、呼吸(breath)、發散(exhalation)、風(wind)。格奧爾格意識到前述各項含意彼此之間的關聯，最遲自約書成立時代以來，有一共同點，即在祕教思想歷程中佔有突出地位。風的含意相當文學化，代表上帝的呼吸，上帝的精神。即上帝各項展現中最爲接近生理表象者。至於約阿基姆更以爲風即是聖靈時代將至之傳呼官，晚近陶尼爾亦曾對此主題有所建樹。

舊約傳道書十二章第七節提到一種令人畏懼的沙漠熱風(Ruach)，即是代表死者靈魂或氣息歸回上帝時景象。至於上古以色列人而言，熱風即是上帝憤怒時氣息的文字描敘。而湯馬斯・曼則立論說，有足夠語源基礎可以證明 Yahweh 源出熱風，進而轉化成耶和華(Jehovah)，而渥頓情況亦同，其名即源出渥德(Wode)，古德語中狂風一詞，即呼嘯於古代德意志森林的凜冽北風，以女武神

(Valkyrie)一般尖喊聲刺人耳鼓。

而渥頓和耶和華亦逐漸演變成憤怒之神，成爲力量、尊貴、輝煌壯麗、戰爭、征服之神。正如狄密爾(Ceceil B. De Mille，電影《十誡》製片家)動員數以千計演員和壯麗特技所表現的效果一樣。渥頓與耶和華皆予人一種特殊畏懼感，而敬畏神聖之心油然而生。二者均源出於本質上無形無相之風神，均能發散出壯觀和嚴峻的實體性恐怖力量。對格奧爾格而言，形式有無比重要性，所以對他而言，古典世界雕塑的人神同性同形下的諸神較由風所生之抽象神祇更能與之相合。

不僅親納粹和反猶主義的大帽子爲人誤置於格氏頭上，同性戀的帽子也是一樣。他和克隆貝格爾之間，雖然揣測之詞紛紜，但事實上並沒有任何同性戀肉慾關係，而哀悼克隆貝格爾死亡的詩篇中所顯示的愛，實在很難說成愛情式崇拜，倒反而像是父執輩的關愛與柏拉圖式精緻的靈魂交感。同時也沒有任何證據顯示格氏一生關係之中存有同性戀。雖然他對異性興趣不大，但在十九世紀九〇年代曾和艾達·科布倫斯(Ida Coblenz)有一段爲時不短的情緣，祇是這位女士後來嫁給了格氏學圈一名成員。格氏既非同性戀者，亦非無性愛的異性戀者，而是將性愛予以昇華，完全進入純美、純形式的崇高理想境界。

格氏的非性愛可藉由湯馬斯·曼小說《威尼斯之死》(*Death in Venice*，志文譯本作《魂斷威尼斯》)中的主角奧森巴赫(Gustave von Aschenbach)予以說明。湯氏這本小說最爲強調它並非是對同性戀的個案探討，不論是隱伏性或表現性，與維斯康堤影片所傳遞的訊息大爲迥異。《威尼斯之死》的眞正主題是一種人格嚴正的嗚告，闡述一個帶著單純心靈和宗教熱忱職業觀的人，如何致力於精神和藝術層面的尋覓。然而這種專心致志的努力，無疑會導致人格在其他層面的付出。而後者正是嚴峻否定和抑壓表現的利器。使人格在心靈空虛的忽略之下潰爛，最後變得腐臭、頹廢。

湯馬斯・曼告訴我們，奧森巴赫這種以修道者之心致力於藝術的態度，使他的生活像在持續緊握的拳頭中度過。小說所要描敘的是在一種毫不間斷的壓力持續之下所造成的疲憊，在任何一種觸媒影響之下，緊握的拳頭就會鬆展，而人類經驗的各個層面，曾被長久腐蝕而拒絕展現，就會突然強烈爆發，盤據了整個意識的前緣。奧森巴赫以宗教熱忱將其生命奉獻給美的形象。當他受到誘惑之時，並非是性愛或肉慾，而是被他一向崇拜的純淨、古典希臘式美的具體化身所引誘。使他醉迷不已的少年，完全符合格氏所指的天神化身觀念，然而這位少年可以是一位女性、一隻動物、一棵樹，或是一處景觀。祇是在人形之中，似乎較易獲致美，而又以在男性身上更具隱喻效果。

《威尼斯之死》中的同性戀，本質上應是一項隱喻，而非心理現象的內在探討。眞正的問題應是奧森巴赫的自暴自棄和因此產生的頹廢。一九一一年作此書時，同性戀祇是湯馬斯・曼所能找到關於自暴自棄和頹廢的最驚人隱喻，而奧森巴赫於自我心失控進而被其疏忽層面主控之時，可能已經採用過多重展現方式來予以控制，包括了放蕩的異性戀、賭博、酗酒、陷溺於藥物使用等。

經常有人以爲奧森巴赫這個角色是基於馬勒(Gustav Mahler)而來，縱非全部也是部分。而前述說詞更因教名相同而爲之強化。但是也有若干根據以爲是出自格奧爾格，湯馬斯・曼曾形容他是具有高傲和教士氣質的人。而奧森巴赫一直過著拳頭緊握式的生活，因此使他成爲文化英雄，成爲青少年的燈塔和典範，這與格奧爾格相類似。很明顯，由於格氏在奧森巴赫的身上找到許多屬於自己的形影而頗感不快。他曾宣稱《威尼斯之死》是「陷溺於腐化領域的極致」，湯馬斯·曼亦曾滿面愁容的帶著共鳴之心承認此說㉚。對格氏而言，曾在一九一一年寫說，對於人形古典美的崇拜是相當崇高而有價值的，若是出於同性戀的吸引，即使不曾眞實遂行，也是一種腐化，該受譴責。正如奧森巴赫，格氏所過的就像緊握雙拳的生活，但不同的是格氏的拳頭從未弛張。

當格氏被問以構成他最偉大工作的要素是什麼時，他的答案在如今已成爲名言：「我的朋友。」格氏觀念中友誼一詞的概念與常人所認知者不同。對格氏而言，其代表熱忱、信賴、熟稔和誠摯，同時也含有冷淡、間距和分離，而是一種宗教導師與弟子之間的關係。自弟子們的奉承與忠謹中，格氏獲得賴以維生的素質，卻又刻意的讓自己保持距離和心理上的神祕感。格氏學圈討論會始終環繞著觀念與問題，就算涉及到私人生活，那也祇是他的跟隨者的生活，而從不談他個人生活。格氏將朋友看成他個人激勵的源泉，看成一種可用以塑造的材料，有待他來塑形訓練，而他與他們之間關係的本體即是一件藝術性成品。

至於格氏弟子之中是否有人把這種關係看成單方面或自私色彩，是可能令人懷疑的。不過任何人都不能否認格氏態度中的利他主義。雖然他本人絕非屬行動派，他給予弟子的印象，縱非是能翺翔天際的神明，至少也是像佛陀一般的身體寂然不動。不過他的教誨一再堅持、強調弟子們必須有所行動。他們將是德意志未來的監護人，是一群獨特的菁英骨幹，是經過精心培育和磨練的領袖人才。對這批骨幹的訓練和培育，格氏視之爲個人的使命，是個神聖義務，是他個人對德意志，甚至超過德意志，對全人體的精神與文化，以及其上之宇宙、任何神祇，或任何主宰原則等，必須遂行的責任。

當然，格奧爾格自命不凡所承擔的角色，亦曾出現於古典時代。就某些層面來說，格氏學圈表現的是古代柏拉圖學院的現代版本，而格氏所扮演的正是蘇格拉底式的教師，是導師也是聖賢。格氏本人可能不見得歡迎這種比擬。因爲柏拉圖式思想過於抽象，不適合他的品味，同時柏拉圖作品中所顯示的又與現世眞實世界距離過遠，與行動世界距離過遠。

對格氏而言，格氏學圈眞正的古代前驅(至少是就祕教傳統來說)，應該是與畢達哥拉斯相關的學派。畢氏教誨在精神與神祕領域均較柏拉圖思想深妙，但也更爲堅實，比較強調現象世界與虛無之間交織而成的關聯系統。更重要者，則是畢氏學派的學園並非寂靜主義，也不孤立於世俗生活之外。其學園在一般看法中，所謂的神祕與魔法取向，不過是哈洛(Harrow)、伊頓(Eton)這類學校的前驅，挑選一批年輕人爲骨幹，施予訓練，裨於將來足以擔負各種公職，如公共服務、政府部門、行政體系、軍隊等，並爲在其中扮演積極角色作準備。

不論柏拉圖學派和畢氏學派之間差異如何，總之，我們所討論的層面來說，格氏學圈的雛形的確存於古代希臘。而參照古典時代觀點的理念也存於他對古典世界其他方面的興趣之上，比如說異教思想和對猶太教—基督教傳統的嫌惡。雖然對該傳統嫌惡，可是卻抓緊其中最關鍵的一面加諸於他本人異教思想爲主的世界精神之中。此即必須經由自我犧牲方得通往精神拯救和救贖之途。儘管他對猶太教—基督教傳統懷有敵意，但他的犧牲觀念源出前者是清晰可見。同時爲了能清晰表達他的觀念，他也毫無歉疚的利用猶太教—基督教的語彙、想像和象徵主義。

至於克勞斯和貝索德，史陶芬堡兩兄弟，貝索德曾經表示：「正確無誤的說，我們兄弟並不能稱之為眞正的天主教徒。我們不常去教堂，也不去告解，舍弟與我均不以為基督教能產生任何有創意性的東西。」❸❶然而史氏兄弟出生於、教養於天主教家庭，縱使他們對己身信仰並不熱心，不過終其一生，仍自視為天主教徒。而他又如何能同時容納原有的也許是表面上的基督教信仰和格氏獨特的祕教主義與異教思想的混合品？似乎格氏的犧牲觀念正是這個問題的一項解答。無論是史氏兄弟或學圈中其他分子，犧牲觀念即是傳統教派與大師思想間的橋樑。由於犧牲觀念，基督教信徒能自異教思想中獲取新的能量與動力加入自己的信仰。由於犧牲觀念，格氏異教思想獲得了一項元素，使它可以為人接受、尊重以及正當化。因此它不容人貼上「破壞性」、「不道德」、「反社會」的標籤，比如說像D•H•勞倫斯思想所遭到的命運。

一九四四年七月，顯然大局已不容克勞斯僅承擔反第三帝國政體密謀的指揮與協調工作。他個人必須採取行動，肩負起親手行刺希特勒的重任，不消說這是一項近似自我犧牲的行動。七月初，史氏曾興起一種想法，以一項共同誓言，將密謀核心分子凝合在一起，此策目的可能是為了一旦他身亡，衆人仍能凝合不散，繼續致力於大業。他曾就此事與其兄貝索德，還有法納兩人商討，並請他們草擬文稿。文稿擬就後，由貝索德的祕書打字成文。原件已失，可能毀於七月二十日事件之後。然而法納卻留有一份照相影本，由其女友保管至戰後，影本上仍可見克勞斯的親筆修訂痕跡。一九五二年曾公布一部分，一九九二年時始全部公布。該文件反映出甚多格氏的教誨與詩篇。其中最核心部分如下：

我們期望一個新秩序，於其之下所有的德國人向國家負責，而國家則保證以法律與正義回饋人民。我們不會謊稱人人平等，我們承諾的是一種天賦之下的階級體系。我們要使一個民族能根植於其本土，接近自然力量，能自本身環境中尋獲幸福與滿足，並能在自由與自傲中克服羨慕、嫉妒的基本本能。我們期望來自全國各地的領導人物能和衷共濟的在天賦能力之下，以他們高貴的精神、紀律和犧牲爲其他人樹立榜樣。㉜

爲了展示高貴的精神、紀律和犧牲的教義，格氏詩篇中的紀念碑——〈祕密德國〉，應予全盤錄出（但需附筆提醒，沒有任何一篇詩的譯文，尤其是下列這類詩的譯文，能將原文的效果完整表現出來）。

讓我站在你們的邊緣
隔閡，但不必沮喪

在那裡有不可抑制的貪婪
已經蹂躪了每一寸大地
由赤道及於兩極
厚顏揮舞著冷酷無情
憤怒眼神和主宰霸氣

籠罩了世界每個角落
在令人窒息的房間內
令人恐懼的房舍之中
瘋狂已經尋獲某樣東西
在明日足以毒化地平線的各面
包括在帳幕中的牧羊人
包括在荒野浪跡的遊牧者

在那裡已經不存有
多石的森林谷地的母狼
歷經艱辛的哺育，授乳給雙生稚子
也不再有杳無人跡的島嶼
也不再有處子般的花園
充作孕育偉大的萌芽場所

在痛苦極至的軌跡中

權力傾軋沉重的打擊著
莊嚴優雅的天體
洩漏出它們的終極機密
它們改變了事物的法則
在舊的空間上建立起一個新空間

一朝南下至海邊
我躺在圓石上
我內在精神近來不斷折磨著
破曉天際逐漸越過橄欖樹叢
帶著羊蹄的正午幽靈
閃爍不定的震撼著我

如今你們的眼睛益發能辨識
去！去尋覓屬於你們的
神聖大地和原始土壤
充塞於沉睡中的山窪

而各地都似無路可通
黑暗得就像最茂密的森林

光明美夢的各個齒輪
將我帶到深淵邊緣
他們告訴我有位來自多岩海岸的人
經常看見奧林帕斯山上的衆神
在黎明的光芒下天堂分裂了
爲何憂慮的洪水氾濫於他的靈魂之中
滙聚成奔放的激流

來自各方的瑣事充塞於市鎮之中
告示張貼於石柱上、張貼於牆壁嵌板上
人們驚嚇得瞠目結舌，趕忙走避
沒有人把目光放在偉大的事上
神祕事物在搖墜的建築和街道中穿越而過
惡魔正在徘徊覓食

冬季，他站在燭光照明的大廳中
他那微顫的雙肩躲藏在摺疊眼鏡之後
在花環葉片間，他的雙頰似火
就在愚者的凝視下，神明隱去身影
沐浴在溫暖芬芳的春風裡
佇足於花朵鋪砌的大道上

聽者熟知這位人士和事情
在歡天喜地的舞曲聲中，和群衆玩著球戲
獵人亦停止狩獵，此刻他公然的宣稱
用他那口吃的雙唇，以他那使徒般的外形
在乳白天體的閃光前他嚇呆了
這已經超過我的領悟，我無言以對

然後，向前即是秩序與和平的領域
可是一個硫磺味之夜，騷亂被釋放出來

帶來了戰爭的衝突和喧鬧
各個世界都陷入臨終前痛苦的抑鬱之中
傾毀的地帶和陰影之下
釋放衝鋒者的銀蹄

我遇到了他這位金髮人士
他面帶微笑還有大方安詳的臥姿
凡是他所到之處，所有人均予以讚美
他是幸運的寵兒，可是後來他卻坦承
他的元氣耗盡，不能給予朋友力量
他的生命祇是一連串的施予

我敬愛他，我的血在他的血管中流動
他唱出的歌聲僅次於最佳者
當他失敗時，誰會空閒的打碎他的笛子
去獲取他曾經奉若神聖的珍寶
誰會將之與無名大衆分享

並且低下前額朝向桂冠

在全國各地，在道路上，在廣場中
祇要我在那裡觀察，我就會詢問
向有千百隻眼的全知謠傳詢問
你有沒有聽過這樣的人
雖因驚慌而感到嫌惡，他還是提出回答
我聽到過許多，但這是前所未聞的

讓我登到你的高度、頂峯
而且不被摧毀

接下來是誰，是你們弟兄中的何人
對警告之聲不覺驚恐而是懷疑
你們最重要的主張是什麼
你們如今最珍視的是什麼
都變成秋風之下的樹葉

注定走向地獄和死亡

祇有神聖的大地
在隱蔽處的沉睡中孕育
在最深層的溝渠中渴慕
遠離那些貪得無厭的衆手
在今日，非凡人物無能有所掌握
他們卻能使明日命運更加豐富㉝

本詩是格氏最後作品之一。該詩賦成於一九二八年，並於學圈一次特別聚會中大聲朗讀而出。同年本詩與其他作品彙編成書行世。此後，格氏在世最後五年之中，不曾出版任何作品。格氏言盡於此，而〈祕密德國〉一篇，誠如篇名所示，竟是格氏告別文壇宣言，也是格氏一篇證詞。曾有見解以爲針對格氏學圈若干分子，該詩實爲一篇以暗語下達之工作計畫，一旦大師缺席，即以該詩作爲進行大業的工作指南。

至於史陶芬堡個人觀念中，是否作前述想法，現在已不得確知。或許史氏是以某種特殊、象徵，或玄妙的角度體會該詩，察覺該詩係給予他個人之交代？尤其是日後，他發現詩篇與他身處環境竟有太多吻合之處，於是他就採用該詩篇之名作爲整個密謀系統的代號。在後見之明的透視下，縱使其中存有某些詭異，讀者們仍然可以認定該詩作用即在於此。

一九四四年春季、夏季，尤其是距離七月二十日爆炸行動的日子愈來愈近時，史陶芬堡明顯的感覺他與格奧爾格的精神更爲接近。此際，他經常引述〈反基督〉和〈悼亡者〉中的詩句，如：

當未來人們蒙受羞辱鍛鍊之時
他們的肩頭將從奴役的桎梏中釋放出來㉞

同時〈聖殿武士〉的詩句也一定經常盤旋於他的腦際：

我們之中祇有一人能完成那必要的轉變
或是去執行那項冷酷無情的功績
災難之聲響起時，他們將召喚我們
對於我們的痛苦，他們卻祇會扔投石塊和詛咒㉟

七月二十一日凌晨，史陶芬堡和其他三人一起遭槍決，隨即迅速掩埋。可是當日稍後時刻，又將屍體挖掘出來，予以火化，並將骨灰撒落田野。而史陶芬堡經常戴著的兩件手飾卻告失蹤。一件是他妻子娘家所留存的古十字架，另一件則是一枚相當重的金戒指，他把它戴在左手殘存的手指上。戒指上有陽紋銘刻「FINIS INITIUM」。此只戒指是他個人與格奧爾格盟誓的紀念物。上面銘刻意思是「終了和開端」，出於格氏一九一三年出版的《盟誓之星》（*Der Stern des Bundes*）詩集中一首詩的最後一行。

我是一，我是二
我是子宮，我是父
我是影子和實體
我是束薪和火焰
我是弓，我是矢
我是先知也是他的預言
我是鞘，我是柄
我是豐饒和困苦
我是死者和凶手
我是象徵和實相
我是祭壇和禱者
我是終了和開端㊱

註釋

❶格奧爾格：《文集》，頁三六三。

❷同上，頁三六五。

❸班奈特書，頁一二。

❹葛德史密斯書，頁一二〇。

❺格奧爾格：《文集》，頁二三八—九。

❻同上，頁三三八。

❼霍夫曼：《克勞斯·封·史陶芬堡及其兄弟》，頁六五。

❽同上。

❾蘭德曼：《回憶格奧爾格與尤利斯及伊迪絲·蘭德曼之友誼》（*Erinnerungen an Stefan George seine Freundschaft mit Julius und Edith Landmann*），頁一三七。

❿蓋伊：《威瑪文化》，頁五〇。

⓫格奧爾格：《文集》，頁三七八。

⓬同上，頁三〇九。

⓭同上，頁三六二。

⓮同上，頁三六三。

⓯同上，頁二五七。

⓰同上，頁二六七。
⓱同上，頁三一八
⓲同上，頁三一九。
⓳康托羅維契：《皇帝腓特烈二世》(*Kaiser Friedrich der Zweite*)。
⓴另外一種英譯則爲「我們的祕密德國仍活著」。
㉑波夫拉(Bowra)：《象徵主義之傳統》(*The Heritage of Symbolism*)，頁一四〇。
㉒瑞弗斯：《約阿基姆與預言家的未來》(*Joachim of Fiore and the Prophetic Future*)，頁六二。
㉓一九九二年十月十一日於基爾與弗倫道夫之訪談。有關此一觀點之討論，參見其所著《返回樂園修會建造新耶路撒冷？》(*Rückkehr zum Paradies oder Erbauen dies Neuen Jerusalem?*)，頁一九二—三。
㉔同❼，頁六六。
㉕格奧爾格：《文集》，頁二一九。
㉖蓋伊書，頁四九。
㉗克拉馬茲書，頁二八。
㉘蘭德曼書，頁一三六。
㉙格奧爾格：《文集》，頁三二六。
㉚湯馬斯．曼：《書信集》(*Letters*)，頁九六。
㉛齊勒書，頁四四八（註一四），引《密謀之影像》(*Spiegelbild einer Verschwöring*)，頁四五五。
㉜齊勒書，頁三九五。誓言全文見霍夫曼：《克勞斯．封．史陶芬堡及其兄弟》，頁三九六—七。

㉝格奧爾格：《文集》，頁三七一—四。
㉞同上，頁三九八。
㉟同上，頁二三九。
㊱同上，頁三二二。

第五篇

二十世紀的英雄主義

13 班德勒大道上的中庭

最後，人們若憶及那個午夜稍過時刻，一九四四年七月二十一日凌晨，位於班德勒大道作戰署中庭，來福槍射擊聲夾雜著「祕密德國萬歲」的高呼聲，似乎仍在周遭迴廊縈繞不散。自然也就令人憶起前三、四個小時的歷程。

七月二十日傍晚，顯然希特勒仍好端端活著，密謀算是徹底失敗，再有任何努力亦屬枉然。然而此際史陶芬堡仍奮鬥不懈，好似仍有成功機會。即使大勢已去，他仍懷一線希望，試圖挽回頹勢，繼續爲大計奔忙。最後仍是以事敗身亡收場，不過卻未見失意沮喪，更非絕望喪志。不僅肯定之情不曾稍減，反而在姿態上帶著勝利雄風。若是公開處決，觀衆、證人滿布周遭，這種姿態尙可解釋、尙可體會。可是處決係於深夜私下進行，前述姿態又表現給誰看呢？

新教教義中，曾引介所謂「工作倫理」，強調行動。然而行動次於結果，結果纔是展示與衡量成就的終極標準。成功即是上帝恩寵的最佳證明，因此也就是美德的證言。凡成功者必爲美德者，反之亦然。成功與美德二者根本即異詞同義。

而培育、訓練、塑造史陶芬堡的環境則異於前者，是一種更爲精微而又邏輯化的環境。先是天主教傳統下的邏輯，後來又加上格奧爾格綜合性思想，而且強調犧牲的邏輯。如果說新教邏輯是實用主義(pragmatic)，而格氏及天主教會的邏輯基本上可視之爲詩意。依據詩意邏輯，象徵性姿態比重同於實質行動。事實上，在道德與精神平衡上，姿態比重則更大。甚至其本身就足以構成一項救贖原則，而無視於是否擁有任何成就。以聖徒與殉道者爲例，其行爲在實用立場上往往徒勞無益，卻因其姿態能引起詩意上的共鳴，反而經常受到尊崇。他們所遵循的典範即是西方傳統上最能彰顯此種姿態的人物——耶穌本人。

當然，此說並無意將史陶芬堡視爲救世主型人物，也無意指他自以爲是這種人物，更無意說他所覓求的目標就是殉道烈士的象徵意義。事實上，他是道地的行動派。他期盼密謀能達到實質上與象徵上的雙重成功。他若有意，很容易即可藉由他個人犧牲來確保希特勒的死亡，就像布奇、克萊斯特兩人身懷炸藥所預備走的道路一樣。然而史陶芬堡卻以爲他必須讓自己活著，此非出於苟全個人性命，保命是爲了確定密謀整體目的得以完成。

不論史陶芬堡或其他許多密謀同志，顯然詩意邏輯均在心中佔有重要地位。根據此種邏輯，一旦實質行動失敗，象徵性姿態至少還能挽回若干勝利成分。在實質性政治範疇或世俗歷史之中，密謀結局可能徒勞無功，一無所成，然而在道德與精神層次，以它作爲一個象徵性姿態，則可能產生另一形式成就。就德國整體利益而言，它可以成爲一項償罪行動，若缺少它，就無救贖可言。因此不免會回想到崔斯考之言：「誠如上帝一度向亞伯拉罕保證，祇要能在城中找出十個正義之士，祂

就會寬恕所多瑪。我有足夠的理由期望，因爲我們的緣故，祂將不摧毀德國。」❶

促使史陶芬堡堅持到底的動力又爲何呢？當然不是要讓全世界知道還有好的德國人存在的這種膚淺宣傳說詞。史陶芬堡的動機顯然高貴多了。他希望對德國有所救贖，裨能對德意志歷史和文化中一切有意義值得嘉許的事物有所彌補，對霍亨史陶芬諸帝和中古盛世的成就有所彌補，對路德和宗教改革有所彌補，對哥德、席勒、霍德林、諾瓦利、格奈森瑙、瓦登堡有所彌補，更重要的則是對格奧爾格有所彌補，格氏作品於無意中對於德國遭此大劫也有推波助瀾之嫌。史陶芬堡和不少參與密謀同志一樣，也由爲了後代的觀點來正視自己的行動。他自覺的把德意志的罪孽一肩扛起，不惜犧牲性命。而我們即是史陶芬堡犧牲以衞的下一代。就這個角度而言，我們認定他所做的犧牲，班德勒大道中庭達於高潮的那幕戲，並非失敗，而應予神化。

從另一個角度而言，七月二十日所發生的諸事以及周遭環境，祇不過是二十世紀中一次政治密謀，而且還是一次失敗的密謀。它立意雖佳，甚且堪稱高貴，但它仍是挫敗。對於扭轉整個大形勢並無助益，至多也不過成爲歷史上一個小註腳。如果人們換一種角度和價値來觀察呢？如果將焦點由密謀本身轉移至史陶芬堡和他那一類人身上呢？如果目光不集中在七月二十日行動，也不是戰爭整體，而是一九三三年以來的整個景象呢？其中包括史陶芬堡組織一批榮譽護棺隊，阻止德國官方將詩人遺體運回德國進行官式葬禮。同時也包括史氏大膽的自史齋契演講會中途離席而去。包括佔領捷克時期，爲地方民衆提供食物和其他維生物資所做的人道努力。還有他在波蘭爲兩名農夫遭任意處決一事召請軍官調查，他對親衛隊和親衛隊作爲所進行的個人聖戰。更包括他在榮譽、尊嚴、騎士精神遭到嚴重破壞環境中，仍能勇敢的堅決加以維護。以及重傷住院療養期間，他認淸己身責任時所作的暗示性陳述：「既然到現在爲止，將軍們都還沒有行動，那就讓下一階軍官來做吧。」❷

本書中出現的故事，並非僅是一段挫敗密謀的故事。而是一個卓越出衆的德意志偉人的故事。在他身上反映出德意志集體定位危機，以及他個人顯示在他祖先格奈森瑙的軍事民族主義與哥德的致力於精神、文化理念之間的調和。同時也是一個能爲現代介於「思想人」和「行動人」之間鴻溝搭橋人物的故事。就這些方面來看，他個人的事跡爲第三帝國的歷史帶來昇華。這種昇華不僅適用於德國，也適用於今日我們全體。

在自我察覺、自我意識、自我疏離到來之前，行動本身就已足以識別與界定英雄主義，是以荷馬能夠讚美奧德賽(Odysseus)智慧豐沛計謀多端。修昔提底斯(Thucydides)能夠引用伯里克利斯(Pericles)在伯羅奔尼撒戰爭第一年年尾的一次葬禮上的演說：

> 我們可以冒險，在同時間內，還能對我們的行動預作評估。其他的人勇敢，可是卻出自魯莽，當他們一旦停下行動開始思考，他們就開始恐懼。眞正的勇者，必是眞正了解甜美生活和災難生活，同時卻能勇往直前面對未來的人。❸

雖曾有這樣崇尚智慧的表態，然而古代英雄，卻有另一種顯現，比如《伊里亞德》（*The Iliad*）中的阿奇利斯和愛爾蘭史詩〈厄斯特之紅色分枝〉（Red Branch of Ulster）中的庫邱林（Cuchulain），都是出於魯莽的勇者。他們的勇敢充其量僅不過較無理狂怒稍好，屬於相當幼稚性的發脾氣。除了偶有粗略戰術上的狡猾，阿奇利斯和庫邱林是達於極至的蠢蛋。然而在他們那個時代環境中，勇敢與戰技能耐就足以名列英雄榜。它們是美德之一，甚至還被捧成最高美德。它們係單獨存在一項特質，根本與任何美德或價值體系毫不相涉。以他們來說，在戰爭時，連政治也僅是枝節問題，戰爭已經簡化成兩個拳擊手對決的層次。

當涉及文明、文化和良知時，伯里克利斯演說詞中對智慧所做的闡述，就變得更有意義和關聯。於是就產生一種新需求，講求所謂的戰略，承認不能光爲勇敢而勇敢，同時也應該將影響、後果、成效包括於其中。更重要的則是同時有一種道德性的訴求。

舉例而言，今日皆以爲單就勇敢自身，能不能構成美德還是個大問題。反而倒是被當作愚昧透頂的旁枝或本體。或是將勇敢當成某種應予譴責、邪惡、殘暴惡行的旁枝或本體。若是將勇敢視爲美德，由於它缺乏其他的美德一如道德，或在帶點譏諷的權宜觀念下以結果來衡量手段之正當與否時，勇敢自身也就很容易遭到否定。有許多親衛隊，毫無疑問相當勇敢，而今日愛爾蘭共和軍也有不少人很勇敢。但並不因勇敢而使他們得以在旁人眼中不致被視爲道德破產、卑鄙無恥、令人厭惡。在現代人腦中，任何人若表現出勇敢行爲，成爲追求勇敢而有所爲之時，皆不能因其勇敢表現而得以自動有意義或使其行爲得以合理化，或產生救贖。

就這方面而言，我們要求(至少是理論上)行動得有道德配合，因此可以說人性大有進展。可是這種進展卻也帶來了新問題，若是警覺到行動需有道德配合，這層警覺亦足以盤查所有的行爲動機，最後將導致行動癱瘓。在下令美國動員加入二次大戰時，羅斯福曾指出，我們所需要恐懼的即是恐懼本身。警覺可以使人對恐懼產生較大恐懼，甚至大於對激生恐懼環境的恐懼。縱或非經由自身經驗，至少也會由書籍或影片中熟知這種情況，一位士兵對敵軍槍火的恐懼尚不及他對自身內在某些東西的恐懼，這種東西可能使人在緊要關頭面對著敵人槍火時驚慌失措。雖然膩味，但的確是衆所周知的事實，若是一個士兵開始質疑讓他參戰的理由時，或是預想他個人陣亡情況，或想像他被槍彈、炸彈、地雷擊中時他的感覺將如何時，自然會降低他的戰鬥效率。他的道德意識可能會衰頽。他可能會變得驚慌失措，甚至僵硬不動。在此情況下，英勇不在於克服外在的敵人，而是克服自身內在情緒，也就是一種自我控制。

比如在十九世紀的主角——浮士德、《戰爭與和平》一書中的安德烈・包康斯基王子(Prince Andrey Bolkonsky)、伊凡・卡拉馬助夫(Ivan Karamazov)等，都展現了這種自我征服。正因此而奠立了他們的英雄地位。同時在自我征服過程中，並解決了十九世紀末康拉德(Joseph Conrad)所舉陳介於「思想人」和「行動人」之間的鴻溝。

前述小說人物所達到的成就，在眞實歷史中也有相類的事實。至少自路德帶起宗教改革以降，所謂文藝復興人——能在思想與行動上膽大包天的人，就成爲西方文明的主角。比如英國伊利莎白時代的高齡軍人兼詩人席德尼(Sir Philip Sidney)、發現家兼探險家的雷利(Sir Walter

Raleigh)。十七世紀時人如魯伯王子、瑞典王古斯塔夫(Gustavus Adolphus)、華倫斯坦(Wallenstein)等。十八世紀時的普王腓特烈大帝，於戰爭餘暇，猶能向伏爾泰請益，又作曲賦詩，研究哲學。至於十九世紀時則有納爾遜和拿破崙。而美國內戰期間那些既能猛衝又懂反省的將領，如有「灰鬼」(Grey Ghost)之稱的摩斯比(John Singleton Mosby)等，還有波頓(Sir Richard Burton)的冒險與萊卡特(Ludwig Leichart)的探密，簡直就是懷特(Patrick White)小說《沃斯》(*Voss*)的前驅。前述的人物都擁有能思想能行動的稟賦。也就因他們在這兩方面的態度而衍生出他們的英雄地位。

而目前這些都變成陳腔濫調，二十世紀以來，英雄主義已經式微，不祇是阿奇利斯和庫邱林的原始英雄主義，連文藝復興人的英雄主義亦復如是。造成此種現象因素甚多。英雄主義在一次大戰的影響之下，正如戰後德國貨幣一樣，大舉通貨膨脹，英雄主義不但頻遭貶抑，價值亦大幅滑落。西線戰局陷入長期膠著狀態中，沒有什麼機會提供給突出而肯定的英雄行動。任何人只需稍加使勁，就可成爲英雄。甚至不必親率士卒做局部性衝鋒，也不必大膽表現。任何人祇消在壕溝上緣把頭舉得高一點，或像薩基(Saki，編註：英國諷刺文學作家，一八七〇—一九一六)筆下大家都相信的故事，祇是用一根火柴點燃了三根香煙，就足以使人變成烈士。由於英雄主義方向如此花俏，又如此容易成就，乃至英雄主義觀念也就自然不受信賴。

此外，中產階級媒體機構，在語詞上的濫用，同樣也促成英雄主義貶值。在《沒有品質的人》(*The Man Without Qualities*)一書中，主角叫烏瑞克(Ulrich)，他的姓氏則因不使其父難堪之故而予以省略。烏瑞克是一個沒有品質的人，因爲在他的良知中，至少也是潛伏在心中，擁有一切的品質，可是彼此抵銷的結果，等於沒有任何品質。因此帶給烏瑞克一個惱人現象，他的生命有何用，還有更痛苦的問題，他該成爲怎樣的人。有一陣子，他曾考慮成爲一個重要的人。可是這種想法不免太含糊。於是念頭一轉，他可以成爲一個天才，而他以爲自己具備足夠資格這麼做。可是由於媒體上對這個語詞的用法再次使他的新念頭受到挫折。

> 説什麼足球場上的天才、拳擊台上的天才，早已成爲習慣用詞。雖然報紙的專欄裡有成打的發現家、歌唱家、作家，不過此時還沒有出現網球場的中場天才或戰術天才。這種新流行在目前分量還不足。就在此時，烏瑞克不知在那兒讀到一個句子：「賽馬中的天才。」這句詞讓烏瑞克好像吸入一口隨風而來的靈氣。那是一篇成功的觀察賽馬的報導，而執筆者顯然不曾察覺他筆下包含的現代感精神所帶給人心的偉大激勵。烏瑞克立刻抓住了他這一生生涯與賽馬中天才之間的關聯。對騎兵來説，馬當然是最神聖的動物，他年輕時在軍營生活中，除了聊女人和馬，他幾乎沒聽過任何其他事物。因此促使他改變成爲要人的念頭。經過多方面努力之後，如今終於有資格認爲自己已經接近雄心壯志的高峯，他好像被先抵達到那兒的馬匹拉上雲端。❹

慕席爾以譏諷的筆法展示出天才這個語彙及觀念是如何遭媒體文販的貶抑。而英雄一詞及英雄主義這個觀念在慕席爾之世，亦曾遭到同樣貶抑。如果體育記者能說出賽馬中天才這樣的話，他也就自然能寫出，馬匹在最後衝刺時曾有英雄式的努力這樣的話，事實上是經常這麼說。若被拿去與馬做類比，足以使人對成爲天才斷念，自然也就能讓人對成爲英雄斷念。

依美國最流行的說法，英雄主義觀念即表示「一個人能表現出不同」。在這層定義下，英雄即是某個人的行動在某種程度上與他人有所不同。荷馬的《伊里亞德》，特洛伊戰爭的結果主要出自阿奇利斯和奧德賽這兩位英雄人物的行動。當社會變複雜時，指揮系統遂變得相當薄弱和複雜，而決策制訂過程也就更加集體化和職官化時，能表現異議的機會也就益形減少。到了二十世紀，具決定性這類的英雄行動的範圍更爲大幅縮小。以一次大戰西線爲例，可有任何人足以被視爲展現了不同，或偶爾不同。任何人皆可能救助某位同事、摧毀一處機槍陣地、佔領某段壕溝。然而這種功績，除非是經常不斷大量表現而足以成爲例常作業，否則不能對大形勢有所扭轉或決定。

在二十世紀世界裡，統籌思想和行動裨能達成某種不同決定的這種英雄主義前景如何？是否能如同前世紀般盛行？今日人們已不能扮演厄普（Wyatt Earp，編註：一八四八—一九二九，美國神槍手）那種隻手可以肅清類似道奇市（Dodge City）、墓碑鎮（Tombstone）這類地方的角色。儘管電視和影片之中予人感覺，現代法律的運作與貫徹不像是職官體系整體努力，事實上如今世界並未留下多少空間給予具決定性個人有所發揮。在發現範疇上，能容許人去開發的無主領土少之又少，不再有失去的城市待人尋覓，不再有西北航道待人探究。地表上的探險活動在現代祇是運動項目之一。人們吹噓的征服太空，完全是一種職官體系整體努力，一如法律，不容任何決定性的個人創意。人們已經不再能找到一個贊助者出資，由自己來招募水手，建造或購買船舶，航向未知地域，就如五個世紀以前一般。即或是英雄的傳統舞台——戰場，在今日也不容英雄登場。現代戰爭中，比較能允許決定性個人英雄行動的也祇有偷襲行動、游擊戰、敵後破壞及其他敵後任務，也即是與沙漠遠征軍、特勤作戰部隊等這類特種部隊相關聯的任務。即或是這類行動中，個人行動也不一定構成決定性因子。個人活動在整個事件進程中，祇不過是衆因子之一，甚至是個相當不足道的因子。

因此，在時下很難想像一個結合思想與行動的個人行爲能造就多大意義，能稱得上超越局部、教區和地方層次的英雄行爲。冷戰巔峯時期的間諜活動即代表了殘存的此類空間，因此龐德(James Bond)可以成爲六〇年代的英雄。即使在那個時期，大部分人仍視龐德爲虛幻想像，而眞實間諜世界則是戴頓(Len Deighton)和勒卡雷(John le Carré)筆下描敍的世界。至於今日，那種智勇雙全的間諜英勇活動拯救世界文明的事蹟，在人們心中不過是鬧劇和逃避主義。到底存留下的是什麼？也許該問題的最佳答案可以帶來些許安慰。假如仍有任何的範疇能容許英雄主義式行爲，那即是犯罪。因此罪犯成爲一種浪漫角色，成爲遍尋英雄不著青年人的偶像。眞實世界裡，與好萊塢相反，厄普可能轉化成一個體系中的一員，一組輪盤中一個自動運轉的小齒輪，是高科技警察一員，然而比利小子(Bill the Kid)、傑西·詹姆士(Jesse James)、邦尼與克萊特(Bonnie and Clyde)、今日黑手黨殺手，以及類似他們的北愛爾蘭非正規軍恐怖分子等，則仍然能保持浪漫式個人魅力的神祕僞相，仍然能成爲大衆嘴中現代民間英雄。

二十世紀是影片式英雄時代，由影視工業大量製造而出。他們如此盛行，以及他們外在表現，都與我們對這類角色無止境渴慕有關，現代歷史與眞實世界中，這種人物少之又少，前述的渴慕也就更形強烈。

一次大戰雖然也有無數局部性英雄事蹟，但卻沒有持續性英雄活動，更談不上英雄生活，最多也祇是在它行動舞台周邊，有阿拉伯勞倫斯（T. E. Lawrence）這樣的人物立下他自己的事功。政治上的修辭和媒體中的行話，均是如此輕率浮誇而無區識，乃至英雄、英雄行爲、英雄式等這類語彙貶抑到無意義地步。現代社會本質能提供給決定性英雄行動的空間甚少，而我們自己對於英雄一詞及其枝葉的含意和反應任意解析，經常爲思想人與行動人的間距立下鴻溝。結果，二十世紀文學主角變成評論中所謂「反英雄」的各種化身。而這些評論亦聲稱，反英雄即是二十世紀人類最眞實的寫照，最眞實的縮影。

到底什麼是「反英雄」?文學評論與文化析論曾爲此一問題做過無數分析，反英雄一如英雄，能以各種不同形象出現。大體上可以區分成四大類型。他可能是一個行動人，對於身處環境所必須之思想，根本欠缺能力與警覺。此即德布林影響甚大的小說《柏林亞歷山大廣場》（*Berlin-Alexander-platz*）中的主角畢柏可夫（Franz Biberkopf），福克納（William Faulkner）小說《八月之光》（*Light in August*）主角克萊斯特馬斯（Joe Christmas）等所代表的形象。反英雄也可能是一個思想人，他那過度警覺意識根本否定了他的行動能力。比如湯馬斯・曼筆下的克隆格（Tonio Krönger）、喬埃斯筆下的戴德拉斯（Stephen Dedalus），還有其他二十世紀小說中藝術家型主角人物。第三種反英雄則是卡夫卡（Kafka）作品最常見的人物，即不能做有效行動，亦不能有效思考的人，是疏離而不友善現實世界中無助的受害者。最後他可能是慕席爾小說《沒有品質的人》中的主角烏瑞克，有思想與行動的潛能，但陷於周遭環境之中，而不能有任何作為。

無論二十世紀反英雄以何種形象現身，他和前一世紀英雄祖先之間最大差異，即在於他不能統籌思想和行動，並以有效方式予以運作。因此使得他在浮士德、伊凡．卡拉馬助夫、安德烈王子，或者是懷特在《沃斯》一書中主角（實為二十世紀藝術性想像中人物，但放置在某個歷史時代之中）之前，顯得渺小、無成效、無能，甚且幼稚。

反英雄並非德國所獨有。他是整個二十世紀的時代產品，所以他到處可見，存於英格蘭、愛爾蘭的文學中，存於北美、南美文學之中，由二十世紀開端迄至今日。然而卻可以聲稱，二十世紀前半德國文藝界對於反英雄這個角色所下的工夫最多，描述的也最完全、最淋漓盡致。而作家們如湯馬斯．曼、慕席爾、布若克、里爾克、卡夫卡、德布林、赫塞以及無數知名度較小的作家，莫不耽溺於這種角色的描述。同時在德國文學的反英雄角色還有另外一項特殊功能。造成德國文學與思想人、行動人之間的決裂，並以個人術語反映出集體定位危機，促成以民族主義為基石的政治實體與哥德致力於文化與精神觀念之間的分裂。

是偶合嗎？二十世紀最可怕的兩種極權主義分別在德、俄兩國生根，分別在兩個遭受集體定位危機折磨最深、最急於追求自我界定，也最受人抨擊的國家生根。若是去追究處於個人定位危機下的個體行為，就不會覺得是偶合。前述人們在追尋自我界定時，太容易墮入宗教導師、信仰領袖——元首的圈套之中。不論是個體或集體的自我界定需求，能被代用品所滿足，此即格奧爾格所說的虛浮

(das Leichte)。以虛浮事物爲手段，元首或多或少，都能凝合出一些超越團結和歸屬的東西。他也能凝合出一種團體定位的理念，作爲個人定位缺席的補償。而這種團體定位必定是遴選而出的、少數選民的，甚至是統治民族的。集體定位下的每一分子都會接獲預行編製的定位。他是「被拯救的一位」、是「被開化的一位」，他所承受的天命高過於任何其他民族。而這種高級子裔的自滿與僭越，它的內涵卻是眞空。定位與自我界定不是由個體內在尋獲而致，它是由集體賦予而來。透過集體，個人遂能取得自身所缺乏的品質，包括英雄色彩在內。

本世紀的極權主義，不論它在政譜上是左傾、右傾，都宣揚某種集體英雄主義。不論是德國納粹主義下的人民，或是馬克思列寧主義下的無產階級大衆，還是墨索里尼治下的義大利或毛澤東治下的中國，人民整體變成英雄，而英雄行動、英雄式的這類語詞響徹雲霄。並不是個人式的英雄，而是集體性英雄。於是導出一個巨大的集體英雄觀念，個體自覺在無意識吟頌、咒語式韻律的半催眠狀態下腐蝕殆盡，全遭否定。在密封式信仰體系中，祇要求順從而不允許任何獨立思考。在「集體即是英雄」的膠合體下，替罪羔羊會被抬舉出來，它能激勵的不是人內在的無法認知、無法預測的能耐，而是更大的恐懼。替罪羔羊可以將人牽離內省所帶來的潛在危險，而使人的心力集中於衆所認定的外在威脅上。在近似摩尼教內心衝突時，配合這種認定的外在威脅，集體英雄主義看來至少是可以獲致的前景。

集體英雄主義的俗麗本質不證自明。它不僅免除，更正確的說是剝奪個人的責任感，同時也剝奪了他的個體身分，還剝奪了西方文明中認爲最珍貴的一切東西。二十世紀極權主義所推陳的集體英雄主義也是相當落伍的，是退回原始階段的英雄主義。退回到阿奇利斯那種不經大腦莽漢型勇敢，與道德觀完全無涉，同時也退回到唯有處於強制性無異議統一化下始得正當之行爲。它無法滿足不論是個體或集體自我定位之需求。對於個體或集體定位危機也不能提供任何令人滿意的解決方案。它更不能整合思想與行動這兩個不同的陣營。它能提供的，充其量不過是心理上或精神上的痲醉劑。

史陶芬堡則代表另外一種，像阿拉伯的勞倫斯等其他上打的人物，屬於十九世紀文學或歷史中超越生命史詩型英雄人物的直接繼承者，就某方面來說，可以說是安德烈王子的具體化身。他也是本世紀具啓發性的英雄人物，一個有行動能耐但不妨害同程度思想能耐的角色。在他的人格中，可以將政治擔當與道德觀念，以及哥德的致力於精神與文化的理想結合在一起的人。就此方面而言，他爲德意志集體定位危機提供一項具體解決之道。同時他也爲德國人民，甚至不祇是德國人民，還包括我們及我們整個文明，示範了一條最佳途徑。

一九四四年七月二十二日，史陶芬堡在拉斯坦堡引爆炸彈後兩日，在倫敦《泰晤士報》第四頁，刊出一篇文章。報導說，在當天稍早時分，即是德國無線電台夜間收播後不久，在法蘭克福波段上，出現了一段廣播，神祕的散播在戰火摧殘的夜裡，有一位不知名無法辨識的德國軍官發表了一篇明確的宣言：

同志們請注意、士兵們請注意、德國聽衆請注意，準備收聽一份無比重要的宣告。

同志們！克勞斯・封・史陶芬堡的死亡吹響了行動的號角，呼籲我們要用盡一切可行的方法戰鬥、呼籲我們德國軍官繼續出擊，直到希特勒被摧毀爲止。今天希特勒已經被迫承認有一批德國軍官，一批有尊嚴有榮譽的軍官，曾起身反抗他。今日他已經不能繼續否認德國軍官已經開始用有組織的抵抗來打擊他了。

如果他試圖癱瘓此種反抗，試圖指斥他們爲一小撮叛逆或破壞分子，那就應該讓他知道，這裡不祇一位史陶芬堡，有超過百數，有成千的史陶芬堡在這裡。

我的同志們！和我們站在一起的德國軍官，他們的制服是乾淨的，對他們來說榮譽與責任仍然是不變的原則。這些就是我們的人。今天我特別向還未與我們聯繫的軍官呼籲，不論他們身駐何處、是前線或本土，不要繼續服從希特勒及其跟班的命令。

這段廣播出自何人？就我們所知，它很可能出自英美或蘇聯的宣傳把戲，但是我們也願意相信它是眞的。不論這段聲音出自何者，總之，不幸的是一九四四年並沒有足夠的衆史陶芬堡來促成局勢有決定性的扭轉。然而今日，當納粹陰魂再度開始在歐洲騷擾之際，我們期望這回有足夠的史陶芬堡現身將惡鬼一掃而淨。

註釋

❶席拉布倫道夫書，頁二九四—五。
❷克拉馬茲書，頁一〇四。
❸修昔提底斯：《伯羅奔尼撒戰史》，頁一四七。
❹慕席爾：《沒有品質的人》，頁四六。

國立中央圖書館出版品預行編目資料

祕密德國：史陶芬堡與反希特勒之神祕十字軍
/麥克・培金(Michael Baigent)，理查・雷伊
(Richard Leigh)著；劉世安譯. --初版. --
臺北市：麥田，民85
面； 公分. -- (歷史選書；9)
譯自：Secret Germany：Claus von
Stauffenberg and the mystical crusade
against Hitler
ISBN 957-708-363-3 (平裝)

1.德國 - 歷史 - 1933-1945

743.257 85001335